JOHN MACARTHUR

COM VERGONHA DO EVANGELHO

QUANDO A IGREJA SE TORNA COMO O MUNDO

FIEL Editora

M728c MacArthur, John, 1939-
Com vergonha do Evangelho : quando a igreja se torna como o mundo / John MacArthur ; [tradução: Eros Pasquini Jr.]. – São José dos Campos, SP : Fiel, 2016.

287 p.
Inclui referências bibliográficas
Tradução de: Ashamed of the Gospel
ISBN 9788599145586

1. Spurgeon, C. H. (Charles Haddon), 1834-1892. 2. Evangelicalismo. 3. Igreja e mundo. 4. Modernismo (Teologia cristã).

CDD: 270.8/2

Catalogação na publicação: Mariana C. de Melo Pedrosa – CRB07/6477

Com Vergonha do Evangelho
Título Original: *Ashamed of the Gospel*
Copyright© 1993 by John F. MacArthur, Jr.

■

Publicado por Crossway Books,
Um ministério de publicações de
Good News Publishers
1300 Crescent Street
Wheaton, Illinois 60187, USA.

■

Copyright © 1997 Editora Fiel
Primeira Edição em Português: 1997

Todos os direitos em língua portuguesa reservados por Editora Fiel da Missão Evangélica Literária

PROIBIDA A REPRODUÇÃO DESTE LIVRO POR QUAISQUER MEIOS, SEM A PERMISSÃO ESCRITA DOS EDITORES, SALVO EM BREVES CITAÇÕES, COM INDICAÇÃO DA FONTE.

■

Diretor: Tiago J. Santos Filho
Editor: Tiago J. Santos Filho
Coordenação Editorial: Gisele Lemes
Tradução: Eros Pasquini Jr.
Revisão: Marilene Paschoal
Revisão de Digitalização: Anna de Azevêdo
Diagramação: Wirley Corrêa - Layout
Capa: Edvanio Silva e Diego Baptista
ISBN: 978-85-99145-58-6

FIEL
Editora

Caixa Postal, 1601
CEP 12230-971
São José dos Campos-SP
PABX.: (12) 3919-9999
www.editorafiel.com.br

Sumário

Prefácio 5
1 — O Cristianismo em Declínio 17
2 — "A Igreja Amigável" 45
3 — Eu Quero a Religião-Show! 73
4 — Tudo para com Todos 99
5 — A Loucura de Deus 119
6 — O Poder de Deus para a Salvação 137
7 — Paulo no Areópago 159
8 — A Soberania de Deus na Salvação 177
9 — Edificarei a Minha Igreja 201
10 — Epílogo 223

Apêndice 1
Spurgeon e a Controvérsia do Declínio 231

Apêndice 2
Charles Finney e o Pragmatismo Evangélico Norte-americano 265

Apêndice 3
Sabedoria Carnal versus Sabedoria Espiritual 275

Notas 283

Prefácio

A apatia está por toda parte. Ninguém se preocupa em verificar se o que está sendo pregado é verdadeiro ou falso. Um sermão é um sermão, não importa o assunto; só que, quanto mais curto, melhor.

Charles Haddon Spurgeon[1]

Essas palavras de Spurgeon foram ditas há mais de cem anos. Ele bem poderia estar descrevendo a situação do evangelicalismo no final do século XX.

Recentemente estive em Londres e visitei o túmulo de Spurgeon — uma lápide pesada, inserida em um cemitério localizado entre uma estrada e um imponente prédio. Se eu não tivesse alguém que me orientasse, jamais teria localizado o túmulo. Tanto o nome de Spurgeon como o de sua esposa estavam gravados na lápide, mas não havia qualquer informação a respeito de quem havia sido sepultado ali. Qualquer visitante teria deixado de perceber aquele túmulo, especialmente por causa das lápides maiores e mais vistosas nos arredores; ou então, ao notá-lo, dificilmente reconheceria que ali havia sido enterrado um homem que, em seu tempo, era talvez mais conhecido e influente do que o Primeiro Ministro da Inglaterra.

Enquanto permanecia ao lado daquele túmulo, não pude evitar o pensamento de quanto a igreja, em nossos dias, precisa de homens como ele. Spurgeon não tinha receio de tomar uma posição de firmeza ao lado da verdade, ainda que isso implicasse em que ele ficaria sozinho. Pregar a Palavra de Deus era a paixão de sua vida. Ele acreditava que a tolerância da igreja para com a pregação começava a declinar, enquanto alguns ministros já experimentavam abordagens alternativas ou mensagens abreviadas. Spurgeon viu nisso um grande perigo, e sua preocupação o impeliu a uma batalha que, em última análise, causou a sua morte. Ele havia sido sepultado ali exatamente cem anos antes de minha visita.

Contraste a atitude de Spurgeon quanto à pregação com a opinião prevalecente em nossos dias. Aliás, o lamento de Spurgeon é diametralmente oposto à perspectiva expressa em um artigo que apareceu há alguns anos em uma revista cristã popular. Um conhecido pregador estava manifestando sua própria *aversão* por sermões prolongados. O primeiro dia do ano se aproximava, e, então, ele resolveu ser um pregador mais dedicado no ano que viria. "Isso significa perder menos tempo com sermões longos e investir mais tempo na preparação de sermões mais curtos", ele escreveu. "Descobri que as pessoas perdoam até uma teologia fraca, desde que saiam do culto antes do meio-dia".[2]

Infelizmente, isto resume muito bem a atitude norteadora e predominante de tantos ministérios cristãos contemporâneos. Tolera-se a má doutrina; porém, um sermão mais longo, esse não. O momento da impetração da bênção é muito mais importante para o típico frequentador de igreja do que o conteúdo da mensagem. O almoço de domingo e o alimento físico são mais importantes do que a escola dominical e a nutrição de nossas almas. Prolixidade se tornou um pecado maior do que a heresia.

A igreja tem assimilado a filosofia mundana do pragmatismo e já começamos a experimentar os amargos resultados dessa atitude.

O QUE É PRAGMATISMO?

Pragmatismo é a noção de que o significado ou o valor é determinado pelas consequências práticas. É muito similar ao *utilitarismo*, a crença de que a utilidade estabelece o padrão para aquilo que é bom. Para um pragmatista/utilitarista, se uma determinada técnica ou um curso de ação resulta no efeito desejado, a utilização de tal recurso é válida. Se parece não produzir resultados, então não tem valor.

O pragmatismo como filosofia foi desenvolvido e popularizado no final do século passado pelo filósofo William James, junto com outros intelectuais famosos como John Dewey e George Santayana. Foi William James que deu nome e molde à nova filosofia. Em 1907, ele publicou uma coleção de preleções intitulada *Pragmatismo: Uma Nova Nomenclatura para Algumas Velhas Formas de Pensar*. Assim, delineou uma nova abordagem para a verdade e a vida.

O pragmatismo tem suas raízes no darwinismo e no humanismo secular. É inerentemente relativista, rejeitando a noção dos absolutos – certo e errado, bem e mal, verdade e erro. Em última análise, o pragmatismo define a verdade como aquilo que é útil, significativo e benéfico. As ideias que não parecem úteis ou relevantes são rejeitadas como sendo falsas.

O que há de errado com o pragmatismo? Afinal de contas, o bom senso requer uma dose de pragmatismo legítimo, não é mesmo? Se uma torneira que vazava constantemente volta a funcionar após ter sido substituído o "reparo" gasto, é razoável supor que o problema estava no "reparo" gasto. Se o medicamento receitado por seu médico tem efeitos colaterais, ou se não produz o resultado esperado, você precisa solicitar-lhe um remédio que funcione. Realidades pragmáticas simples como essas são, por si mesmas, óbvias.

Quando o pragmatismo, entretanto, é utilizado para formularmos juízos acerca do certo e do errado ou quando se torna a filosofia norteadora da vida, da teologia e do ministério, acaba, inevitavelmente, colidindo com as Escrituras. A verdade espiritual e bíblica não é determinada baseando-se no que "funciona" ou no que "não funciona". Sabemos por intermédio das próprias Escrituras, por exemplo, que o evangelho frequentemente não produz uma resposta positiva (1 Co 1.22, 23; 2.14). Por outro lado, as mentiras satânicas e o engano podem ser bastante eficazes (Mt 24.23, 24; 2 Co 4.3, 4).A reação da maioria não é um parâmetro seguro para determinar o que é válido (Mt 7.13, 14), e a prosperidade não é uma medida para a veracidade (Jó 12.6). O pragmatismo como uma filosofia norteadora do ministério é inerentemente defeituoso e como uma prova para a veracidade é satânico.

Entretanto, um irresistível surto de pragmatismo está permeando o evangelicalismo. A metodologia tradicional — especialmente a pregação — está sendo descartada ou menosprezada em favor de novos métodos, tais como dramatização, dança, comédia, variedades, grandiosas atrações, concertos populares e outras formas de entretenimento. Esses novos métodos são, supostamente, mais "eficazes", ou seja, atraem grandes multidões. E, visto que, para muitos, a quantidade de pessoas nos cultos tornou-se o principal critério para se avaliar o sucesso de uma igreja, aquilo que mais atrair público é aceito como *bom*, sem uma análise crítica. Isso é pragmatismo.

Talvez os sinais mais visíveis do pragmatismo sejam as mudanças convulsivas que, na década passada, revolucionaram o culto de adoração das igrejas. Algumas das maiores e mais influentes igrejas evangélicas agora ostentam cultos dominicais que são planejados com o propósito de serem mais divertidos do que reverentes.

Pior ainda, a *teologia* concede à *metodologia* o lugar de honra. Certo autor escreveu o seguinte: "Anteriormente, a declaração de fé representava a razão de ser de uma denominação. Hoje, a metodologia é o vínculo que mantém as igrejas unidas. Uma declaração ministerial define a igreja e a sua própria existência denominacional".[3] É incrível, porém, muitos creem que essa é uma tendência positiva, um tremendo avanço para a igreja moderna.

Alguns líderes eclesiásticos aparentemente pensam que as quatro prioridades da igreja apresentadas no livro de Atos – a doutrina dos apóstolos, a comunhão, o partir do pão e as orações (At 2.42) – constituem uma agenda deficiente para a igreja de nossos dias. Eles estão consentindo que a dramatização, a música, a recreação, o entretenimento, os programas de autoajuda e iniciativas semelhantes eclipsem o culto e a comunhão dominical tradicionais. Aliás, na igreja contemporânea tudo parece estar na moda, *exceto* a pregação bíblica. O novo pragmatismo encara a pregação (particularmente, a pregação expositiva) como antiquada. Proclamar de modo claro e simples a verdade da Palavra de Deus é visto como ingênuo, ofensivo e ineficaz. Dizem-nos que obteremos melhores resultados se, primeiramente, entretivermos as pessoas ou lhes oferecermos dicas a respeito de como serem bem-sucedidas e lhes ministrarmos "psicologia popular", cortejando-as assim para que "façam parte de nosso grupo". E, uma vez que se sintam bem, estarão dispostas a receberem a verdade bíblica em doses homeopáticas e diluídas.

Há pastores se voltando para livros de *marketing* em busca de técnicas que ajudem no crescimento da igreja. Muitos seminários abandonaram sua ênfase básica de treinamento pastoral alicerçado em um currículo bíblico-teológico, trocando-o por um treinamento alicerçado em técnicas de aconselhamento e em teorias de crescimento da igreja. Todas essas tendências apontam para o crescente comprometimento da igreja com o pragmatismo.

Assim como delineou Martin Lloyd-Jones,

> Essas propostas que nos convidam a pregar menos e a fazer mais determinadas outras coisas naturalmente não são nenhuma novidade. As pessoas parecem pensar que tudo isso é relativamente novo ou que é o carimbo da modernidade censurar ou depreciar a pregação, pondo ênfase sobre essas outras coisas. A resposta simples a isso é que nada há de novo em torno dessa atitude. A sua forma externa pode ser nova, mas o princípio certamente nada tem de moderno; de fato, tem sido a ênfase específica do presente século.[4]

O PRAGMATISMO É REALMENTE UMA SÉRIA AMEAÇA?

Estou convencido de que o pragmatismo representa à igreja de hoje exatamente a mesma ameaça sutil que o modernismo representou há quase um século. O modernismo foi um movimento que abraçou a teologia liberal e a alta crítica (uma abordagem das Escrituras que descarta a noção de que a Bíblia é a Palavra de Deus), ao mesmo tempo que negou praticamente todos os aspectos sobrenaturais do cristianismo. O modernismo, entretanto, não surgiu como um ataque frontal à doutrina ortodoxa. Os primeiros modernistas pareciam estar fundamentalmente preocupados com a unidade inter-denominacional. Estavam dispostos a abandonar a ênfase posta sobre a doutrina, para atingir seu objetivo, pois acreditavam que a doutrina em si era divisiva e que uma igreja fragmentada acabaria se tornando irrelevante à era moderna. A fim de aumentar a relevância do cristianismo, os modernistas procuraram sintetizar os ensinamentos cristãos com os conceitos contemporâneos oferecidos pela ciência, filosofia e criticismo literário. O modernismo começou como uma metodologia, mas logo se tornou em uma teologia singular.

Os modernistas consideravam a doutrina como uma questão secundária. Enfatizaram a fraternidade e a experiência, menosprezando as diferenças doutrinárias. A doutrina, pensavam eles, deveria ser fluente e adaptável, mas certamente nada digno de se lutar por ela. Em 1935, John Murray fez a seguinte avaliação do modernista típico:

> O modernista constantemente se orgulha com base na suposição de que ele se preocupa com a vida, com os princípios de conduta e com o tornar os princípios de Jesus operantes em todas as áreas da vida — individual, social, eclesiástica, econômica e política. O slogan do modernista tem sido que o cristianismo é vida, não doutrina. Ele acredita que o cristão ortodoxo ou fundamentalista, como gosta de chamá-lo, preocupa-se tão somente com a conservação e a perpetuação dos velhos dogmas

da crença doutrinária, uma preocupação que torna a ortodoxia, na opinião do modernista, uma petrificação fria e sem vida do cristianismo.⁵

Quando os precursores do modernismo começaram a surgir no final do século XIX, poucos cristãos ficaram preocupados. As controvérsias mais acirradas, naqueles dias, não passavam de pequenos ataques contra homens como Charles Spurgeon, homens que estavam procurando advertir a igreja quanto àquela ameaça. A maioria dos cristãos (especialmente os líderes eclesiásticos) se mostraram totalmente insensíveis a essas advertências. Afinal, não eram como se *intrusos* estivessem impondo novos ensinos à igreja; tratava-se de pessoas de dentro das denominações — na realidade, eram eruditos. Por certo, eles não tinham o propósito de minar o âmago da teologia ortodoxa ou atacar o cerne do cristianismo. O divisionismo e os cismas pareciam ser perigos maiores do que a apostasia.

Mas, apesar das motivações iniciais dos modernistas, suas ideias representaram uma grave ameaça à ortodoxia, como a história comprovou. O movimento gerou ensinamentos que dividiram quase todas as denominações históricas na primeira metade deste século. Ao menosprezar a importância da doutrina, o modernismo abriu a porta para o liberalismo teológico, o relativismo moral e a incredulidade aberta. Atualmente, a maioria dos evangélicos tende a compreender a palavra "modernismo" como uma negação completa da fé. Por isso, com facilidade esquecemos que o objetivo dos primeiros modernistas era apenas tornar a igreja mais "moderna", mais unificada, mais relevante e mais aceitável a uma era moderna caracterizada pela modernidade.

Hoje, acontece a mesma coisa com os pragmatistas.

Tal como a igreja de cem anos atrás, vivemos em um mundo de mudanças rápidas e de grandes avanços na ciência, tecnologia, política mundial e educação. Assim como os irmãos daquela geração, os cristãos de hoje estão abertos, para não dizer sedentos, a mudanças na igreja. Como eles, anelamos por uma unidade entre os fiéis e somos sensíveis à hostilidade de um mundo incrédulo.

Infelizmente, existe pelo menos mais um paralelo entre a igreja da atualidade e a do final do século XIX: muitos cristãos parecem inconscientes (ou não estão querendo enxergar) a respeito dos sérios perigos que ameaçam a igreja por dentro. Porém, se existe algo que a história nos ensina, este ensino é que os ataques mais devastadores desfechados contra a fé sempre começaram com erros sutis surgidos dentro da própria igreja.

Por viver em uma época tão instável, a igreja não pode se dar ao luxo de vacilar. Ministramos a pessoas que buscam desesperadamente respostas; por isso, não podemos amenizar a verdade ou abrandar o evangelho. Se fizermos amizade com o mundo, nos tornaremos inimigos de Deus. Se nos dispusermos a crer em artifícios mundanos, estaremos automaticamente abrindo mão do poder do Espírito Santo.

Essas verdades são frequentemente reiteradas nas Escrituras: "Infiéis, não compreendeis que a amizade do mundo é inimiga de Deus? Aquele, pois, que quiser ser amigo do mundo constitui-se inimigo de Deus" (Tg 4.4). "Não ameis o mundo nem as cousas que há no mundo. Se alguém amar o mundo, o amor do Pai não está nele" (1 Jo 2.15).

"Não há rei que se salve com o poder dos seus exércitos; nem por sua muita força se livra o valente. O cavalo não garante a vitória; a despeito de sua grande força, a ninguém pode livrar" (Sl 33.16, 17). "Ai dos que descem ao Egito em busca de socorro e se estribam em cavalos; que confiam em carros, porque são muitos, e em cavaleiros, porque são mui fortes, mas não atentam para o Santo de Israel, nem buscam ao Senhor" (Is 31.1). "Não por força nem por poder, mas pelo meu Espírito, diz o Senhor dos Exércitos" (Zc 4.6).

Toda a questão acerca de Israel ser uma luz para o mundo (Is 42.6; 49.6) concentra-se no fato que eles deveriam ser *diferentes*. Eles foram explicitamente proibidos de imitar os gentios em sua maneira de vestir, enfeitar-se, comer, praticar sua religião e outros aspectos culturais. Deus lhes ordenou: "Não fareis segundo as obras da terra do Egito, em que habitastes, nem fareis segundo as obras da terra de Canaã, para qual eu vos levo, nem andareis nos seus estatutos" (Lv 18.3). Esta verdade foi salientada por Martin Lloyd-Jones: "Nosso Senhor atraía os pecadores porque

Ele era diferente. Aproximavam-se dele porque sentiam haver nele algo diferente... E o mundo sempre espera que sejamos diferentes. Essa ideia de que poderemos ganhar pessoas para a fé cristã, se lhes mostrarmos que, afinal de contas, somos notavelmente parecidos com elas é um erro profundo, teológica e psicologicamente falando."[6]

O MUNDANISMO AINDA É PECADO?

Em nossos dias, o mundanismo raramente é mencionado e, menos ainda, identificado com aquilo que ele realmente é. A própria palavra começa a soar como algo antiquado. Mundanismo é o pecado de permitir que os apetites, as ambições ou a conduta de alguém sejam moldados de acordo com os valores do mundo. "Porque tudo que há no mundo, a concupiscência da carne, a concupiscência dos olhos e a soberba da vida, não procede do Pai, mas procede do mundo. Ora, o mundo passa, bem como a sua concupiscência; mas aquele, porém, que faz a vontade de Deus permanece eternamente" (1 Jo 2.16, 17).

Apesar disso, nos dias de hoje, presenciamos extraordinário espetáculo de programas de igreja elaborados explicitamente com o objetivo de satisfazer os desejos carnais, os apetites sensuais e o orgulho humano — "a concupiscência da carne, a concupiscência dos olhos e a soberba da vida". E, para satisfazerem esse apelo mundano, as atividades das igrejas vão além do que é meramente frívolo. Durante vários anos, um colega meu vem formando o que ele chamou de "arquivo de horror" — recortes falando de igrejas que estão lançando mão de inovações, a fim de evitar que seus cultos de adoração se tornem monótonos. Nos últimos cinco anos, algumas das maiores igrejas dos Estados Unidos têm se utilizado de recursos mundanos, tais como comédia "pastelão", peças cômicas entremeadas de música, exibições de luta livre e até mesmo imitações de *strip-tease*, para tornar um pouco mais atrativas suas reuniões dominicais. Nem um tipo de grosseria, ao que tudo indica, é ultrajante o suficiente para não ser trazida para dentro do santuário. O entretenimento está rapidamente se tornando a liturgia da igreja pragmática.

Além do mais, muitos na igreja crêem que essa é a *única* forma pela qual haveremos de alcançar o mundo. Por isso, dizem-nos que, se as multidões de pessoas que não frequentam as igrejas não querem ouvir pregações bíblicas, devemos dar-lhes aquilo que desejam. Centenas de igrejas têm seguido à risca essa teoria, chegando a pesquisar os incrédulos a fim de saber o que é preciso para que estes passem a frequentá-las.

Sutilmente, em vez de uma vida transformada, é a aceitação por parte do mundo e a quantidade de pessoas presentes aos cultos o que vem se tornando o alvo maior da igreja contemporânea. Pregar a Palavra e confrontar ousadamente o pecado são vistos como coisas antiquadas, meios ineficazes de se alcançar o mundo. Afinal de contas, não são essas coisas que afastam a maioria das pessoas? Por que não atraí-las para a igreja, oferecendo-lhes o que desejam, criando um ambiente confortável e amigável, nutrindo-lhes os desejos que constituem seus impulsos mais fortes? É como se, de alguma forma, conseguíssemos que elas aceitassem a Cristo, tornando-O, de algum modo, mais agradável ou tornando a mensagem dEle menos ofensiva.

Essa maneira de pensar distorce por completo a missão da igreja. A Grande Comissão não é um manifesto de *marketing*. O evangelismo não requer vendedores, e, sim, profetas. É a Palavra de Deus, e não qualquer sedução mundana, que planta a semente que produz o novo nascimento (1 Pe 1.23). Nada ganharemos, senão o desprazer de Deus, se procurarmos remover o escândalo da cruz (Gl 5.11).

SERÁ QUE TODA INOVAÇÃO É ERRADA?

Por favor, não interprete minha preocupação de forma errada. Não é à inovação em si que eu me oponho. Reconheço que os estilos de adoração estão em constante mudança. Também reconheço que, se um Puritano do século XVII entrasse na Grace Community Church (a igreja que pastoreio), é bem provável que ele ficaria chocado ao ouvir nossa música, e, provavelmente, espantado ao ver homens e mulheres sentados juntos, e talvez perturbado ao ver que utilizamos aparelhos de som para falar à igreja. Spurgeon não gostaria de nosso órgão. Porém, não sou favorável a uma igreja estagnada. Não sou preso a este ou àquele estilo de música ou liturgia. Essas coisas, em si mesmas, não são questões abordadas nas Escrituras. Nem ouso pensar que minhas preferências em tais assuntos superam o gosto dos outros. Não alimento qualquer desejo de fabricar regras arbitrárias a fim de governarem o que é aceitável ou não nos cultos da igreja. Fazer isso seria a própria essência do legalismo.

Minha contenda é contra uma filosofia que relega a Deus e à sua Palavra um papel secundário na igreja. Creio que colocar o entretenimento acima da pregação bíblica e da adoração no culto da igreja é contrário às Escrituras. Oponho-me àqueles que acreditam que as habilidades humanas podem conquistar pessoas para o reino de Deus com maior eficácia do que o Deus soberano. Essa filosofia abriu as portas da igreja para o mundanismo.

"Não me envergonho do evangelho", disse o apóstolo Paulo (Rm 1.16). Infelizmente, "com vergonha do evangelho" parece uma descrição, a cada dia mais exata, de algumas das mais conhecidas e influentes igrejas de nossa época.

Vejo paralelos impressionantes entre o que hoje está acontecendo nas igrejas e o que aconteceu há um século. Quanto mais leio a respeito daquela época, tanto mais me convenço de que estamos vendo a história se repetir. Nos capítulos deste livro, salientarei características do evangelicalismo do final do século passado que correspondem às questões contemporâneas. Desejo concentrar minhas atenções em um episódio da vida de Spurgeon que se tornou conhecido como "A Controvérsia do Declínio". Por isso farei constantes citações dos escritos de Spurgeon a respeito dessa controvérsia.

Tenho pelo menos duas coisas em comum com Charles Spurgeon: ambos nascemos no dia 19 de junho; e, como eu, ele pastoreou uma mesma igreja durante quase todo seu ministério. Quanto mais leio seus escritos e suas pregações, tanto mais sinto um espírito análogo.

Entretanto, em hipótese alguma me vejo como um homem igual a Spurgeon. Com certeza, na história do idioma inglês jamais surgiu qualquer outro pregador com a mesma capacidade para falar, a mesma habilidade em pregar a mensagem divina com autoridade, a mesma paixão pela verdade e o mesmo domínio da arte de pregar, aliado a um conhecimento tão profundo de teologia. Ele também foi um pastor por excelência, possuidor de uma capacidade inata para liderar. Pastoreando em épocas turbulentas, enchia seu auditório, com capacidade para 5.500 pessoas, várias vezes por semana. A apreciação que seu próprio rebanho lhe votava manteve-se inalterada até a sua morte. Eu me assento aos pés dele, e não ao lado dele.

Com certeza, não desejo suscitar o tipo de contenda que Spurgeon suscitou *vt A Controvérsia do Declínio*. O próprio Spurgeon culpou a controvérsia por sua morte. Ao viajar para a Riviera francesa, para um descanso, em 1891, ele disse a amigos: "Essa controvérsia está me matando".[7] Três meses depois, veio, da França, a notícia que Spurgeon havia morrido. Ele não procurou a briga. Mas, ao recusar-se a comprometer o que ele cria serem convicções bíblicas, não pôde evitar a controvérsia que resultou.

Controvérsia, para mim, é algo repugnante. Aqueles que me conhecem pessoalmente afirmarão que não gosto de qualquer tipo de disputa. Por outro lado, há um fogo que reside em meu ser constrangendo-me a falar abertamente sobre as minhas convicções bíblicas. Não posso ficar quieto quando há tanto em jogo.

É com essa atitude que ofereço este livro. Espero que ninguém o considere como um ataque a qualquer pessoa ou ministério em particular. Ele não é. Trata-se de um apelo à igreja como um todo em questões de princípio, não de personalidades. Embora sabendo que haverá discórdia generalizada com relação a maior parte do que escrevi, procurei escrever sem ser ofensivo.

Há questões a respeito das quais muitas pessoas têm convicções profundas. Quando tais questões são abordadas — em especial, quando as opiniões são apresentadas sem rodeios — as pessoas, às vezes, ficam zangadas. Eu não escrevo manifestando zanga; e solicito a meus leitores que recebam esta obra no mesmo espírito com o qual a escrevi.

Minha oração é que este livro estimule e desafie sua maneira de pensar, de tal forma a impelir você às Escrituras "para ver se as cousas" são, "de fato, assim" (At 17.11). Oro para que o Senhor livre Sua igreja do mesmo tipo de deslizamento, ladeira abaixo, o qual levou a igreja ao mundanismo e à incredulidade e exauriu seu vigor espiritual há cem anos.

# 1

O Cristianismo em Declínio

Será que um homem que ama o seu Senhor estaria disposto a ver Jesus vestindo uma coroa de espinhos, enquanto ele mesmo almeja uma coroa de louros? Haveria Jesus de ascender ao trono por meio da cruz, enquanto nós esperamos ser conduzidos para lá nos ombros das multidões, em meio a aplausos? Não seja tão fútil em sua imaginação. Avalie o preço; e, se você não estiver disposto a carregar a cruz de Cristo, volte à sua fazenda ou ao seu negócio e tire deles o máximo que puder, mas permita-me sussurrar em seus ouvidos: "Que aproveita ao homem ganhar o mundo inteiro e perder a sua alma?"

Charles Haddon Spurgeon[1]

Se você está familiarizado com a vida de Charles Haddon Spurgeon, provavelmente já ouviu falar sobre *A Controvérsia do Declínio*. Spurgeon gastou os últimos quatro anos de sua vida lutando contra as primeiras tendências do modernismo, que ele bem divisou como uma ameaça ao cristianismo bíblico.

O nome pelo qual a história se recorda daquela controvérsia procede do título de uma série de artigos que Spurgeon publicou em sua revista mensal, *The Sword and the Trowel* (*A Espada e a Colher de Pedreiro*). (Para um resumo dos artigos sobre o "Declínio" e um relato mais completo a respeito da controvérsia, ver o apêndice.) Spurgeon desejava admoestar seu rebanho acerca dos perigos de afastar-se das posições históricas do cristianismo bíblico. A verdade bíblica é semelhante ao pináculo de uma montanha íngreme e escorregadia, sugeriu Spurgeon. Um passo além, e você se descobre em declínio. Uma vez que uma igreja ou um cristão entra em declínio, disse Spurgeon, o ímpeto toma conta. A recuperação é incomum e ocorre tão somente quando o cristão toma o caminho da "ladeira acima", através do reavivamento espiritual.

Naquela controvérsia, Spurgeon se desligou da União Batista. Posteriormente, ele foi objeto de uma censura oficial por parte da União. Alguns anos mais tarde, a União Batista se encontrava irrecuperavelmente perdida na nova teologia, e Spurgeon estava morto. Em 1900, sua esposa, Susannah, escreveu:

> No que concerne à União Batista, o testemunho e a saída do Sr. Spurgeon causou poucos resultados. Mas, sob outros aspectos, tenho abundantes provas de que o protesto dele não foi em vão. Muitos, que já estavam mergulhados no "Declínio" foram detidos em sua perigosa descida e, pela graça de Deus, foram colocados de volta no caminho da "ladeira acima"; outros, que estavam escorregando inconscientemente, firmaram-se na Rocha. Por algum tempo, em todas as igrejas as doutrinas evangélicas voltaram a ser pregadas com uma clareza e ênfase que há muito estavam em falta.[2]

Ela acreditava que o Senhor, por fim, deixaria evidente quão correto seu marido havia se mostrado em seu "protesto contra a falsa doutrina e o mundanismo".[3]

Até hoje, os historiadores eclesiásticos debatem se Spurgeon procedeu corretamente ao se retirar da União Batista. Muitos creem que ele deveria ter permanecido e lutado a fim de mantê-la na ortodoxia. Ele considerou essa opção, mas concluiu que seria um esforço em vão. Sou inclinado a pensar que Spurgeon estava certo ao se retirar. Mas, concordemos ou não com sua atitude, precisamos reconhecer que a história *já* demonstrou que eram corretas as advertências de Spurgeon sobre o declínio. No início do século XX, a propagação da "falsa doutrina e do mundanismo" — o liberalismo teológico e o modernismo — devastou o cristianismo denominacional em todo o mundo. A maioria das denominações históricas foram violenta, senão fatalmente, alteradas por essas influências. O resultado na Inglaterra de Spurgeon foi devastador. Cem anos após Spurgeon ter soado o alarme, a maior parte da educação teológica na Inglaterra é completamente liberal. O número de pessoas que frequentam as igrejas é apenas uma fração do que fora na época. Os evangélicos são uma pequena minoria, a pregação bíblica é incomum até mesmo nas igrejas que supostamente creem nas Escrituras, e o movimento evangélico tem sido perigosamente susceptível a quase toda novidade teológica exportada dos Estados Unidos. Em suma, o evangelicalismo na Inglaterra jamais se recuperou do ataque modernista/liberal que começou há um século.

Cem anos se passaram, e estamos vendo a história se repetir. A igreja evangélica se tornou mundana; e não apenas mundana, mas conscientemente mundana. Os ventos que comprometem a doutrina voltam a soprar.

"Falsa doutrina e mundanismo" — as mesmas influências que Spurgeon combateu — *sempre* andam de mãos dadas; e o mundanismo é o precursor. Os cristãos de hoje tendem a se esquecer que o modernismo não tinha segundas intenções teológicas, e, sim, apenas metodológicas. Os primeiros modernistas não tinham a intenção de atacar a fé bíblica em seu âmago; estavam somente procurando tornar o cristianismo mais agradável a um mundo cínico.

O mesmo espírito é exuberante na igreja contemporânea. Estou convicto de que os seguidores dessa atitude não minariam deliberadamente o cristianismo bíblico. Contudo, eles inseriram na igreja uma filosofia de pragmatismo e um espírito de mundanismo que, se não forem reprimidos, certamente produzirão os mesmos resultados amargos do modernismo de cem anos atrás.

MINISTÉRIO MOVIDO A MARKETING?

A nova filosofia é objetiva: a igreja está competindo com o mundo. O mundo é hábil em captar a atenção e os sentimentos das pessoas. A igreja, por outro lado, tende a ser muito pobre na "venda" de seu produto. Portanto, o evangelismo deve ser visto como um desafio de *marketing*, e a igreja deveria colocar o evangelho no mercado da mesma forma que todas as empresas modernas colocam os seus produtos. Isso requer mudanças fundamentais. O objetivo de todo *marketing* é "deixar o produtor e o consumidor satisfeitos";[4] então, tudo o que tende a deixar o "consumidor" insatisfeito precisa ser jogado fora. A pregação, especialmente a que fala sobre o pecado, a justiça e o juízo, é confrontadora demais para ser verdadeiramente satisfatória. A igreja necessita aprender a "divulgar" a verdade de forma a divertir e entreter.

Um autor *"best-seller"* escreveu: "Acredito que desenvolver uma mentalidade de *marketing* é exatamente aquilo que a igreja precisa, se quisermos fazer diferença na saúde espiritual desta nação, no final deste século".[5] Ele acrescenta: "Minha contenda, baseada no estudo cuidadoso de dados e das atividades das igrejas norte-americanas, é que o maior problema que, como uma praga, ataca a igreja moderna é a sua recusa em abraçar uma orientação de *marketing* no atual meio-ambiente movido a *marketing*".[6]

Tudo isso soa bastante moderno, bastante perspicaz, mas não é bíblico; e empurra a igreja em direção à encosta escorregadia. Os princípios de *marketing* estão se tornando o árbitro da verdade. Os elementos da mensagem bíblica que não se encaixam no plano promocional são omitidos. O "bom senso" de *marketing* exige que o escândalo da cruz seja minimizado. A estratégia de vendas requer que os assuntos negativos (a ira divina, por exemplo) sejam evitados. A satisfação do consumidor demanda que o padrão da justiça não seja elevado demais. Desta forma, as sementes de um evangelho aguado estão sendo plantadas através da própria filosofia que norteia muitos ministérios hoje.

E não se engane, a nova filosofia *está* alterando a mensagem que a igreja anuncia ao mundo, embora muitos que propagam essas ideias considerem-se leais à doutrina bíblica. O cristianismo está novamente em declínio.

RUMO A UMA FILOSOFIA BÍBLICA DE MINISTÉRIO

Como se compara ao modelo bíblico um ministério norteado por *marketing*? Estando sob a tutela de Paulo, como teria Timóteo sobrevivido, se tivesse seguido os conselhos dos mercadores do século XX?

Encontramos uma resposta meticulosa a essa pergunta nas duas epístolas que Paulo escreveu a Timóteo, no Novo Testamento. Paulo havia sido o mentor pessoal daquele jovem pastor, mas Timóteo enfrentou provações severas ao receber o encargo de liderar a igreja em Éfeso, não se deixando envolver pelo pecado e erro. Timóteo relutou com medo e fraqueza humana. Certamente se sentiu tentado a amenizar a sua pregação em face da perseguição. Por vezes, pareceu envergonhado do evangelho. Foi necessário que Paulo o relembrasse a permanecer ousadamente firme por causa da fé, ainda que isto implicasse em sofrimento: "Não te envergonhes, portanto, do testemunho de nosso Senhor, nem do seu encarcerado que sou eu; pelo contrário, participa comigo dos sofrimentos a favor do evangelho, segundo o poder de Deus" (2 Tm 1.8). As duas ricas epístolas de Paulo a Timóteo delineiam uma filosofia de ministério que desafia a sabedoria prevalecente em nossos dias.

Na primeira epístola, Paulo instruiu a Timóteo que ele deveria:

- Corrigir os que ensinavam falsas doutrinas, exortando-os a buscarem um coração puro, uma boa consciência e uma fé sem hipocrisia (1.3-5).
- Combater em favor da verdade divina e dos propósitos de Deus, mantendo sua própria fé e boa consciência (1.18-19).
- Orar pelos perdidos e levar os homens da igreja a fazerem o mesmo (2.1-8).
- Convocar as mulheres da igreja a desempenharem o papel de submissão, dado por Deus, e a criarem filhos piedosos, tornando-se exemplos de fé, amor e santidade, com bom senso (2.9-15).

- Escolher com diligência líderes espirituais para a igreja, com base na capacitação, piedade e virtude deles (3.1-13).
- Identificar a fonte do erro e os que o ensinavam, expondo isso à igreja (4.1-6).
- Alimentar-se constantemente com as palavras da Escritura e seu ensino fiel, evitando todos os mitos e doutrinas falsas (4.6).
- Disciplinar a si mesmo tendo em vista a piedade (4.7-11).
- Ordenar e ensinar com ousadia a verdade da Palavra (4.12).
- Ser um modelo espiritual de virtude que todos pudessem seguir (4.12).
- Ler, explicar e aplicar com fidelidade as Escrituras, em público (4.13, 14).
- Em sua própria vida, progredir no assemelhar-se a Cristo (4.15, 16).
- Ser gracioso e gentil ao confrontar o pecado de seu povo (5.1, 2).
- Demonstrar especial consideração e cuidado para com as viúvas (5.3-16).
- Honrar os líderes da igreja que se mostravam fiéis e trabalhavam arduamente (5.17-21).
- Escolher com grande cuidado os líderes eclesiásticos, certificando-se de serem eles maduros e provados (5.22).
- Cuidar de sua própria condição física, de forma a ser forte para servir (5.23).
- Ensinar e pregar os princípios da verdadeira piedade, ajudando seu povo a discernir entre esta e a mera hipocrisia (5.24-6.6).
- Fugir do amor ao dinheiro (6.7-11).
- Seguir a justiça, a piedade, a fé, o amor, a perseverança e a mansidão (6.11).
- Combater, em favor da fé, contra todos os inimigos e ataques (6.12).
- Guardar todos os mandamentos do Senhor (6.13-16).
- Instruir os ricos a fazerem o bem, a serem ricos em boas obras e generosos (6.17-19).
- Guardar a Palavra de Deus como um legado santo e um tesouro (6.20, 21).

Na segunda epístola, Paulo relembrou a Timóteo que ele deveria:

- Preservar estimulante e útil o dom de Deus a ele confiado (1.6).
- Não ser tímido, mas poderoso (1.7).
- Nunca se envergonhar de Cristo ou de alguém que O serve (1.8-11).
- Apegar-se à verdade e guardá-la (1.12-14).
- Ter um caráter firme (2.1).
- Ser um mestre da verdade apostólica, a fim de reproduzir seu caráter em homens fiéis (2.2).
- Suportar voluntariamente as dificuldades e a perseguição e ao mesmo tempo esforçar-se ao máximo por Cristo (2.3-7).
- Manter os olhos sempre em Cristo (2.8-13).
- Liderar com autoridade (2.14).
- Interpretar e aplicar as Escrituras com exatidão (2.15).
- Evitar conversas inúteis que só conduzem à impiedade (2.16).
- Ser um instrumento de honra, separado do pecado e útil ao Senhor (2.20, 21).
- Fugir das paixões da mocidade e seguir a justiça, a fé e o amor (2.22).
- Recusar-se a ser atraído a disputas filosóficas e teológicas (2.23).
- Não ser contencioso, mas brando, ensinável, gentil e paciente, até mesmo quando injustiçado (2.24-26).
- Encarar tempos difíceis com um profundo conhecimento da Palavra de Deus (3.1-15).
- Compreender que a Escritura é a base e o conteúdo de todo ministério legítimo (3.16, 17).
- Pregar a Palavra, a tempo e fora de tempo, corrigindo, repreendendo e exortando com muita paciência e instrução (4.1, 2).
- Mostrar-se sóbrio em todas as coisas (4.5).
- Suportar as aflições (4.5).
- Fazer o trabalho de evangelista (4.5).

Nessa lista, nada sugere uma filosofia norteada por *marketing*. De fato, é impossível harmonizarmos a maioria das ordens dadas às teorias que são tão populares em nossos dias. Resumindo tudo em cinco categorias, Paulo ordenou a Timóteo: 1) ser fiel em sua pregação à verdade bíblica; 2) ser ousado em expor e refutar o erro; 3) ser um exemplo de piedade para o rebanho; 4) ser diligente e trabalhar arduamente no ministério; e 5) estar disposto a sofrer dificuldades e perseguições por causa de seu serviço para o Senhor.

É lógico que o significado prático destas verdades vai além daqueles que são pastores. *Todo* cristão é chamado a uma vida de ministério e deve seguir o exemplo dos pastores (1 Tm 4.11-12). Portanto, as instruções de Paulo a Timóteo contêm princípios que se aplicam a cada crente em todos os ministérios. Quando a igreja está em declínio, isto significa que multidões de pessoas são conduzidas juntamente no declínio espiritual. "Falsa doutrina e mundanismo" na igreja afetam cada membro do corpo. As instruções de Paulo a Timóteo não são, de forma alguma, apenas para a "elite" da liderança cristã ou do ministério pastoral. Isto corresponde a dizer que a filosofia de ministério — e cada questão abordada neste livro — deve ser a preocupação de cada cristão. Essas questões não são, de forma alguma, algo de domínio exclusivo do clero profissional.

Há pouco tempo, li cerca de uma dúzia dos livros mais recentes sobre ministério e crescimento de igreja. A maioria desses livros continha longos capítulos devotados à definição de uma filosofia de ministério. *Nenhum deles*, entretanto, se referiu às instruções que Paulo tão cuidadosamente delineou a Timóteo. Aliás, nenhum deles extraiu qualquer elemento de sua filosofia de ministério fundamentando-se nas epístolas pastorais do Novo Testamento! A maioria extraiu seus princípios de empreendimentos modernos, de técnicas de *marketing*, de teorias de gerenciamento, da psicologia e outras fontes similares. Alguns procuraram *ilustrar* seus princípios usando "anedotas bíblicas". Mas nenhum deles extraiu das Escrituras a sua filosofia de ministério — embora grande parte do Novo Testamento tenha sido explicitamente escrita para instruir pastores e igrejas nessas questões!

MINISTRANDO EM UMA ÉPOCA DE COCEIRA NOS OUVIDOS

Infelizmente, a filosofia norteada por *marketing* apela à pior disposição de nossa época. Ela satisfaz pessoas cujo primeiro amor está em si mesmas e que não se importam com Deus, a menos que possam tê-lo sem interromper sua maneira de viver egoísta. Prometa a essas pessoas uma religião que lhes permitirá que tenham conforto em meio ao seu materialismo e amor próprio, e elas a aceitarão aos milhares.

Paulo antecipou que essa época chegaria. No final de sua segunda carta a Timóteo, depois de esboçar os princípios que mencionamos anteriormente, o apóstolo resumiu seu conselho a Timóteo nestas palavras tão bem conhecidas: "Prega a palavra, insta, quer seja oportuno, quer não, corrige, repreende, exorta com toda a longanimidade e doutrina" (2 Tm 4.2). Então, Paulo acrescentou a seguinte advertência profética: "Pois haverá tempo em que não suportarão a sã doutrina; pelo contrário, cercar-se-ão de mestres segundo as suas próprias cobiças, como que sentindo coceira nos ouvidos; e se recusarão a dar ouvidos à verdade, entregando-se às fábulas" (2 Tm 4.3,4). A versão brasileira traduz essa passagem da seguinte forma: "Mas desejosos de ouvir cousas agradáveis, cercar-se-ão de mestres segundo os seus desejos, e desviarão os ouvidos da verdade e se aplicarão às fábulas".

É claro que na filosofia ministerial de Paulo não havia lugar para a teoria do *ofereça-às-pessoas-o-que-elas-desejam*, que é tão predominante hoje em dia. Ele não instou que Timóteo fizesse uma pesquisa a fim de descobrir o que as pessoas desejavam. Não sugeriu que Timóteo fizesse um estudo de dados demográficos ou procurasse descobrir quais as "necessidades conhecidas" de seu povo. Ele ordenou que Timóteo pregasse a Palavra fiel, sistemática e pacientemente, de forma a repreender, permitindo que ela confrontasse o espírito vigente.

COMO DEFINIMOS O SUCESSO?

Observe que Paulo nada disse a Timóteo sobre como as pessoas reagiriam. Ele não instruiu Timóteo acerca do tamanho de congregação que a igreja deveria ter, quanto dinheiro deveria arrecadar ou quão influente deveria ser; não ensinou a Timóteo que o mundo deveria reverenciá-lo, estimá-lo ou mesmo aceitá-lo. De fato, Paulo nada afirmou a respeito do sucesso exterior. A ênfase de Paulo estava no *compromisso,* não no sucesso.

A filosofia contemporânea de ministério está apaixonada pelos padrões mundanos de sucesso. As igrejas que mais frequentemente são tidas como "bem-sucedidas" são as grandes e ricas, denominadas megaigrejas, que possuem instalações milionárias, *spa,* quadras de esportes, creches, etc. Porém, há poucas igrejas que se enquadram nessa categoria. Isso significa uma entre duas coisas: ou a maioria das igrejas não passa de um lamentável fracasso, ou o indicador de sucesso no ministério deve ser algo além da prosperidade material.

A resposta é óbvia para qualquer um que conhece as Escrituras. Critérios exteriores tais como afluência, números, dinheiro ou reações positivas jamais foram a medida bíblica de sucesso no ministério. Fidelidade, piedade e compromisso espiritual são as virtudes que Deus estima; e tais qualidades deveriam ser os tijolos com os quais se constrói uma filosofia de ministério. Isto é verdadeiro tanto para as igrejas grandes como para as pequenas. Tamanho não é sinônimo da bênção de Deus; e popularidade não é barômetro de sucesso. Aliás, pode até mesmo ser motivo de condenação. Deus disse a Jeremias: "Cousa espantosa e horrenda se anda fazendo na terra: os profetas profetizam falsamente, e os sacerdotes dominam de mãos dadas com eles; e é o que deseja o meu povo" (Jr 5.30, 31).

Observe novamente as instruções de Paulo a Timóteo. Em vez de incentivar Timóteo a almejar um ministério que acumularia os louvores do mundo, ele o adverte quanto ao sofrimento e às dificuldades — dificilmente algo que faz parte das aspirações dos *"experts"* em crescimento de igreja! Nas Escrituras, o sucesso exterior *jamais* é um objetivo digno de ser perseguido. Paulo não estava instruindo a Timóteo sobre como ele poderia ser "um sucesso"; estava encorajando-o a seguir o padrão divino.

Realmente, isso determina o verdadeiro sucesso. E este não decorre de obtermos resultados a qualquer preço. O verdadeiro sucesso não é prosperidade, poder, proeminência, popularidade ou qualquer outro conceito mundano de sucesso. Sucesso genuíno é fazer a vontade de Deus apesar das consequências.

Ou, colocando isso em termos que o próprio mundo utiliza, o objetivo a ser atingido não é o sucesso, é a excelência.[7] Paulo estava encorajando Timóteo a ser tudo aquilo para o que Deus o havia chamado e capacitado a ser. O apóstolo não estava aconselhando Timóteo a buscar o sucesso; estava incentivando-o a perseguir a excelência.

O ALICERCE PARA UM MINISTÉRIO DE EXCELÊNCIA

Consideremos um pouco mais detalhadamente os primeiros versículos de 2 Timóteo 4:

> Conjuro-te, perante Deus e Cristo Jesus, que há de julgar vivos e mortos, pela sua manifestação e pelo seu reino: prega a palavra, insta, quer seja oportuno, quer não, corrige, repreende, exorta com toda a longanimidade e doutrina. Pois haverá tempo em que não suportarão a sã doutrina; pelo contrário, cercar-se-ão de mestres, segundo as suas próprias cobiças, como que sentindo coceira nos ouvidos; e se recusarão a dar ouvidos à verdade, entregando-se às fábulas. Tu, porém, sê sóbrio em todas as cousas, suporta as aflições, faze o trabalho de um evangelista, cumpre cabalmente o teu ministério (vv. 1-5).

Esta passagem tão sucinta define o ministério bíblico. Ela contém nove lembretes de Paulo a Timóteo que nenhum ministro deve ter a ousadia de ignorar. Aqueles que negligenciam essas responsabilidades estão em pleno declínio, quer reconheçam, quer não.

LEMBRE-SE DE SEU CHAMADO

"Conjuro-te, perante Deus e Cristo Jesus, que há de julgar vivos e mortos pela sua manifestação e pelo seu reino" — é assim que Paulo inicia a parte final de sua última epístola inspirada. Era um prisioneiro, que se encontrava perto do final de sua vida, esperando sua própria execução (2 Tm 4.16). Ele sabia que logo estaria diante de Deus para prestar contas. Esses pensamentos estavam bem vívidos em sua mente. Portanto, relembra a Timóteo a seriedade de seu comissionamento como jovem pastor.

Paulo aconselhou Timóteo a viver e trabalhar à luz do julgamento iminente. Timóteo precisava se preocupar com o que *Deus* pensava a respeito de seu ministério e não com o que *os homens* pensavam. Note que Paulo invocou *a presença* "de Deus e Cristo Jesus, que há de julgar vivos e mortos". Ele desejava que Timóteo compreendesse que Aquele que haveria de julgá-lo era Aquele em cuja presença ele ministrava. Deus julga por seus próprios critérios, não por aquilo que as pessoas imaginam.

Em outro lugar, Paulo afirma: "Pois todos compareceremos perante o tribunal de Deus... Assim, pois, cada um de nós dará contas de si mesmo a Deus" (Rm 14.10, 12). É isso que Paulo desejava salientar a Timóteo. Ele não deveria ministrar para agradar a homens, e, sim, a Deus.

PREGA A PALAVRA

Que tipo de ministério agrada a Deus? "Prega a Palavra" (2 Tm 4.2). Obediência a este simples mandamento *tem* de ser o "centro" de toda filosofia de ministério verdadeiramente bíblico. A tarefa do pregador é proclamar as Escrituras e apresentar o seu significado (cf. Ne 8.8). Qualquer outro conteúdo é irrelevante.

Meu pai é um pastor. Ao lhe contar que acreditava estar Deus me chamando para o ministério, ele logo me deu uma Bíblia na qual escrevera: "Querido Johnny, prega a Palavra (2 Timóteo 4.2)". Aquela frase se tornou um estímulo que compeliu meu coração. Jamais me esqueci daquela instrução simples de meu pai: "Prega a Palavra". Que mais há para se pregar?

Porém, pregar a Palavra nem sempre é fácil. A mensagem que somos convocados a pregar é ofensiva. O próprio Cristo é uma pedra de tropeço e rocha de escândalo (Rm 9.33; 1 Pe 2.8). A mensagem da cruz é uma pedra de tropeço para alguns (1 Co 1.23; G15.11) e loucura para outros (1 Co 1.23). "Ora, o homem natural não aceita as cousas do Espírito de Deus, porque lhe são loucura; e não pode entendê-las, porque elas se discernem espiritualmente" (1 Co 2.14). Por que você acha que Paulo escreveu "não me envergonho do evangelho" (Rm 1.16)? Certamente porque há muitos cristãos que *estão* envergonhados da própria mensagem que são ordenados a proclamar.

Como observamos, Timóteo certamente lutou contra a tentação de se envergonhar. Paulo o admoestou: "Não te envergonhes... do testemunho de nosso Senhor" (2 Tm 1.8). Parece que Timóteo havia se tornado uma alma tímida, exibindo um "espírito de covardia", em nada parecido com o forte e corajoso apóstolo Paulo. Timóteo era jovem, e algumas pessoas o desprezavam por isso (1 Tm 4.12). Ele sabia muito bem que estar ligado a Paulo era algo perigoso. Proclamar o evangelho publicamente poderia levá-lo à prisão, juntamente com Paulo. No mínimo, ele sabia que incorreria na hostilidade e nas contendas dos judeus que eram antagônicos à mensagem do evangelho.

Além disso, Timóteo aparentemente lutava contra os impulsos das paixões da mocidade (2 Tm 2.22). Ele pode ter sentido que não era tudo o que deveria ser.

Essas eram razões suficientes para causar em Timóteo o desejo de silenciar sua proclamação. Paulo, então, ao ordenar que Timóteo pregasse, estava exigindo que ele agisse contra as suas próprias inclinações e inibições.

E que Palavra Timóteo deveria pregar? Paulo deixou isso bem claro no final do capítulo 3: *"Toda a Escritura é* inspirada por Deus e útil para o ensino, para a repreensão, para a correção, para educação na justiça" (2 Tm 3.16). A Palavra a ser pregada era a seguinte: "todo o desígnio de Deus" (At 20.27). No capítulo 1, Paulo havia dito a Timóteo: "Mantém o padrão das sãs palavras que de mim ouviste"! (2 Tm 1.13). Ele falava das palavras reveladas nas Escrituras, todas elas. Paulo incentivou a Timóteo, dizendo: "Guarda o bom depósito" (2 Tm 1.14). Então, no capítulo 2, ele instruiu a Timóteo que estudasse a Palavra e que a manejasse de forma precisa (2 Tm 2.15). Agora, o apóstolo está ordenando ao jovem pastor que a proclame. Portanto, toda a tarefa do ministro fiel gira em torno da Palavra de Deus — guardá-la, estudá-la e proclamá-la.

Em Colossenses 1, o apóstolo, revelando sua própria filosofia de ministério, escreve: A igreja, "da qual me tomei ministro de acordo com a dispensação da parte de Deus, que me foi confiada a vosso favor, *para dar pleno cumprimento à palavra de Deus*" *(Cl 1. 25)*. Em 1 Coríntios, ele dá um passo além, afirmando: "Eu, irmãos, quando fui ter convosco, anunciando-vos o testemunho de Deus, não o fiz com ostentação de linguagem ou sabedoria. Porque decidi nada saber entre vós, senão a Jesus Cristo e este crucificado" (1 Co 2.1,2). Em outras palavras, o alvo de Paulo, como pregador, não era entreter o povo com um estilo retórico ou diverti-los com esperteza, humor, cenas de novelas ou metodologia sofisticada. Ele simplesmente pregou a Cristo crucificado.

No púlpito, sempre houve aqueles que atraíram multidões, por serem oradores talentosos, terem personalidades dinâmicas, serem manipuladores de massas, interessantes contadores de histórias, políticos populares ou por serem grandes eruditos. Este tipo de pregação talvez seja *popular*, mas não é necessariamente *poderosa*. Ninguém pode pregar com poder sobrenatural, se não pregar a Palavra de Deus. Nenhum pregador fiel haverá de "aguar" ou negligenciar "todo o desígnio de Deus". Proclamar a Palavra na sua totalidade é a vocação do pastor.

Portanto, pregar a Palavra deve ser o âmago de nossa filosofia de ministério. Qualquer outra coisa é substituir a voz de Deus por sabedoria humana. Filosofia, política, humor, psicologia, conselhos populares e opiniões humanas jamais conseguirão realizar o que a Palavra de Deus realiza. Talvez sejam coisas interessantes, informativas, divertidas e, às vezes, úteis, mas não são espiritualmente transformadoras e tampouco são da alçada da igreja. A tarefa do pregador não é ser um canal para a sabedoria humana; ele é a voz de Deus que fala à congregação. Nenhuma mensagem humana vem com a chancela da autoridade divina, apenas a Palavra de Deus. Francamente não entendo os pregadores que estão dispostos a abdicar tão grande privilégio. Preleções moral e palestras motivadoras não constituem substitutos para a Palavra de Deus. Por que devemos proclamar a sabedoria dos homens, quando temos o privilégio de pregar a Palavra de Deus?

INSTA, QUER SEJA OPORTUNO, QUER NÃO

A seguir, Paulo relembra a Timóteo que sua tarefa jamais findará. Ele não apenas deve pregar a Palavra, mas deve fazê-lo a despeito das opiniões favoráveis ou não ao seu redor. Deve ser fiel quando a pregação é tolerada, e também quando não é.

Vamos encarar o fato — no momento, pregar a Palavra está fora de moda, não é "oportuno". A humanidade vem experimentando a ira de Deus, à medida em que Ele entrega as pessoas às consequências de suas escolhas pecaminosas (Rm 1.24, 26, 28) — "a merecida punição de seu erro" (Rm 1.27). A sociedade pode estar sentindo esse abandono divino hoje mais do que em qualquer época anterior. E o declínio da pregação na igreja pode, na verdade, estar contribuindo para que as pessoas sintam uma sensação de desamparo. Martyn Lloyd-Jones argumentou que "o fato da igreja afastar-se da pregação é o responsável, em grande medida, pelo estado da sociedade moderna... A igreja, havendo abandonado sua verdadeira tarefa, tem abandonado a humanidade mais ou menos entregue aos seus próprios recursos".[8]

Não vivemos em dias propícios para homens fracos, mensagens fracas e ministérios fracos. Necessita-se de força moral, de coragem, e da proclamação não comprometida da verdade que pode libertar as pessoas. "Longe de dizer-se que é mister ter menos pregação e nos voltarmos mais e mais para outros artifícios e expedientes, afirmo que temos uma oportunidade caída dos céus para a pregação".[9]

No entanto, a filosofia vigente na atualidade, filosofia movida a *marketing*, afirma que proclamar abertamente a verdade bíblica está fora de moda. Exposição bíblica e teologia são vistas como antiquadas e irrelevantes. "As pessoas que frequentam igrejas não querem que alguém pregue para elas", afirma esta filosofia. "A geração presente não quer apenas ficar assentada enquanto alguém, no púlpito, está pregando. São fruto de uma geração controlada pela mídia; precisam de uma experiência de igreja que os satisfaça conforme seus próprios termos".

Mas Paulo diz que o ministro que busca a excelência deve ser fiel no pregar a Palavra, até mesmo quando isso está fora de moda. A expressão que o apóstolo utiliza é "insta". O termo grego *(ephistêmi)* significa, literalmente, "estar ao lado de", trazendo consigo a ideia de "prontidão". Era usado frequentemente para descrever uma guarda militar, sempre em seu posto, preparada para cumprir seu dever. Paulo estava se referindo àquela impaciência explosiva para pregar, como a de Jeremias, que disse que a Palavra de Deus era como um fogo em seus ossos. Era isso que Paulo estava exigindo de Timóteo. Relutância não, prontidão sim. Nada de hesitação, somente intrepidez. Nada de falatório diplomático, e, sim, o fogo da Palavra de Deus.

CORRIGE, REPREENDE E EXORTA

Paulo também dá instruções a Timóteo quanto ao *tom* de sua pregação. Para isso ele se vale de duas palavras com conotação negativa e uma com conotação positiva: corrige, repreende e exorta (2 Tm 4.2). Todo ministério válido precisa de um equilíbrio entre o positivo *e* o negativo. O pregador que deixar de corrigir e repreender não estará cumprindo seu chamado.

Recentemente, ouvi no rádio uma entrevista feita com um pastor que reiteradamente evita qualquer menção de pecado em suas pregações, pois acha que as pessoas já estão demasiadamente carregadas de culpa. O entrevistador perguntou como ele justificava essa postura. O pastor respondeu que tomara a decisão de se concentrar nas necessidades das pessoas, e não em atacar o seu pecado.

Entretanto, a mais profunda necessidade do ser humano é confessar e vencer seus pecados. Por isso, a pregação que não confronta nem corrige o pecado, através da Palavra de Deus, *não* vem de encontro à necessidade das pessoas. Talvez faça com que se sintam "bem". É provável que essas pessoas até reajam entusiasticamente ao pregador, mas isso não significa que tal pregação vem ao encontro de suas necessidades.

Corrigir, repreender e exortar equivale a pregar a Palavra de Deus, visto que esses são os próprios ministérios que a Palavra realiza: "Toda a Escritura é inspirada por Deus e útil para o ensino, para a repreensão, para a correção, para a educação na justiça" (2 Tm 3.16). Veja novamente o equilíbrio entre o tom positivo e o negativo. Repreensão e correção são negativos; ensino e educação são positivos.

O tom positivo é, também, decisivo. A palavra "exorta" (*parakaleō*) significa "encoraja". O pregador que busca a excelência confronta o pecado e, então, encoraja o pecador arrependido a comportar-se corretamente. E o pregador deve fazer isto "com toda a longanimidade e doutrina" (2 Tm 4.2). Em 1 Tessalonicenses 2.11-12, Paulo fala acerca de "exortar, consolar e admoestar... como pai a seus filhos". Isto requer muita paciência e bastante instrução. A verdade é que o ministro que almeja a excelência jamais pode negligenciar estes aspectos de sua chamada.

NÃO SE COMPROMETA EM TEMPOS DIFÍCEIS

Há uma urgência na ordem de Paulo a Timóteo: "Pois haverá tempo em que não suportarão a sã doutrina; pelo contrário, cercar-se-ão de mestres segundo as suas próprias cobiças, como que sentindo coceira nos ouvidos" (2 Tm 4.3). Esta é uma profecia que nos faz lembrar aquelas encontradas em 2 Timóteo 3.1 ("Sabe, porém, isto: nos últimos dias sobrevirão tempos difíceis") e 1 Timóteo 4.1 ("Ora, o Espírito afirma expressamente que, nos últimos tempos, alguns apostatarão da fé"). Este é, portanto, o terceiro alerta profético de Paulo a Timóteo com relação aos tempos difíceis por vir. Observe a progressão: o primeiro alerta disse que chegaria uma ocasião em que as pessoas se desviariam da fé. O segundo alertou Timóteo acerca de dias perigosos que sobreviriam à igreja. Agora, o terceiro sugere que viria um tempo em que pessoas *dentro da própria igreja* não suportariam ouvir a sã doutrina, mas, em vez disso, desejariam ter os seus ouvidos coçados.

Pregação destemida é sempre mais necessária em épocas caracterizadas por tais perigos. Quando as pessoas não estão dispostas a tolerar a verdade, é nesta ocasião que os pregadores corajosos e ousados precisam anunciá-la com mais firmeza.

Mas, por que as pessoas não suportam ouvir a sã doutrina? É porque amam o pecado. A pregação da sã doutrina, como já vimos, confronta e repreende o pecado; e as pessoas apegadas a um estilo de vida pecaminoso não suportarão esse tipo de pregação. Querem satisfazer a coceira de seus ouvidos (2 Tm 4.3).

Paulo também emprega a expressão "sã doutrina" em 1 Timóteo 1. Nos versículos 9 e 10 daquele capítulo, ele fala de "transgressores e rebeldes, irreverentes e pecadores, ímpios e profanos, parricidas e matricidas, homicidas, impuros, sodomitas, raptores de homens, mentirosos, perjuros, e ... *tudo quanto se opõe à sã doutrina*". Uma sociedade repleta de, e influenciada por mentirosos, perjuros, assassinos e homossexuais jamais será tolerante para com a sã doutrina.

Note que Paulo *não* está sugerindo que o caminho para alcançarmos tal sociedade é o abrandamento da mensagem, de forma que as pessoas sintam-se confortáveis ao ouvi-la. É exatamente o contrário. Satisfazer à coceira nos ouvidos dessas pessoas é algo abominável. Paulo exorta a Timóteo, a fim de que ele esteja pronto a sofrer por causa da verdade e continue a pregar fielmente a Palavra. Essa é a única maneira pela qual pessoas intolerantes podem ser expostas à verdade, pois somente ela é capaz de amolecer seus corações.

Incidentalmente, a pergunta interpretativa suscitada nessa passagem depende de quem a expressão "não suportarão" está se referindo em 2 Timóteo 4.3. A quem se refere? Ao mundo ou à igreja? É claro que inclui o mundo — pessoas não regeneradas que raramente estão dispostas a ouvir a sã doutrina. Aqui, entretanto, Paulo está se referindo às pessoas a quem Timóteo pregava. O texto parece estar se referindo às pessoas da igreja. A passagem sugere que haveria um tempo em que os crentes professos de Éfeso não suportariam a sã doutrina.

Não é exatamente esta a situação da igreja na sociedade hoje? Aliás, é precisamente isso que os peritos em *marketing* estão mostrando aos líderes da igreja. O fundamento da filosofia deles consiste no fato de que o povo não quer ouvir a verdade pregada; eles querem ser entretidos. A estratégia do *marketing* diz: "Dê às pessoas o que elas querem". As Escrituras ensinam o contrário.

Há milhares de igrejas, ao redor do mundo, que não querem ouvir a sã doutrina. Não aguentariam, por duas semanas, um ensino bíblico firme que refutasse seus erros doutrinários, que confrontasse o seu pecado, que lhes trouxesse convicção e as exortasse a obedecer a verdade. Não desejam ouvir pregação sadia. Por quê? Porque os que se encontram nas igrejas desejam possuir a Deus sem abrir mão de seu estilo de vida pecaminoso; por isso não toleram que alguém lhes diga o que a Palavra de Deus declara a esse respeito.

Então, *o que* desejam eles ouvir? "Cercar-se-ão de mestres segundo as suas próprias cobiças, como que sentindo coceira nos ouvidos" (2 Tm 4.3). Ironicamente, eles procuram *mestres*. Aliás, *cercam-se* de mestres, mas não aqueles que ensinam a sã doutrina. Escolhem mestres que lhes ensinem o que desejam ouvir, ou seja, aquilo que satisfaz a coceira de seus ouvidos. Desejam aquilo que os faz sentirem-se bem consigo mesmos. Pregadores que os ofendem, esses são rejeitados. Ajuntam ao redor de si uma porção de professores que satisfazem seus apetites insaciáveis e egoístas. O pregador que traz a mensagem que mais necessitam ouvir é aquele que eles menos gostam de ouvir.

Infelizmente, pregadores com mensagens que satisfazem as coceiras nos ouvidos são abundantes em nossos dias. "Em épocas de fé instável, de ceticismo e de mera especulação curiosa em relação aos aspectos espirituais, mestres de todo tipo proliferam, tal como as moscas da praga no Egito. A demanda gera o suprimento. Os ouvintes convidam e moldam os seus próprios pregadores. Se as pessoas desejam um bezerro para adorar, o ministro 'que fabrica bezerros' logo é encontrado".[10]

Esta avidez por mensagens que agradem a coceira nos ouvidos conduz a um final terrível. O versículo 4 diz que, por fim, essas pessoas "se recusarão a dar ouvidos à verdade, entregando-se às fábulas". Tornam-se vítimas de sua própria recusa em ouvir a verdade. A frase "recusar-se-ão a dar ouvidos" está na voz ativa. Isto significa que as pessoas deliberadamente escolhem essa atitude. A frase "entregando-se às fábulas" está na voz passiva, descrevendo o que acontece a elas. Tendo dado as costas à verdade, tornam-se instrumentos de Satanás. A ausência de luz são as trevas.

Isso está acontecendo na igreja contemporânea. O evangelicalismo perdeu sua tolerância para com a pregação confrontadora. A esta altura, a igreja flerta com os mais graves erros doutrinários. Os cristãos buscam imprudentemente a revelação extra-bíblica na forma de profecias e sonhos. Os pregadores negam ou ignoram a realidade do inferno. O evangelho moderno promete o céu sem uma vida de santidade. As igrejas ignoram o ensinamento bíblico acerca do papel da mulher, do homossexualismo e de outras questões sensíveis. Os recursos humanos substituíram a mensagem divina. Isso tudo compromete a doutrina seriamente. Se a igreja não se arrepender e retornar ao caminho de ascendência (como diria Spurgeon), estes e outros erros semelhantes se tornarão epidêmicos.

Observe novamente a frase-chave no versículo 3: "Como que sentindo coceira nos ouvidos". Por que não suportam a sã doutrina? Por que cercam-se de mestres e voltam as costas para a verdade? Porque no seu íntimo o que pretendem é satisfazer a coceira de seus ouvidos. Não querem ser confrontados. Não querem sentir convicção de pecado. Desejam ser entretidos; querem pregações que produzam sentimentos agradáveis. Desejam sentir-se bem. Querem satisfazer a coceira dos seus ouvidos com anedotas, humor, psicologia, palestras motivacionais, estímulos, pensamento positivo, auto-satisfação e sermões que fortalecem o ego. Correção, repreensão e exortação bíblicas são inaceitáveis.

Mas a verdade de Deus não faz cócegas em nossos ouvidos; ela esbofeteia os nossos ouvidos. Ela os queima. *Primeiramente*, ela corrige, repreende e traz convicção; *depois*, ela exorta e encoraja. Os que pregam a Palavra precisam ter o cuidado de manter esse equilíbrio.

Em João 6, após Jesus ter pregado um sermão bastante severo, a Bíblia nos diz: "À vista disso, muitos dos seus discípulos o abandonaram e já não andavam com ele" (v. 66). Enquanto as multidões se retiravam, nosso Senhor voltou-se a seus discípulos e perguntou: "Porventura, quereis também vós outros retirar-vos?" (v. 67). A resposta de Pedro, em nome dos demais apóstolos, é significativa: "Senhor, para quem iremos? Tu tens as palavras da vida eterna" (v. 68). Esta é a resposta correta. Revela a diferença entre os verdadeiros discípulos e os demais: a fome *pela Palavra*. Jesus afirmou: "Se vós permanecerdes na minha palavra, sois verdadeiramente meus discípulos" (Jo 8.31). Pessoas que buscam ser alimentadas ou entretidas, curiosos e gente que apenas segue as multidões não são, de forma alguma, discípulos verdadeiros. Os que amam a Palavra são os verdadeiros seguidores de Cristo. Esses não desejarão ouvir pregadores que cocem seus ouvidos.

SÊ SÓBRIO EM TODAS AS COISAS

A atitude que caracteriza o ministro que almeja a excelência deve ser de diligente sobriedade. "Sê sóbrio em todas as coisas" (2 Tm 4.5) não é uma mera advertência contra a embriaguez. Paulo também não está sugerindo que Timóteo deveria ser severo, triste, melancólico, rabugento. *Sóbrio* significa alguém que possui autocontrole, alguém atento e decidido. Descreve um estado de vivacidade mental e de controle sobre suas próprias faculdades.

Um ministro excelente é uma pessoa firme e estável, como um atleta que sujeitou todas as suas paixões, apetites e energia debaixo de um autocontrole absoluto, a fim de render o máximo. Colocando isso em termos negativos, o pregador não pode ser extravagante, ou tendencioso, ou alguém dado a caprichos. Diante de um mundo em mudanças, em meio a uma igreja vacilante e no contexto de uma sociedade levada ao sabor do vento, é bom que os ministros do evangelho sejam fortes, constantes, estáveis e firmes como uma rocha. Não podemos nos comprometer quando as pressões aumentam.

Já chega de pregadores extravagantes, tendenciosos e impulsivos, cujos estilos variam conforme o ânimo da multidão. O que mais precisamos agora são aqueles que se mantém plenamente constantes em um mundo instável e que conhecem suas prioridades. Precisamos de ministros cujas mentes estão livres de engano, de falsa doutrina e de conceitos não ortodoxos. Precisamos de pregadores que declarem corajosamente "todo o desígnio de Deus". Quão enfadonho é para Deus ver sua Palavra inspirada ser substituída por conversa inócua e insípida, engenhosamente proferida dos púlpitos!

O pregador nobre é equilibrado, consistente e firme. Ele não se altera diante dos clamores daqueles que desejam satisfazer a coceira de seus ouvidos.

SUPORTA AS AFLIÇÕES

Obviamente, os ministros que buscam a excelência não podem ser os que anelam pelos aplausos deste mundo. Tampouco amam os confortos terrenos. A vida do ministro de Deus não é de tranquilidade. Timóteo precisava estar disposto a suportar durezas (2 Tm 4.5). Não poderia realizar o tipo de ministério que Deus desejava para ele, a menos que estivesse disposto a passar por algum sofrimento.

Não há ministério de valor que surja sem as dificuldades. Frequentemente me deparo com jovens indo para o ministério que procuram uma igreja sem problemas, um ministério sem desafios, uma congregação que seja fácil de conduzir. Não existe tal lugar para o pregador fiel da Palavra de Deus. É uma mentira a ideia de que o ministério pode ser, ao mesmo tempo, eficaz e sem problemas. Você *encontrará* dificuldades, se pregar a Palavra não adulterada. E, ao vir a adversidade, você tem duas escolhas. Ou ficar firme e suportar as dificuldades, ou comprometer-se. O ministro fiel permanece ao lado da verdade. Não há como fazer isso e escapar do sofrimento. "Ora, todos quantos querem viver piedosamente em Cristo Jesus serão perseguidos" (2 Tm 3.12). Portanto, fidelidade e sofrimento caminham juntos.

Esse é um tema que se repete em 2 Timóteo. No capítulo 2, Paulo escreveu: "Tu, pois, filho meu, fortifica-te na graça que está em Cristo Jesus... Participa dos meus sofrimentos como bom soldado de Cristo

Jesus" (vv. 1, 3). No texto que estamos expondo, ele relembra a Timóteo que, assim como os demais aspectos de seu trabalho, o sofrimento é parte integrante da tarefa do ministro fiel.

Timóteo seguiu o conselho de Paulo? É evidente que sim. Hebreus 13.23, um versículo obscuro, diz: "Notifico-vos que o irmão Timóteo foi posto em liberdade; com ele, caso venha logo, vos verei". O autor de Hebreus certamente conhecia bem a Timóteo e o amava. Ele conta aos Hebreus que Timóteo havia sido "libertado". Libertado de onde? A palavra grega sugere que Timóteo fora libertado da prisão. Podemos supor que, ao deparar-se com o sofrimento, Timóteo o suportou. Não comprometeu suas convicções. Permaneceu fiel, apesar de ter sido encarcerado. Ele não procurou um caminho fácil para livrar-se da situação.

FAZE O TRABALHO DE UM EVANGELISTA

À primeira vista, a ordem para "fazer o trabalho de um evangelista" aparenta ser uma brusca mudança de assunto, mas isto não é verdade. Paulo está instruindo a Timóteo que vá além do conforto de pregar ao seu próprio rebanho e se dirija aos incrédulos, a fim de pregar-lhes com ousadia a Palavra. Paulo não está sugerindo que o *ofício* de Timóteo fosse o de evangelista. Estava dizendo a Timóteo que evangelizar incrédulos fazia parte de sua responsabilidade como pastor.

Novamente, Paulo estava ordenando que Timóteo proclamasse a verdade corajosamente. Timóteo havia sido tentado a buscar tranquilidade no conforto de estar com seu rebanho. Por isso, o apóstolo o impele a ministrar na linha de frente. Paulo desejava que Timóteo encarasse o mundo de forma destemida e proclamasse a Cristo crucificado. Ele pretendia que Timóteo pregasse sobre o pecado, a justiça, o juízo, a lei de Deus e sobre a depravação, e não a dignidade, da raça humana. Paulo queria que Timóteo proclamasse a segunda vinda, alertando os ouvintes acerca do juízo eterno. Desejava que seu discípulo magnificasse a cruz, a ressurreição, o sacrifício, a graça e a fé. Paulo estava ordenando que Timóteo fosse solene e persuasivo ao confrontar a incredulidade.

CUMPRE CABALMENTE O TEU MINISTÉRIO

As breves recomendações de Paulo a Timóteo terminam com um imperativo final: "Cumpre cabalmente o teu ministério" (2 Tm 4.5). "Cumprir" significa executar, realizar completamente, fazer tudo. O apóstolo poderia ter dito: "Não sirva a Deus apenas com a metade de seu coração; faça-o com toda a sua força". Paulo estava chegando ao final de sua vida e podia afirmar:

> "Estou sendo já oferecido por libação, e o tempo da minha partida é chegado. Combati o bom combate, completei a carreira, guardei a fé. Já agora a coroa da justiça me está guardada, a qual o Senhor, reto juiz, me dará naquele Dia; e não somente a mim, mas também a todos quantos amam a sua vinda" (2 Tm 4.6-8).

Ele almejava que Timóteo, em algum tempo, chegasse à esta postura.

Lembre-se de que o encargo de Paulo a Timóteo traz implicações para todo cristão. Todos nós devemos ministrar em alguma esfera de serviço a Deus. Seja você uma dona-de-casa que ministra a seus próprios filhos ou o pastor de uma grande congregação, estes princípios se aplicam a você. Não há lugar para comprometer o evangelho. Não há espaço para a timidez. Não há tempo para demoras. Não há necessidade de temor. Realize todo o seu serviço para o Senhor; cumpra-o integralmente. E isto só é possível se o ministério for efetuado corretamente.

APEGANDO-SE À FÉ

No auge *de A Controvérsia do Declínio*, duas semanas após ter sido censurado pela União Batista, Charles Spurgeon pregou uma mensagem intitulada "Apegando-se à Fé", na qual ele declarou:

> Jamais devemos esconder nossa bandeira. Há momentos em que é necessário nos lançarmos à frente e encararmos nosso oponente, ao percebermos que a honra de nosso Capitão assim

o requer. Que jamais nos mostremos envergonhados ou temerosos. Nosso Senhor Jesus merece que nos ofereçamos como sacrifícios voluntários em defesa da fé. Se necessário, devem ser descartadas a tranquilidade, a reputação e a própria vida em prol da fé e do nome de Jesus; E, se no ardor da batalha colocamos em risco o nosso bom nome ou a própria vida, para que alcancemos a vitória, que possamos dizer: "Nesta batalha, alguns de nós haveremos de cair; por que não eu? Quero ter minha parte e meu quinhão com o Mestre e suportar afrontas por amor a Ele". Somente os soldados valentes são dignos de nosso grande Senhor. Aqueles que se retiram furtivamente para a retaguarda, com o propósito de sentirem-se tranquilos, não são dignos do reino...

Irmãos, precisamos estar dispostos a passar pelo ridículo, por amor a Cristo, até mesmo o ridículo sutil que os "eruditos" querem nos impor. Devemos estar dispostos a sermos considerados grandes tolos, por amor a Jesus... Quanto a mim, estou disposto a ser dez mil tolos em um só, por amor ao meu querido Senhor e Mestre; e considero como a mais alta honra que me pode ser atribuída, o ser tirado de mim todo o mérito e receber só a censura por causa da grande e antiga verdade que está inscrita em meu próprio coração...

Antes que eu abandone a minha fé... terei de ser moído em pó, e cada partícula desse pó ser transformada.[11]

Spurgeon terminou este sermão com as seguintes palavras:

Todos admiram Lutero! Sim, admiram muito, mas ninguém quer que outra pessoa faça hoje o que ele fez. Quando se vai ao jardim zoológico, admira-se o urso; mas, você gostaria de ter um urso daqueles em sua casa ou vagando pelas ruas? Você me diria que isso seria intolerável e não há dúvida de que você está certo.

Então, admiramos um homem que se mostrou firme na fé há 400 anos; as eras passadas são como uma jaula de urso para ele. Porém, a existência de tal homem na atualidade seria um forte aborrecimento, e todos lutariam por sua queda. Chame-o de fanático intolerante, dê-lhe o pior título que você puder imaginar. Contudo, imagine se, naquela época passada, Lutero, Zwínglio, Calvino e seus companheiros houvessem dito: "O mundo está fora de ordem; mas, se tentarmos acertá-lo, conseguiremos apenas criar mais confusão e trazer desgraça sobre as nossas cabeças. Voltemos aos nossos quartos, coloquemos nossas tocas de dormir, durmamos durante os dias maus, e talvez, ao acordarmos, as coisas estarão melhores". Tal conduta da parte deles teria nos outorgado uma herança caracterizada pelo erro. Era após era, teríamos descido às profundezas infernais, e o pestífero atoleiro do erro nos teria engolido a todos. Aqueles homens amavam tanto a fé e o nome de Jesus que não permitiram que estes fossem pisoteados. Reconheçamos quanto devemos a eles e paguemos aos nossos filhos a dívida que temos para com nossos pais.

Hoje é como nos dias da Reforma. Há necessidade de determinação. Eis o dia para o homem, mas onde se encontra o homem para este dia? Nós que recebemos o evangelho da mão dos mártires não ousamos tratá-lo como ninharia, nem ousamos nos assentar ao lado de traidores que o negam, que pretensamente o amam, mas interiormente abominam cada palavra dele. A fé que eu mantenho traz consigo as marcas do sangue de meus ancestrais. Será que posso negar a fé, pela qual deixaram sua terra natal para, como peregrinos, virem para nossa pátria? Podemos desperdiçar o tesouro que nos foi dado por entre as grades das prisões ou que chegou a nós através das chamas de Smithfield? Pessoalmente, enquanto meus ossos vêm sendo torturados pelo reumatismo, tenho me lembrado de Job Spurgeon, provavelmente do meu sangue, que na cadeia de Chelmsford recebeu uma cadeira, pois não podia se deitar por causa das dores reumáticas. A ampla aba de seu chapéu quacre faz sombra sobre a minha testa. Talvez eu tenha herdado o reumatismo dele; mas nem isso haveria de lastimar, desde que eu tenha sua fé persistente, que não me permitirá abrir mão de uma sílaba da verdade de Deus.

Quando pensamos em quantos outros sofreram por sua fé, um pequeno desdém ou uma simples indelicadeza não parecem ser mais do que mera bagatela, indigna de ser mencionada. Uma linhagem de amantes da fé deve ser para nós um grande apelo para que permaneçamos firmes no Senhor, Deus de nossos pais, e na fé que eles viveram. Quanto à mim, tenho que defender o antigo evangelho; não posso fazer outra coisa. Se Deus me ajudar, suportarei as consequências daquilo que os homens julgam ser obstinação.

Ouçam-me senhores: *ainda há épocas por vir*. Se o Senhor não apressar a sua vinda, haverá outra geração e, depois, outra. E, se hoje não formos fiéis a Deus e à sua verdade, todas essas gerações serão contaminadas e prejudicadas. Chegamos a uma bifurcação no caminho. Se nos dirigirmos para a direita, provavelmente nossos filhos e os filhos de nossos filhos sigam esse mesmo caminho; mas, se nos voltarmos para a esquerda, as gerações que ainda não nasceram amaldiçoarão nosso nome, por termos sido infiéis a Deus e à sua Palavra. Eu vos recomendo, não apenas por causa de vossos antepassados, mas também por causa de vossa posteridade, que procureis receber do Mestre o seu elogio, que vos apegueis ao seu nome a fim de não negar a fé, enquanto habitais onde Satanás domina. Que Deus nos outorgue essa fidelidade, por amor às almas que estão ao nosso redor! De que maneira o mundo será salvo, se a igreja for infiel para com seu Senhor? Como haveremos de erguer as multidões, se nosso suporte for removido? Se nosso evangelho for duvidoso, o que restará, senão a miséria e o desespero? Mantenham-se firmes, meus amados, em nome de Deus! Eu, seu irmão em Cristo, suplico que permaneçam na verdade. Comportem-se como homens; sejam fortes. Que o Senhor os sustente, por amor a Jesus. Amém.[12]

Spurgeon fez sua parte. Ele passou o bastão a outra geração, e estes o passaram à seguinte. Completaram sua carreira, tendo preservado a fé. E nós, preservaremos a fé? Cumpriremos nosso ministério? Estamos dispostos a suportar aflições por sermos fiéis? Temos nós um compromisso com o ministério de pregar a Palavra sem nos envergonharmos?

Nós, que amamos ao Senhor e à sua igreja, não devemos ficar assentados enquanto a igreja ganha ímpeto em direção ao declínio que leva ao mundanismo e ao comprometimento do evangelho. Homens e mulheres pagaram com seu próprio sangue o preço de passarem a nós uma fé genuína. Agora é nossa vez de preservarmos a verdade; e esta é uma tarefa que requer coragem, sem compromisso com o erro. Trata-se de uma responsabilidade que exige devoção inabalável a um propósito muito específico.

No mesmo sermão que acabei de citar, Spurgeon incluiu este lembrete:

> Queridos irmãos, este nome e esta fé são a nossa *mensagem*. Nosso único serviço aqui neste mundo é clamar: "Eis o Cordeiro". Algum de vocês foi enviado por Deus com outra mensagem? Não pode ser. A única mensagem que Deus outorgou a seu povo é a proclamação da salvação através do Cordeiro — salvação pelo sangue de Jesus... Falar de Jesus é nossa ocupação; nada mais temos a dizer senão aquilo que esteja contido na revelação que Deus nos deu na pessoa de Jesus Cristo. Ele, que é o nosso consolo, é o nosso único tema.[13]

Isso ecoa as palavras de Paulo a Timóteo: "Prega a Palavra". Nada mais digno temos a dizer. Não há outra mensagem. Não há outro ministério que valha a pena. Até que a igreja recupere a centralidade dessa verdade e o compromisso único de nosso chamado, o evangelicalismo continuará sendo implacavelmente puxado para o declínio.

2

"A Igreja Amigável"

Durante certa reunião de pastores e oficiais de igreja, os presentes, um após outro, questionaram o valor das reuniões de oração. Todos confessaram que poucos crentes participavam delas; e vários reconheceram, sem qualquer contrição, que já haviam desistido de tais reuniões. O que isto significa? Estão as igrejas vivenciando uma condição saudável ao terem apenas uma reunião de oração por semana e serem poucos que a frequentam?

Charles Haddon Spurgeon[1]

A igreja contemporânea está passando por uma revolução sem precedentes, desde a Reforma Protestante, em seus estilos de adoração. O ministério das igrejas casou-se com a filosofia de *marketing*, e o "filhote monstruoso" dessa união é um diligente esforço para mudar a maneira como o mundo enxerga a igreja. O ministério da igreja está sendo completamente renovado, na tentativa de torná-lo mais atraente aos incrédulos.

Os especialistas nos dizem que pastores e líderes de igrejas que desejam ser mais bem-sucedidos precisam concentrar suas energias nesta nova direção. Forneça aos não cristãos um ambiente inofensivo e agradável. Conceda-lhes liberdade, tolerância e anonimato. Seja sempre positivo e benevolente. Se for necessário pregar um sermão, torne-o breve e recreativo. Não pregue longa e enfaticamente. E, acima de tudo, que todos sejam entretidos. As igrejas que seguirem estas regras experimentarão crescimento numérico, eles nos afirmam; e as que as ignorarem estão fadadas à estagnação.

As inovações que estão sendo tentadas são extraordinárias e, até mesmo, radicais. Algumas igrejas, por exemplo, realizam seus maiores cultos na sexta ou sábado à noite, em vez de no domingo. Tais cultos são repletos de música e entretenimento, oferecendo às pessoas verdadeiros substitutos ao teatro e às atividades sociais. Os membros de igreja agora podem "cumprir sua obrigação de ir à igreja", ficando livres para usarem o fim de semana como quiserem. Um desses frequentadores de cultos aos sábados explicou por que esses cultos alternativos são tão importantes: "Se você vai à escola dominical às 9:00 e ao culto das 11:00 horas, acaba saindo da igreja perto das 13:00 horas da tarde; isto praticamente liquida o dia".[2]

A julgar pela frequência aos cultos, *muitos* dos membros de igreja sentem que passar o Dia do Senhor na igreja equivale a desperdiçar o domingo por completo. Os cultos não dominicais, em algumas igrejas, estão sendo mais frequentados do que aqueles que tradicionalmente ocorrem aos domingos.

E isso não é tudo. Muitos desses cultos alternativos não oferecem qualquer tipo de pregação. Em lugar disso, dependem da música, dramatização, multimídia e outros meios de comunicação para transmitir a mensagem. "Esta é a geração que cresceu aos pés da televisão", afirmou certo pastor à revista *Time*. "É preciso apresentar-lhes a religião de uma forma criativa e visual." Algumas igrejas estão levando essa filosofia a um passo além, eliminando completamente a pregação do culto matinal de domingo.

Até mesmo a música e a dramatização são cuidadosamente escolhidas para que os incrédulos sintam-se bem. Nada, praticamente, é dispensado como impróprio para o culto: *rock* nostálgico, os ritmos disco, *heavy metal*, *rap*, dança, comédia, palhaços, mímica e magia teatral; tudo se tornou parte do repertório evangélico. Aliás, uma das poucas coisas que é considerada como inadequada é a pregação clara e poderosa.

A questão é que se pretende tornar a igreja "*user-friendly*", ou seja, "amigável". Esse termo vem da indústria informática e foi primeiramente aplicado para descrever um "*software*" ou um "*hardware*" que é de fácil operação para o iniciante em computação. Aplicado à igreja, costuma descrever um tipo de ministério que é benigno e extremamente não desafiador. Na prática, torna-se uma desculpa para se importar os entretenimentos mundanos para dentro da igreja, na tentativa de atrair os não frequentadores de igreja que estão "à procura de algo", através de um apelo aos interesses carnais. O resultado óbvio dessa preocupação com os que não são da igreja é uma correspondente falta de cuidado para com aqueles que são a verdadeira igreja. As necessidades espirituais dos crentes geralmente são negligenciadas, e isso prejudica a igreja.

BATENDO NO PÚLPITO?

Isto não significa que a pregação tenha sido, de todo, abandonada. Algumas dessas "igrejas amigáveis" têm ao menos um culto semanal (geralmente no meio da semana) onde o sermão é o enfoque central. Porém, até mesmo nessas reuniões, ao invés de ser bíblico, frequentemente o estilo é psicológico ou motivador. Acima de tudo, coloca-se a ênfase na facilidade de aceitação. Há pouco tempo li uma grande quantidade de artigos de jornais e revistas que tratavam do fenômeno da "igreja amigável", e um pensamento comum começou a manifestar-se. Apresento a seguir algumas citações daqueles recortes, que descrevem a pregação em uma "igreja amigável":

"Aqui não há fogo nem enxofre. Nada de pressionar as pessoas com a Bíblia. Apenas mensagens práticas e divertidas."

"Os cultos em nossa igreja (nome da igreja em questão) trazem consigo um ar de informalidade. Você não verá os ouvintes sendo ameaçados com o inferno ou sendo considerados como pecadores. O objetivo é fazer com que se sintam bem-vindos, não de afastá-los."

"Como acontece com todos os pastores, a resposta (deste pastor) é Deus — mas ele O menciona apenas no final e o faz sem muita seriedade. Nada de discursos; nada de altos brados. Nem fogo, nem enxofre. Ele nem usa a palavra que começa com a letra 'i'. Nós chamamos isto de evangelho *light*. É a mesma salvação oferecida pela velha e boa religião, antiga mas com um terço a menos de culpa."

"Aqui os sermões são relevantes, otimistas e, o melhor de tudo, curtos. Você não ouvirá muita pregação a respeito do pecado, da condenação e do fogo do inferno. A pregação aqui nem se parece com *pregação*. É uma conversação sofisticada, polida e amigável. Quebra todos os padrões estereotipados."

"O pastor está pregando mensagens bastante atuais... mensagens de salvação, mas a ideia não é tanto de salvação do fogo do inferno. Pelo contrário, é salvação da falta de significado e de propósito nesta vida. É uma mensagem mais *soft*, de mais fácil aceitação."

"Nosso objetivo, diz o pastor, é que as pessoas entrem pela porta da frente e, então, tirem de suas mentes aquela ideia do pregador que transpira, afrouxa a gravata, pressiona as pessoas usando a Bíblia, que grita e esbraveja acerca de perecer no inferno por toda a eternidade."

Portanto, as novas regras são: seja esperto, informal, positivo, sucinto e amigável. Jamais afrouxe a gravata. Não deixe o auditório ver o seu suor. E jamais, jamais, use a palavra "inferno".

A maior parte destas citações representa o que observadores externos têm dito acerca das "igrejas amigáveis" e não como essas próprias igrejas veem seus ministérios. Quase todas diriam com veemência que não menosprezam ou negam qualquer ponto da doutrina evangélica. Aliás, o "best-seller" de George Barna, intitulado *User-Friendly Churches (Igrejas Amigáveis)* inclui o seguinte desagravo, mencionando-o duas vezes: "Nenhuma das igrejas bem-sucedidas descritas neste livro está interessada em ser amigável no sentido de comprometer o evangelho ou a fé histórica da igreja, tão somente para se tornar aceitável à época".[3]

Mas, de fato, a verdade das Escrituras está sendo comprometida, ao ser descentralizada e quando, para forjar uma amizade com o mundo, verdades duras são evitadas, diversões insípidas tomam o lugar da sã doutrina e uma verdadeira ginástica semântica é utilizada a fim de evitar a menção das verdades severas das Escrituras Sagradas. Se o objetivo é fazer sentir-se bem aquele que está à procura de algo, porventura isso não é incompatível com o ensinamento bíblico acerca do pecado, do juízo, do inferno e de vários outros assuntos importantes? Assim, por intermédio dessa filosofia a mensagem bíblica é irremediavelmente distorcida. E o que dizer sobre o crente que precisa ser alimentado?

Por favor, entendam bem, pois não estou afirmando que os pregadores *precisam* transpirar, mostrarem-se rudes, bombásticos e extravagantes, gritando, bradando, esmurrando o púlpito e dando socos na Bíblia. Mas encaremos o fato que, exceto em alguns círculos mais restritos de grupos ultra-fundamentalistas, tais pregadores são raros nos dias de hoje. A imagem de um pregador esmurrando a Bíblia se tornou um estereótipo comum usado com bastante frequência contra aqueles que simplesmente creem que a proclamação objetiva e direta da verdade é mais importante do que fazer com que o "não-frequentador-de-igreja" sinta-se em casa.

A fraqueza da pregação em nossos dias não brota de lábios excêntricos e frenéticos que discursam sobre o inferno; resulta de homens que comprometem a mensagem e temem proclamar a Palavra de Deus com poder e convicção. A igreja certamente não manifesta uma superabundância de pregadores sinceros e objetivos; de fato, ela parece repleta de ministros que adulam os homens (cf. G11.10).

O CLIENTE É SOBERANO

No âmago da filosofia da "igreja amigável", movida a *marketing*, está o objetivo de oferecer às pessoas o que elas desejam. Os que advogam essa postura são bastante honestos quanto a isso. No capítulo 1, eu disse que a satisfação do cliente é o objetivo declarado desta nova filosofia. Um dos principais livros acerca do ministério norteado por *marketing* afirma: "Isto é o que significa *marketing* na igreja: apresentar o nosso produto (relacionamentos) como uma solução para as necessidades das pessoas".[4]

"As necessidades sentidas" funcionam como um orientador para o plano moderno de *marketing* na igreja. E a ideia equivale a um princípio elementar de vendas: satisfazemos um desejo existente em lugar de persuadirmos as pessoas a comprarem o que não querem.

Avaliar com exatidão as necessidades das pessoas é, portanto, considerada uma das chaves para o crescimento no movimento moderno de crescimento de igrejas. Ensina-se aos líderes da igreja a pesquisarem os "consumidores" em potencial, para se descobrir o que estes procuram em uma igreja — e, então, oferecerem exatamente isso. Informação demográfica, pesquisas acerca da comunidade, pesquisas de porta em porta e questionários respondidos pela congregação são as novas ferramentas de trabalho. A informação obtida dessas fontes é considerada *essencial* para se elaborar um plano de *marketing* funcional. Pastores, hoje em dia, ouvem que é impossível alcançarmos pessoas eficazmente sem utilizar essa metodologia.

Pior ainda, parece que as "necessidades emocionais" das pessoas são levadas mais a sério do que as (não percebidas, mas verdadeiras) deficiências espirituais sobre as quais falam as Escrituras. "Necessidades sentidas" inclui assuntos como solidão, medo do fracasso, dependência, autoimagem negativa, depressão, ira, mágoas e outros problemas semelhantes voltados para o interior da pessoa. Algumas dessas necessidades são genuínas, outras são criadas pela psicologia de vendas. Dizem-nos que esses problemas estão por trás dos vícios com drogas e sexo e por trás de dezenas de outras síndromes. Enquanto o problema *verdadeiro* — a raiz de todos esses males, é a depravação humana, um assunto que é cuidadosamente evitado (embora dificilmente seja negado publicamente) nos ensinamentos da "igreja amigável".

Pastores não são mais instruídos a declarar às pessoas o que Deus requer delas. Em lugar disso, são aconselhados a descobrir quais são as exigências das pessoas e fazer o que for necessário para satisfazer essas necessidades. O público é reputado como soberano, e um pregador sábio "haverá de moldar sua comunicação de acordo com as necessidades do povo, de forma a obter a resposta desejada".[5]

O efeito de tal filosofia é evidente; os púlpitos estão cada dia mais repletos de "pastores que buscam o povo". Além disso, as Escrituras são sobrepujadas por um plano de *marketing* que se torna um guia definitivo para o ministério. Um dos livros acerca de *marketing* na igreja diz o seguinte: "O plano de *marketing* é a bíblia do jogo de *marketing*; tudo que acontece na vida do produto ocorre porque o plano assim o quer".[6] Aplicado ao ministério da igreja, isso significa que a estratégia humana, e não a Palavra de Deus, torna-se a fonte de toda atividade eclesiástica e o padrão pelo qual o ministério é avaliado.

Esta maneira de abordar o ministério é tão desvirtuada e tão grosseiramente antibíblica, que me surpreendo ao ver tantos pastores deixarem-se influenciar por ela. Entretanto, já se tornou uma filosofia extremamente influente. Milhares de igrejas reformularam por completo seus ministérios e agora estão tentando satisfazer as massas.

Aliás, o movimento da "igreja amigável" adquiriu tal amplitude que muitos jornais seculares já perceberam a tendência. Um artigo escrito no *Los Angeles Times* relatou como uma megaigreja surgiu a partir de uma pesquisa direcionada por um "estudo de *marketing*" feito de porta em porta, quando essa igreja ainda não era organizada oficialmente. Apropriadamente, o título do artigo era "Pesquisa de Consumidor dá Forma à Igreja". A história descreve como o pastor "elaborou o programa da igreja de modo a satisfazer as necessidades e reclamações que as pessoas registraram na pesquisa feita de porta em porta".[7] Naturalmente, o artigo mencionou que a mensagem desse pastor é curta, branda, positiva e tópica, com títulos tais como "Mudando o Sonho Americano". Ele tempera seus pequenos sermões, utilizando citações de jornais e revistas sobre finanças.

Outro jornal do sul da Califórnia escreveu um artigo intitulado "*Marketing* the Maker", ou seja, "Comercializando o Criador". Ele descreve várias igrejas locais que puseram em prática a filosofia do direcionar-se pelo *marketing* e que parecem estar crescendo assustadoramente. Certa igreja "comprou um espaço de tempo em algumas emissoras de rádio especializadas em rock, a fim de divulgar seu anúncio, que parecia mais um convite para se frequentar um clube social do que para se congregar em uma igreja. E, no jornal, os anúncios destas igrejas não foram colocados na seção de religião, e, sim, na de entretenimentos".[8]

É claro que não há nada de errado com o fato de uma igreja anunciar suas atividades na seção de entretenimentos de um jornal. Mas *é* errado uma igreja prometer e realizar um "culto" que não passa de mero entretenimento. E é precisamente isso que muitas igrejas estão fazendo. "Uma *celebração*, e não um culto", é como uma dessas igrejas promove suas reuniões, que acontecem adequadamente em um cinema.

Uma dessas "igrejas" conseguiu levar a ideia à sua conclusão lógica — "um culto de igreja criado para a televisão. Nosso santuário não tem bancos... nosso santuário é a televisão do espectador".[9] Criado pelo fundador da *Home Shopping NetWork,* o programa "Adoração" é um "culto cristão ininterrupto", transmitido durante 24 horas por dia. Pergunta-se: Como pode uma "igreja" assim oferecer uma comunhão significativa? Os fundadores do "Adoração" sentem que isso está sob controle: "No programa 'Adoração', a comunhão é uma parte importante de cada culto, mas isso também é realizado de forma singular, através dos modernos meios de comunicação... 'Adoração' emprega a última palavra em tecnologia telefônica digital, que permite aos espectadores de todas as partes do país entrarem rapidamente em contato com um parceiro de comunhão".[10]

Dessa forma, o "cliente" atinge a soberania plena. Se ele não gosta do que vê, é só desligar o televisor. Se não está apreciando a "comunhão", precisa apenas desligar o telefone.

VIRANDO DE CABEÇA PARA BAIXO A TEORIA DE CRESCIMENTO DA IGREJA

As Escrituras dizem que os primeiros cristãos viraram o mundo de cabeça para baixo (At 17.6). Em nossa geração, o mundo está virando a igreja de cabeça para baixo. Biblicamente falando, Deus é soberano, não o incrédulo que não frequenta a igreja. A Bíblia, e não o plano de *marketing*, deve ser o único guia e a autoridade final para todo o ministério eclesiástico. Em vez de acalentar o egoísmo das pessoas, o ministério da igreja deveria atender às verdadeiras necessidades delas. O Senhor da igreja é Cristo e não um "Zé da poltrona" com um controle remoto nas mãos.

Não consigo ouvir a expressão "igreja amigável" sem que isso me traga à mente a passagem de Atos 5 e a história de Ananias e Safira. O que se passou naquela ocasião desafia abertamente quase toda a teoria contemporânea de crescimento da igreja. A igreja de Jerusalém não era nem um pouco "amigável". Aliás, era exatamente o oposto. Lucas nos informa que esse episódio inspirou "grande temor a toda a igreja e a todos os que ouviram a notícia destes acontecimentos" (At 5.11). O culto daquele dia foi tão perturbador, que nenhum dos que não frequentavam a igreja ousou juntar-se a eles. O só pensar em frequentar aquela igreja aterrorizava o coração daquelas pessoas, apesar de os terem em alto conceito (At 5.13). A igreja, sem dúvida alguma, não era um lugar para os pecadores sentirem-se à vontade, era um lugar que causava medo!

Consideremos esta passagem atentamente e procuremos entendê-la em seu contexto apropriado. Para isto, é necessário voltarmos a Atos 4. Lembre-se de que a igreja era recém-nascida e existia em toda a sua imaculada beleza, frescor e vitalidade. Ainda estava livre de máculas produzidas por qualquer pecado grosseiro ou por fracasso humano. O povo estudava intensamente a doutrina dos apóstolos. Aqueles primeiros dias da história da igreja eram dias promissores e felizes, repletos de amor e de comunhão verdadeira. A alegria era intensa, e o amor, profundo, envolvendo a todos; consequentemente, o testemunho deles ecoava alto e claro. Os resultados mostravam que um número de quinze a vinte mil pessoas vieram à fé em Cristo, em apenas algumas semanas. Satanás, através da perseguição, já havia tentado frustrar o propósito da igreja. Contudo, não surtiu efeito; os crentes apenas oraram, suplicando mais ousadia. Deus respondeu-lhes a oração, e mais pessoas foram salvas. Naqueles dias, Deus era bastante real, Cristo estava bem vivo e o Espírito Santo revelou-Se em grande poder.

Mas Satanás já estava tramando um ataque mais perigoso. Se ele não conseguia destruir a igreja por meio de qualquer ataque externo de perseguição, tentaria a abordagem mais sutil de um ataque interno. E foi exatamente isso que aconteceu.

PECADO NO ARRAIAL

Esta é a primeira ocorrência de pecado que as Escrituras relatam ter acontecido na igreja. E de todas as primeiras ocorrências, no livro de Atos, esta é a mais triste. A estratégia de Satanás para penetrar na igreja iniciou-se nesta ocasião e continua até hoje.

Esse episódio é um exemplo clássico da inflexível honestidade da Bíblia. Deus poderia nos ter dado uma visão branda da igreja, ocultando todas as suas imperfeições. As Escrituras, entretanto, jamais deixam a verdade de lado, ainda quando esta é dolorosa e desagradável. A igreja não é perfeita, nunca o foi. Algumas pessoas usam este fato como desculpa para manterem-se afastados da igreja, dizendo: "Eu gostaria de frequentar uma igreja, mas há muitos hipócritas ali". Nesse caso, eu penso: *Venha, temos lugar para mais um.* Esta objeção, em si mesma, é hipócrita. É lógico que há hipócritas na igreja. Essa é uma das verdades que aprendemos desse relato de Atos 5. De certa forma, esta passagem bíblica pode nos servir de encorajamento. Não significa que somos encorajados pelo pecado. Mas é encorajador saber que a igreja em seus primórdios defrontou-se com os mesmos tipos de problemas que enfrentamos hoje.

Até mesmo o apóstolo Paulo, em algumas ocasiões, parece ter sido desanimado pelos problemas que encontrou nas igrejas daquela época. Em 2 Coríntios 11.24-27, ele nos fornece uma lista dos tipos de provações e perseguições que teve de suportar:

> Cinco vezes recebi dos judeus quarenta açoites menos um. Três vezes fui golpeado com vara, uma vez apedrejado, três vezes sofri naufrágio, passei uma noite e um dia exposto à fúria do mar. Estive continuamente viajando de uma parte a outra, enfren-

tei perigos nos rios, perigos de assaltantes, perigos dos meus compatriotas, perigos dos gentios; perigos na cidade, perigos no deserto, perigos no mar e perigos dos falsos irmãos. Trabalhei arduamente; muitas vezes fiquei sem dormir, passei fome e sede, muitas vezes fiquei em jejum; suportei frio e nudez.

E, concluindo, ele acrescenta a maior de todas as provações: "Além disso, enfrento diariamente uma pressão interior, a saber, a minha preocupação com todas as igrejas" (2 Co 11.28 - NVI). Ele não estava falando a respeito de problemas administrativos, mas a respeito de sua luta para levar os crentes à maturidade.

Começando com esse incidente em Atos 5, os pecados dos santos se tornaram um problema perpétuo para a igreja. Cada epístola que Paulo escreveu no Novo Testamento, incluía alguma consequência maior do pecado na igreja. Em Romanos 16.17-18, ele escreveu: "Recomendo-lhes, irmãos, que tomem cuidado com aqueles que causam divisões e colocam obstáculos ao ensino que vocês têm recebido. Afastem-se deles. Pois essas pessoas não estão servindo a Cristo nosso Senhor, mas a seus próprios apetites. Mediante palavras suaves e bajulação enganam os corações dos ingênuos" (NVI). A igreja de Corinto estava inundada em problemas: divisões, contendas, imoralidade, uso inadequado dos dons espirituais, etc. Os gálatas estavam sendo tolerantes para com a falsa doutrina e o legalismo (cf. Gl 3.1-4). Paulo teve de suplicar aos crentes de Éfeso que andassem de maneira digna do chamado que haviam recebido, a serem humildes e gentis, suportando com paciência uns aos outros, em amor e sendo diligentes na preservação da unidade do Espírito no vínculo da paz (Ef 4.1-4). Precisou rogar aos filipenses que tivessem o mesmo modo de pensar, estivessem unidos na paz, dedicando-se a um só propósito (Fp 2.1-2). Até citou duas mulheres, Evódia e Síntique, as quais ele gostaria de ver relacionando-se bem uma com a outra (Fp 4.2-3). Em Colossenses 3, o apóstolo repetiu toda uma lista de deficiências espirituais, finalizando-a com um mandamento para aqueles crentes purificarem suas vidas. Paulo travou uma guerra implacável contra o pecado na igreja.

UMA COMUNIDADE COMPARTILHADORA

A igreja havia iniciado como uma comunidade compartilhadora. Atos 4.32-37 afirma:

> Da multidão dos que creram, uma era a mente e um o coração. Ninguém considerava unicamente sua coisa alguma que possuísse, mas compartilhavam tudo o que tinham. Com grande poder os apóstolos continuavam a testemunhar da ressurreição do Senhor Jesus, e grandiosa graça estava sobre todos eles. Não havia pessoas necessitadas entre eles, pois os que possuíam terras ou casas as vendiam, traziam o dinheiro da venda e o colocavam aos pés dos apóstolos, que o distribuíam segundo a necessidade de cada um. José, um levita de Chipre a quem os apóstolos deram o nome de Barnabé (que significa Filho da Consolação), vendeu um campo que possuía, trouxe o dinheiro e o colocou aos pés dos apóstolos (NVI).

Tinham Verdadeira Unidade Espiritual

A congregação desabrochara e florescera, ao ponto de incluir milhares de pessoas, e continuamente se multiplicava. Apesar disso, "uma era a mente e um o coração". Não se tratava apenas de pertencerem à mesma organização, e, sim, de possuírem verdadeira unidade espiritual. Manifestavam unidade em seu crer e pensavam com unanimidade. Eram, no sentido mais pleno da expressão, um corpo, um organismo com uma só alma e um só palpitar de coração (cf. Fp 1.27). Preocupavam-se uns com os outros e com ganhar o mundo para Cristo. Estavam ocupados demais com essas prioridades, não encontrando ocasião para se preocuparem consigo mesmos. Todos cuidavam uns dos outros, de forma que as necessidades de todos eram supridas. O egoísmo, portanto, era considerado desnecessário. Que linda preocupação! Quão doce e rica deve ter sido a comunhão deles!

Compartilhavam Todas as Suas Posses

Muitos entendem incorretamente esta passagem. "Compartilhavam tudo o que tinham" não significa que eles viviam em uma comuna. Lembre-se que, durante o Pentecostes, Jerusalém ficava cheia de peregrinos que vinham para a festa. Por ocasião das festividades religiosas, Jerusalém chegava a abrigar cerca de um milhão de pessoas. Estas obviamente, precisavam de casa e comida, visto que não havia hospedarias suficientes para acomodar toda essa multidão. Por isso, os crentes costumavam abrir suas casas e permitir que outras pessoas convivessem ali com eles. Inesperadamente, no Pentecostes daquele ano, centenas de pessoas abraçaram a fé em Cristo e começaram a ganhar seus amigos e familiares para Cristo. É certo que muitos desses permaneceram em Jerusalém, a fim de aprenderem o ensino dos apóstolos.

As pressões financeiras sobre essas pessoas e seus hospedeiros deve ter sido tremenda. Além disso, existia muita gente pobre em Jerusalém. O ganho de muitos crentes provavelmente sofreu cortes, quando eles testemunharam a sua fé em Jesus. Para contornar essa situação, todos os crentes estavam dispostos a compartilhar o que possuíam.

Não era uma comuna. Eles não haviam se retirado da sociedade, abandonado seus empregos, estabelecido uma bolsa comum, passando a viver em um edifício ou acampamento comum. Atos 2 descreve o que eles estavam fazendo:

> Todos os que criam estavam juntos e tinham tudo em comum. Vendendo suas propriedades e bens, distribuíam a cada um conforme a sua necessidade. Todos os dias, continuavam a reunir-se no pátio do templo. Partiam o pão em suas casas, e juntos participavam das refeições, com alegria e sinceridade de coração, louvando a Deus e tendo a simpatia de todo o povo. E o Senhor lhes acrescentava todos os dias os que iam sendo salvos (At 2. 44-47 - NVI)

Isto era uma comunidade espiritual, não um claustro. Os crentes ainda tinham suas próprias casas, pois continuavam partindo "o pão em suas casas" (v. 46), ou seja, participavam da ceia em casas particulares. "Vender" e "distribuir", no verso 45, são verbos que se encontram no tempo perfeito, sugerindo que o vender e o partilhar ocorriam a todo tempo. Não houve um dado momento em que a comunidade vendeu tudo o que possuía e reuniu todos os recursos. Havia um processo contínuo no qual os que possuíam recursos partilhavam-nos com os crentes que não os tinham. Eles não viviam abrigados em uma comuna, tampouco ergueram barracas para acomodar a todos. Isso teria arruinado a prioridade da unidade da família, prioridade esta que foi ordenada por Deus, que designou a família para ser independente e funcionar como os tijolos que constituem a sociedade e como instrumento para transmitir a verdade e a justiça de uma geração para outra.

As pessoas vendiam suas posses — seus bens móveis e imóveis — e compartilhavam o produto, ao saberem que outros estavam em necessidades. Paulo ordenou que o contribuir fosse realizado com este mesmo espírito. Ele instou os coríntios a serem generosos em contribuir para as necessidades dos santos na Macedônia, dizendo: "A fartura de vocês suprirá a necessidade deles, para que, por sua vez, a fartura deles supra a necessidade de vocês. Então haverá igualdade" (2 Co 8.14 - NIV). Isto é diferente daquilo que fazemos hoje? Não, se nossas igrejas forem sadias. Os cristãos, ao encontrarem um irmão ou uma irmã enfrentando necessidades, devem ter um desejo natural de supri-las (cf. 1 Jo 3.16). Isto é o que os primeiros cristãos estavam fazendo. Os que vendiam seus bens faziam-no espontaneamente. Este fato se torna um ponto crucial, ao analisar o pecado de Ananias e Safira.

Eram Alimentados por Pregação Poderosa

"Com grande poder os apóstolos continuavam a testemunhar da ressurreição do Senhor Jesus" (At 4.33 - NVI). A pregação era ousada e poderosa. Eles não se envergonhavam do evangelho, embora houvesse muita perseguição naqueles dias. Aliás, o texto revela explicitamente que pregavam a respeito da ressurreição. Esta era a verdade que lhes estava causando problemas. No início desse mesmo capítulo de Atos, aprendemos que os sacerdotes, o capitão da guarda do templo e os saduceus, que "estavam muito perturbados pelo fato de os apóstolos estarem ensinando o povo e proclamando em Jesus a ressurreição dos mortos" (At 4.2 - NVI), agarraram Pedro e João e os colocaram na prisão. Pedro e João não estavam procurando ganhar a aprovação dos saduceus e dos sacerdotes por pregarem a mensagem que estes queriam ouvir! Eles corajosamente proclamaram aquilo que mais ofendia àqueles homens! Recusaram-se a minimizar as grandes doutrinas da Palavra de Deus a fim de livrarem-se da ofensa. Jamais deixaram de pregar a mensagem bíblica porque esta poderia ofender a alguém.

O ministério de pregação dos apóstolos incluía doutrina assim como evangelismo. Atos 2.42 (NVI) declara que os crentes "se dedicavam ao ensino dos apóstolos". Esse rebanho era bem nutrido, mas, ao mesmo tempo, voraz.

A igreja de Jerusalém deve ter sido um excelente lugar de comunhão. Eles não seguiram qualquer das agradáveis técnicas de *marketing* da atualidade, mas, sim, uma comunhão calorosa e verdadeira. De forma amorosa, supriam as verdadeiras necessidades uns dos outros. Eles contavam com um ensino rico e amplo. Atos 2.42 nos conta que "eles se dedicavam ao ensino dos apóstolos e à comunhão, ao partir do pão e às orações". *Nada disso foi planejado com o intuito de atrair os incrédulos.* Não obstante, novas pessoas continuavam a se converter, e o Senhor continuava acrescentando à igreja, dia após dia, os que iam sendo salvos (At 2.47).

UM MODELO POSITIVO

Lucas relata como os recursos eram partilhados entre os crentes necessitados. Os que tinham propriedades e posses em excesso venderam-nas e trouxeram o dinheiro dessa venda aos pés dos apóstolos (At 4.34,35). Os apóstolos distribuíam os recursos aos que estavam em necessidade. Através desse sistema bem simples, todas as necessidades foram supridas (v. 34). Em essência, é o mesmo sistema que usamos hoje, ao recebermos uma oferta na igreja. O dinheiro é colocado em um fundo, o qual os líderes da igreja têm a responsabilidade de administrar.

Barnabé é o exemplo específico que Lucas escolheu para apresentar como modelo espiritual. *Barnabé* era um apelido que significava "filho da consolação". Aparentemente, esse homem, "José, um levita de Chipre", tinha o dom da consolação, então lhe foi dado um apelido apropriado. Mais tarde, Barnabé acompanhou Paulo em sua primeira viagem missionária.

Barnabé era um levita, membro da tribo sacerdotal de Israel. É improvável que ele, um sacerdote, tenha sido um homem rico. De alguma forma, entretanto, adquirira uma propriedade. Vendeu-a e trouxe o dinheiro para os apóstolos distribuírem. Ele não pediu reconhecimento, não procurou controlar a maneira como o dinheiro seria utilizado. Simplesmente o entregou. O que fica evidente em Atos 4 é que Barnabé fez essa oferta com amor, que partiu de um coração puro, motivado tão somente pela bênção de contribuir. E podemos pressupor que muitos outros da igreja de Jerusalém fizeram o mesmo.

UM MODELO NEGATIVO

Mas nem todos agiram segundo o exemplo de Barnabé. A história que vem a seguir estabelece um surpreendente contraste à situação da igreja em Atos 4. É chocante encontrarmos pecado nessa igreja. É estarrecedor contemplarmos a descarada falsidade que Ananias e Safira tramaram contar. E, acima de tudo, é surpreendente o quão severamente Deus lidou com o pecado deles:

> Um homem chamado Ananias, juntamente com sua esposa Safira, também vendeu uma propriedade. Ele reteve parte do dinheiro para si, sabendo disso também sua mulher; e o restante levou e colocou aos pés dos apóstolos.

Então perguntou Pedro: "Ananias, como Satanás encheu seu coração, a ponto de você mentir ao Espírito Santo e guardar para si uma parte do dinheiro que recebeu pela propriedade? Ela não lhe pertencia? E, depois de vendida, o dinheiro não estava em seu poder? O que o levou a pensar em fazer tal coisa? Você não mentiu aos homens, mas sim a Deus". Ouvindo isto, Ananias caiu e morreu. Grande temor apoderou-se de todos os que ouviram o que tinha acontecido. Então os moços vieram, envolveram seu corpo, carregaram-no para fora e o sepultaram.

Cerca de três horas mais tarde, entrou sua esposa, sem saber o que havia acontecido. Pedro lhe perguntou: "Diga-me, foi esse o preço que vocês conseguiram pela propriedade?" Respondeu ela: "Sim, foi esse mesmo". Pedro lhe disse: "Por que vocês entraram em acordo para tentar o Espírito do Senhor? Veja! Estão à porta os pés dos que sepultaram seu marido, e eles a levarão também". Naquele mesmo instante, ela caiu aos pés dele e morreu. Então os moços entraram e, encontrando-a morta, levaram-na e a sepultaram ao lado de seu marido. E grande temor apoderou-se de toda a igreja e de todos que ouviram falar desses acontecimentos (At 5.1-11 - NVI).

Em meio à generosidade, ao sacrifício e ao altruísmo dos santos de Jerusalém, havia uma exceção. O pecado de Ananias proliferou graças às sementes da avareza e do engano, tornando-se para o livro de Atos o que o pecado de Acã foi para o livro de Josué. Ambos foram atos enganosos, avarentos e egoístas que interromperam o vitorioso progresso do povo de Deus e trouxeram o pecado para dentro do arraial, no auge do triunfo.

Os santos de Jerusalém estavam contribuindo motivados por um coração cheio do Espírito Santo. O pecado de Ananias revelou um coração cheio de Satanás (At 5.3). O contraste entre o final do quarto capítulo e o começo do quinto dificilmente poderia ser mais dramático.

O nome de Ananias significa "o Senhor é gracioso"; Safira significa "bela". O ato deles foi tudo, menos gracioso e belo. Vendo que outros estavam vendendo suas propriedades e entregando o dinheiro aos apóstolos, eles propuseram fazer o mesmo. O verso 2 nos diz, entretanto, que, na hora de contribuir, "retiveram parte do dinheiro para si". Está claro que os dois estavam envolvidos na trama.

O FERMENTO DOS FARISEUS

Qual foi a motivação deles? Queriam um pouco de prestígio espiritual. Desejavam que *parecesse* estarem contribuindo sacrificialmente e, ao mesmo tempo, guardaram parte do dinheiro para si mesmos. Isso sugere que eles amavam o dinheiro. Paulo escreveu a Timóteo: "O amor ao dinheiro é raiz de todos os males". "Algumas pessoas, por cobiçarem o dinheiro, desviaram-se da fé e se atormentaram a si mesmas com muitos sofrimentos" (1 Tm 6.10 NVI). E esse foi, sem dúvidas, o caso de Ananias e Safira. A carta aos Hebreus nos exorta: "Conservem-se livres do amor ao dinheiro e contentem-se com o que têm, porque Deus mesmo disse: 'Nunca o deixarei, nunca o abandonarei'" (Hb 13.5 - NVI).

Na história de Ananias, encontramos dois personagens que estão tão contaminados pelo amor ao dinheiro, que estão dispostos a conspirar juntos para cometerem uma hipocrisia notória. Venderam sua terra, mas, em vez de entregarem todo o produto da venda ao Senhor, como haviam prometido, deram apenas uma parte, como se fora toda a quantia obtida na venda. Com esse jogo de interesses, pensaram que poderiam ficar com a admiração espiritual *e* algum dinheiro.

O pecado deles não consistiu no fato de não terem dado todo o dinheiro. Não havia qualquer exigência para que entregassem tudo. Tinham o pleno direito de reter ou dar o que desejassem. Não precisavam sequer vender a propriedade. Toda a oferta era voluntária, como toda a contribuição mencionada no Novo Testamento.

O pecado deles foi a mentira. Evidentemente, fizeram um voto ao Espírito Santo, diante da congregação. Mentiram a toda a congregação, mas, pior do que isso, mentiram para Deus (At 5.4). Talvez pensaram que este seria um pecado secreto, mas não ficou em secreto por muito tempo. O próprio Deus o expôs à congregação.

Sejamos honestos. Esse tipo de hipocrisia não é um pecado incomum. Nem é aquele tipo de pecado que tendemos pensar ser hediondo. Muitas pessoas contribuem sob falsos pretextos. Esse pecado é equivalente ao homem que enrola algumas notas, de forma a que pareçam uma gorda contribuição entre as outras ofertas. Ou ainda, equivale à mulher que faz estardalhaço para entregar seu envelope de ofertas, o qual contém apenas algumas moedas. É como os fariseus que anunciavam suas esmolas com trombetas, nas sinagogas e nas ruas, de forma que todos percebessem (Mt 6.2).

Sobre essas pessoas, Jesus disse: "Já receberam sua plena recompensa" (Mt 6.2,5,16 - NVI). Desejam que os outros vejam sua demonstração de boas obras; e os outros veem. Esta é a sua recompensa. Buscam a glória dos homens, não a de Deus; portanto, o reconhecimento humano é tudo que receberão. "Mas, quando você der esmola, que a sua mão esquerda não saiba o que está fazendo a direita, de forma que a sua ajuda seja prestada em segredo. E seu Pai, que vê o que é feito em segredo, o recompensará" (Mt 6.3,4 - NVI). Podemos ter a impressão de que esse pecado é insignificante, mas Deus não o considera assim. Jesus o chamou de "o fermento dos fariseus" (Lc 12.1).

Esse mesmo fermento ameaçava infectar a igreja recém-nascida. Deus haveria de punir este pecado de forma dura e abrupta, enviando a todos sinais acerca da seriedade da vida na igreja.

A RESPOSTA DE PEDRO

Pedro, sob a inspiração do Espírito de Deus, percebeu a hipocrisia deles. Imaginem o choque de Ananias! Ele compareceu perante os apóstolos, colocou sua oferta aos pés deles, declarando-lhes presunçosamente ser aquele todo o dinheiro obtido com a venda da propriedade. É provável que tenha permanecido ali por um momento, deleitando-se no que presumia ser a aprovação dos presentes. Deve ter imaginado que os apóstolos estavam vendo-o como um exemplo de espiritualidade, um homem generoso e piedoso.

De repente, Pedro lhe disse: "Ananias, por que encheu Satanás teu coração, para que mentisses ao Espírito Santo, reservando parte do valor do campo?" (At 5.3) — uma afirmação um tanto confrontadora para um culto na igreja.

Em muitas igrejas, Ananias teria recebido a aprovação que buscava, a despeito de suas intenções. O líder de uma igreja pragmática poderia raciocinar: *Afinal, esta é uma considerável quantia de dinheiro. Tudo bem, as intenções dele não são puras; mas, gente, ele não é um sujeito ruim, e nós podemos fazer uso desse dinheiro. Não podemos envergonhá-lo na frente de todos. Se o fizermos, jamais receberemos dele um centavo sequer.*

Pedro não pensou assim. Confrontou o pecado diretamente: "Por que encheu Satanás teu coração?" Note que Pedro estava pondo a culpa em Ananias, não em Satanás. "Por quê?", ele perguntou. E novamente: "Como, pois, assentaste no coração este desígnio?" (At 5.4).

Pedro deixou claro que o pecado foi a hipocrisia de Ananias, não o fato de ele ter retido parte do dinheiro: "Conservando-o, porventura, não seria teu? E, vendido, não estaria em teu poder?" (At 5.4). Ananias poderia ter feito o que desejasse com o dinheiro. Poderia não ter vendido a propriedade. Não havia qualquer exigência para que ele fizesse o contrário. Não teria pecado se houvesse dito: "Vendi minha propriedade; eis parte do dinheiro". Ele tinha pleno direito de dar quanto quisesse. Mas ele pecou ao declarar que estava dando tudo, quando, na verdade, guardara parte do dinheiro para si mesmo.

Ananias mentiu a Deus, não apenas aos homens. Mais especificamente, foi uma clamorosa mentira contra o Espírito Santo.[11] Como é que ele havia mentido ao Espírito Santo? Fizera o voto de dar todo o valor da propriedade e não cumpriu o seu voto. O sábio, do Antigo Testamento, escreveu: "Quando a Deus fizeres algum voto, não tardes em cumpri-lo; porque não se agrada de tolos. Cumpre o voto que fazes. Melhor é que não votes do que votes e não cumpras" (Ec 5.4,5). A lei de Moisés contém um alerta semelhante: "Quando fizeres algum voto ao SENHOR, teu Deus, não tardarás, em cumpri-lo; porque o SENHOR teu Deus, certamente o requererá de ti, e em ti haverá pecado. Porém, abstendo-te de fazer o voto, não haverá pecado em ti. O que proferiram os teus lábios, isso guardarás e o farás, porque votaste livremente ao Senhor, teu Deus, o que falaste com a tua boca" (Dt 23.21-23).

O JUÍZO DE DEUS

A resposta de Deus foi imediata, severa e final. Ele matou Ananias no mesmo instante. "Ouvindo estas palavras, Ananias caiu e expirou" (At 5.5). Foi um ato judicial do Deus santíssimo. Quem sabe o coração de Ananias parou de bater por causa do terror que se apoderou dele. Isto aconteceu diante de toda a congregação.

"Igreja amigável"? Nem um pouco. Aliás, o efeito foi que "sobreveio grande temor a todos os ouvintes" (v. 5). Deus tornara Ananias em um exemplo para aqueles que fossem tentados a brincar com Ele e a macular a pureza da igreja.

Deus sempre julga o pecado dessa forma? É claro que não, mas, como Nadabe e Abiú (Lv 10), Coré (Nm 16), Acã (Js 7), Herodes (At 12) e outros nas Escrituras, Ananias foi imediatamente julgado por seu pecado e pagou com sua própria vida. Deus soberanamente decidiu matá-lo naquela mesma hora. Assim, Ananias tornou-se exemplo para todos. A verdade é que Deus *poderia* punir desta forma todo pecado. "O salário do pecado é a morte" (Rm 6.23). É por causa das infinitas misericórdias do Senhor que não somos consumidos (Lm 3.22). Algumas vezes, Deus julga o pecado com morte física. Paulo escreveu aos coríntios que estavam deturpando a ceia do Senhor: "Pois quem come e bebe sem discernir o corpo, come e bebe juízo para si. Eis a razão por que há entre vós muitos fracos e doentes e não poucos que dormem" (1 Co 11.29,30). "Dormem", nesse versículo, refere-se à morte física. Deus estava, na verdade, exercendo juízo sobre aqueles coríntios irreverentes, por meio de doenças físicas e, às vezes, por meio da morte.

No caso de Ananias, entretanto, não houve doença, não houve intervalo de tempo. Ele caiu morto imediatamente. O juízo de Deus foi rápido e aterrorizante.

O PECADO DE SAFIRA

As Escrituras declaram: "Levantando-se os moços, cobriram-lhe o corpo e, levando-o, o sepultaram" (At 5.6). Safira não estava presente quando seu marido morreu. "Quase três horas depois, entrou a mulher de Ananias, não sabendo o que ocorrera" (At 5.7). Safira não estava ciente do destino de seu marido e talvez supunha que teria uma entrada triunfal, com todos admirando-a pelo grande ato de generosidade que ela e Ananias haviam praticado.

Pedro confrontou-a imediatamente: "Dize-me, vendeste por tanto aquela terra?" Ela respondeu: "Sim, por tanto" (At 5.8). Essa resposta foi uma mentira deliberada, comprovando que ela e o marido haviam conspirado juntos para cometerem um ato premeditado de hipocrisia.

Pedro foi tão objetivo quanto fora com Ananias: "Por que entraste em acordo para tentar o Espírito do Senhor? Eis aí à porta os pés dos que sepultaram o teu marido, e eles também te levarão" (At 5.9). Ela nem teve oportunidade de responder. "No mesmo instante, caiu ela aos pés de Pedro e expirou. Entrando os moços, acharam-na morta e, levando-a, sepultaram-na junto do marido" (At 5.10).

O JUÍZO PRECISA COMEÇAR PELA CASA DE DEUS

Deus leva a sério a pureza da igreja. Essa foi uma lição precoce e inesquecível acerca de como Deus vê o pecado na comunhão dos crentes. Em essência, Deus estava dizendo: "Eu não estou brincando de igreja; não brinco com pecadores; não estou interessado em ser 'amigável'. Desejo retidão, verdade e corações sinceros". Com isso, Ele testemunhou estar realmente falando com seriedade. A igreja não é um "clube" social.

Qual foi, então, o resultado desse episódio? "E sobreveio grande temor a toda a igreja (At 5.11). Naquele dia, houve um cuidadoso autoexame entre todos os que estavam ligados à igreja de Jerusalém. E a questão era exatamente essa: Deus estava purificando a sua igreja. Ele queria ver seu povo encarando o pecado com seriedade. Tencionava desencorajar a falta de compromisso. Queria que as pessoas o temessem. A igreja se reúne para cultuar a Deus, e isso exige a confrontação do pecado. Neste episódio, Deus nos fornece um modelo básico para a reunião da igreja — o pecado sendo tratado com severidade. A questão não é o que os incrédulos pensam a respeito de tal severidade, e, sim, o que Deus pensa sobre tal iniquidade.

Com certeza, na Jerusalém do primeiro século havia outros pecadores mais vis do que Ananias e Safira. Herodes, por exemplo. Por que Deus não o fulminou? Na verdade, foi o que Deus fez posteriormente (At 12.18-23). Mas, como escreveu Pedro, "a ocasião de começar o juízo pela casa de Deus é chegada" (1 Pe 4.17). Deus julga seu próprio povo antes de voltar sua ira aos pagãos.

Será que a igreja pode evitar o juízo de Deus? Sim, mas somente através do purificar-se a si mesma. Após haver alertado a igreja de Corinto sobre o fato de que Deus, por meio de doenças e morte, estava julgando os seus membros que insistiam no pecado, Paulo lhes afirmou: "Porque, se nos julgássemos a nós mesmos, não seríamos julgados" (1 Co 11.31). Em outras palavras, é tarefa dos membros fiéis manter a pureza da igreja. Com toda a franqueza, o ensino desta realidade causa mais impacto sobre os incrédulos do que uma conversa branda e informal cujo propósito é fazê-los sentirem-se bem-vindos e aceitos. Isto deixa os incrédulos cientes de que a igreja é um povo santo e um lugar para os redimidos que amam a retidão, e não para pecadores impenitentes.

Mantemos a pureza ao seguirmos o princípio que Jesus delineou em Mateus 18: "Se teu irmão pecar [contra ti], *vai argui-lo entre ti e ele só. Se ele te ouvir, ganhaste a teu irmão. Se, porém, não te ouvir, toma ainda contigo uma ou duas pessoas,* para que, pelo depoimento de duas ou três testemunhas, toda palavra se estabeleça. E, se ele não os atender, *dize-o à igreja*; e, se recusar ouvir também a igreja, *considera-o como gentio e publicano*" (vv. 15-17). Referimo-nos a esse processo como "disciplina da igreja". Pode não parecer um conceito muito "amigável", mas é o que Deus ordena. O objetivo é purificar a igreja e, desta forma, abençoá-la e protegê-la contra o juízo de Deus. Paulo escreveu: "Mas, quando julgados, somos disciplinados pelo Senhor, para não sermos condenados com o mundo" (1 Co 11.32).

Jesus acrescentou: "Em verdade vos digo que tudo o que ligardes na terra terá sido ligado no céu, e tudo o que desligardes na terra terá sido desligado no céu. Em verdade também vos digo que, se dois dentre vós, sobre a terra, concordarem a respeito de qualquer cousa que porventura pedirem, ser-lhes-á concedida por meu Pai, que está nos céus. Porque, onde estiverem dois ou três reunidos em meu nome, ali estou no meio deles" (Mt 18.18-20). Lembre-se que, nesse contexto, nosso Senhor estava explicando como lidarmos com o pecado na igreja. A verdade é que Cristo realiza a sua própria vontade na igreja *através do processo de disciplina*. "Ali estou no meio deles" significa que Ele mesmo opera em e através dos crentes, a fim de purificar a sua igreja, na medida que estes seguem as orientações delineadas por Ele. O resultado é que os pecadores arrependidos são restaurados (o pecado que cometeram é "desligado" deles), e os pecadores impenitentes são denunciados e expulsos da comunhão (o pecado que cometeram permanece "ligado" a eles). Se não seguirmos este processo e, consequentemente, não mantivermos a igreja pura, o Senhor intervirá com juízo (1 Co 11.30).

CONHECENDO O TEMOR DO SENHOR, PERSUADIMOS OS HOMENS

Eis o ponto saliente na história de Ananias e Safira: O juízo de Deus contra eles produziu um efeito que foi além da igreja de Jerusalém — "E sobreveio grande temor a toda a igreja e a todos quantos ouviram notícia destes acontecimentos" (At 5.11). O versículo 13 relata que os incrédulos não ousavam associar-se a eles! Isto é precisamente oposto à filosofia da "igreja amigável" que é tão popular em nossos dias. Em vez de atrair os incrédulos à igreja, por fazê-los sentirem-se bem e seguros, Deus usou o temor para mantê-los afastados.

O temor a Deus foi uma doutrina central na igreja primitiva assim como o fora no Antigo Testamento. Incrédulos e crentes foram igualmente ensinados a temê-Lo. Ninguém senão um tolo haveria de tratar a Deus com frivolidade. Era este temor que atraía as pessoas à salvação, conservando-as em obediência. A salvação não vem do simples querer participar da alegria e acabar com a dor emocional; vem quando o coração clama por libertação do pecado!

O movimento contemporâneo da "igreja amigável" almeja exatamente o contrário. Ao invés de suscitar o temor a Deus, procura retratá-Lo como um Deus "legal", festivo, pacato, manso e permissivo. Pecadores arrogantes, que com grande temor deveriam se aproximar de Deus (cf. Lc 18.13), são encorajados a abusarem da graça de Deus. Os pecadores nada ouvem acerca da ira divina. Isto é tão errado quanto pregar uma heresia.

Conforme o que aprendemos do episódio de Ananias e Safira, a ira de Deus não pode ser vista com leviandade. Pedro escreveu: "Se [o julgamento] primeiro vem por nós, qual será o fim daqueles que não obedecem ao evangelho de Deus?" (1 Pe 4.17). Paulo falou da ira divina como sendo uma das primeiras motivações para o evangelismo: "E assim, conhecendo o temor do Senhor, persuadimos os homens" (2 Co 5.11).

PARA ONDE A FILOSOFIA DA "AMIGABILIDADE" ESTÁ LEVANDO A IGREJA?

A filosofia da "igreja amigável" é uma curva fechada em direção a um caminho errado para a igreja. Estou convicto de que o menosprezo à adoração, às Escrituras e à teologia, em última análise, resultará em um sério comprometimento doutrinário. Aliás, isso talvez já esteja ocorrendo. Líderes cristãos que se identificam como evangélicos estão começando a questionar doutrinas fundamentais como o inferno e a depravação humana.

Um dos movimentos mais populares da atualidade abraça uma doutrina conhecida como "imortalidade condicional", semelhante à doutrina do aniquilamento.[12] É a crença de que os pecadores não-redimidos, em vez de passarem a eternidade no inferno, são simplesmente erradicados. Encaixando-se perfeitamente à filosofia da "igreja amigável", esse ponto de vista ensina que um Deus misericordioso não poderia consignar ao tormento eterno seres criados por Ele. Portanto, em lugar disso, Deus os elimina por completo.

A "imortalidade condicional" e a doutrina do aniquilamento não são ideias novas. A história nos mostra, todavia, que a maioria das pessoas e movimentos que adotam a doutrina do aniquilamento não se mantêm ortodoxas. Negar a eternidade do inferno é equivalente a uma arrancada em direção ao declínio.

Spurgeon atacou a "imortalidade condicional "Considerando-a um dos grandes erros do declínio do século dezenove. Ele afirmou: "aqueles que negam a eternidade do inferno também destroem a esperança de um céu que, a todo momento, temos esperado. É claro que a recompensa dos justos não deve ter maior duração do que o castigo dos ímpios. Ambos são descritos como eternos no mesmo versículo (Mt 25.46); e estas palavras foram proferidas pelos mesmos lábios sagrados. Portanto, visto que o castigo é descrito como duradouro por toda a eternidade, assim também deverá ser a vida".[13]

As Escrituras declaram: "O diabo, o sedutor deles, foi lançado para dentro do lago de fogo e enxofre, onde já se encontram não só a besta como também o falso profeta; e serão atormentados de dia e de noite, pelo séculos dos séculos" (Ap 20.10). Jesus falou a respeito do homem rico que "no inferno, estando em tormentos, levantou os olhos e viu ao longe a Abraão e Lázaro no seu seio. Então, clamando, disse: Pai Abraão, tem misericórdia de mim! E manda a Lázaro que molhe em água a ponta do dedo e me refresque a língua, porque estou atormentado nesta chama" (Lc 16.23, 24). Foi também Jesus quem disse: "E, se um dos teus olhos te faz tropeçar, arranca-o; é melhor entrares no reino de Deus com um só dos teus olhos do que, tendo os dois, seres lançado no inferno, onde não lhes morre o verme, nem o fogo se apaga" (Mc 9.47, 48). E Apocalipse 14.11 descreve o estado eterno daqueles que seguirem o anticristo, na tribulação: "A fumaça do seu tormento sobe pelos séculos dos séculos, e não têm descanso algum, nem de dia nem de noite, os adoradores da besta e da sua imagem e quem quer que receba a marca do seu nome". Em todas as Escrituras, o próprio Senhor Jesus foi o ensinador mais prolífico acerca do inferno. Ele falou mais acerca deste assunto do que todos os apóstolos, profetas e evangelistas juntos.

A pregação que menospreza a ira de Deus não enriquece o evangelismo; pelo contrário, prejudica-o. A urgência do evangelho fica irremediavelmente perdida quando o pregador nega a realidade ou a severidade da punição eterna. A autoridade das Escrituras é comprometida quando uma porção tão grande dos ensinos de Jesus precisa ser negada ou atenuada. A seriedade do pecado é depreciada por tais doutrinas. E, desta forma, o evangelho é subvertido.

Quão profundamente a tendência de se negar a existência do inferno já penetrou o evangelicalismo? Uma pesquisa feita entre seminaristas evangélicos revelou que aproximadamente a metade deles — 46% — sente que pregar acerca do inferno aos incrédulos é "de mau gosto".[14] Pior do que isso, três em cada dez dos pesquisados que professam ser "nascidos de novo" creem que as pessoas "boas" irão para o céu quando morrerem, ainda que não creram em Cristo.[15] Um entre dez evangélicos afirmou que o conceito de pecado está fora de moda.

Muitos dos que abraçaram a filosofia da "igreja amigável" não ponderaram cuidadosamente como esta é incompatível com a verdadeira teologia bíblica. Em sua natureza, trata-se de uma visão pragmática, e não bíblica. Baseia-se precisamente no mesmo pensamento que está corroendo o âmago da doutrina ortodoxa. Está conduzindo o evangelicalismo ao neo-modernismo e encaminhando as igrejas a um rápido avanço rumo ao declínio.

A resposta, é claro, não é uma "igreja não amigável", e, sim, uma comunhão vibrante, amável, honesta, adoradora e comprometida de crentes que ministram uns aos outros, assim como a igreja de Atos 4, mas que se abstêm do pecado; onde os crentes se mantêm responsáveis uns pelos outros e que ousadamente proclamam a verdade completa das Escrituras. As pessoas que não amam as coisas de Deus talvez não achem tal lugar muito "amigável". Mas a bênção do Senhor estará sobre essa comunhão de verdadeiros crentes, pois foi isso que Deus ordenou que a igreja deve ser. E, como prometeu, Ele *haverá* de acrescentar pessoas à igreja.

3

Eu Quero a Religião-Show!

O fato é que muitos gostariam de unir igreja e palco, baralho e oração, danças e ordenanças. Se nos encontramos incapazes de frear essa enxurrada, podemos, ao menos, prevenir os homens quanto à sua existência e suplicar que fujam dela. Quando a antiga fé desaparece e o entusiasmo pelo evangelho é extinto, não é surpresa que as pessoas busquem outras coisas que lhes tragam satisfação. Na falta de pão, se alimentam com cinzas; rejeitando o caminho do Senhor, seguem avidamente pelo caminho da tolice.

Charles Haddon Spurgeon[1]

No "final do século XIX... a 'Era da Exposição' começou a passar, e os primeiros sinais de sua substituição começaram a ser percebidos. Em seu julgar surgiu a 'Era do Show *Business*'".[2]

Enquanto Charles Spurgeon batalhava em *A Controvérsia do Declínio*, uma tendência mundial começava a emergir, a qual estabeleceria o curso dos afazeres humanos em todo o século XX. Era o surgimento do entretenimento como o centro da vida familiar e cultural. Essa mesma tendência viu o declínio do que Neil Postman chamou de a "Era da Exposição", cuja característica era uma ponderada troca de ideias, de forma escrita e verbal (pregação, debates, preleções). Isso contribuiu para o surgimento da "Era do Show *Business*'" — na qual a diversão e o entretenimento se tornaram os aspectos mais importantes e que mais consumiriam o tempo de conversa das pessoas. Dramatização, filmes e, finalmente, a televisão colocaram o "show *business*" no centro de nossas vidas — em última análise, bem no centro de nossa sala de estar.

No "show *business*", a verdade é irrelevante; o que realmente importa é se estamos sendo ou não entretidos. Atribui-se pouco valor ao conteúdo; o *estilo* é tudo. Nas palavras de Marshall McLuhan, o veículo é a mensagem. Infelizmente, hoje essa forma de pensar norteia tanto a igreja quanto o mundo.

Em 1955, A.W. Tozer escreveu as seguintes palavras:

> Durante séculos a igreja manteve-se firme contra toda forma de entretenimento mundano, reconhecendo-o como um dispositivo para se perder tempo, um refúgio contra a perturbadora voz da consciência, um plano para se desviar a atenção da prestação de contas quanto à moral. Por manter sua posição, ela sofreu abusos por parte dos filhos deste mundo. Ultimamente, entretanto, ela se cansou de ser abusada e simplesmente desistiu da luta. Parece ter firmado a posição de que, se não pode vencer o deus do entretenimento, o que melhor pode fazer é unir suas forças às dele e aproveitar o máximo de seus poderes. Por isso, contemplamos hoje o assombroso espetáculo de milhões de dólares sendo vertidos no negócio nada santo de prover entretenimento mundano aos chamados filhos dos céus. O entretenimento religioso está, em muitos lugares, rapidamente desalojando as sérias coisas de Deus. Muitas igrejas, em nossos dias, se tornaram nada mais que pobres teatros onde "produtores" de quinta categoria mascateiam suas mercadorias de baixo valor com plena aprovação dos líderes evangélicos, que chegam a citar textos bíblicos para justificar tal delinquência. E é difícil acharmos alguém que ouse levantar sua voz contra isso.[3]

De acordo com os padrões da atualidade, as questões que tanto inflamaram as paixões de Tozer parecem insignificantes. Por exemplo, igrejas estavam atraindo pessoas para seus cultos de domingo à noite através da apresentação de filmes cristãos.

Encontros de jovens eram realizados tendo como atração a música contemporânea e palestrantes cuja especialidade era o humor. Jogos e atividades onde se gasta muita energia passaram a desempenhar um papel chave no trabalho com os jovens das igrejas. Olhando para trás, parece difícil entendermos a angústia de Tozer. Raramente alguém hoje fica chocado ou preocupado com quaisquer métodos que pareciam radicalmente inovadores nos anos cinquenta. A maioria deles é hoje vista com naturalidade.

Entretanto, Tozer não estava condenando jogos, estilos musicais ou filmes em si mesmos. Ele estava perplexo a respeito da filosofia que estava por trás do que vinha acontecendo à igreja. Ele soou o alarme contra a mortal mudança de enfoque. Contemplou os evangélicos fazendo uso do entretenimento como uma ferramenta para o crescimento da igreja, acreditava que isso equivalia à subversão das prioridades da igreja. Temia que os desvios frívolos e as diversões carnais na igreja, em última análise, destruiriam o apetite das pessoas pela verdadeira adoração e pela pregação da Palavra de Deus.

Tozer estava certo quanto a isso. Aliás, a sua repreensão revela-se a cada dia mais apropriada, na medida em que a igreja se aproxima do final do século. Ele e Spurgeon, que o precedeu, estavam identificando uma tendência que desabrochou por completo em nossa geração. Aquilo com o que a igreja flertava à época de Spurgeon tornou-se fascinação na época de Tozer. Atualmente, tornou-se uma obsessão. E o que é mais prejudicial ainda é que as formas de entretenimento encontradas hoje na igreja são, com frequência, completamente seculares, destituídas de qualquer aspecto cristão.

Um artigo escrito no *The Wall Street Journal* descreveu a proposta de uma conhecida igreja no sentido de "reanimar a assistência aos cultos dominicais noturnos". A igreja "exibiu uma luta livre entre seus empregados. Tendo em vista a preparação para o evento, dez funcionários foram instruídos por Tugboat Taylor, um ex-lutador profissional, em puxar os cabelos, chutar os queixos dos outros e arremessar seus corpos ao chão sem lhes causar qualquer dano".[4] Isto não trouxe dano físico algum aos funcionários da igreja, mas qual o efeito de tal exibição sobre a mensagem anunciada por aquela igreja? O evangelho não se torna deturpado e pessimamente caricaturado por esse tipo de palhaçada? Você pode imaginar o que Spurgeon ou Tozer teriam pensado a respeito disso?

Essa luta livre não é um exemplo obscuro de alguma igreja desconhecida e excêntrica da periferia. O episódio aconteceu em um culto de domingo à noite em uma das cinco maiores igrejas evangélicas dos Estados Unidos. Outros exemplos poderiam ser citados de várias das mais destacadas igrejas, supostamente pertencentes aos principais grupos da ortodoxia evangélica.

Alguns afirmarão que, se os princípios bíblicos forem apresentados, o instrumento para fazê-lo não é importante. Isso é bobagem. Se o entretenimento é a chave para conquistar pessoas, por que não sairmos completamente do prumo? Por que não termos um verdadeiro carnaval? Poderíamos contar com um acrobata tatuado, andando sobre um fio bem alto, fazendo malabarismos com as mãos e recitando versículos bíblicos, enquanto um cão treinado se equilibraria em sua cabeça. Isso certamente atrairia uma multidão. E o *conteúdo* da mensagem ainda seria bíblico. É um cenário bizarro, mas ilustra bem como o veículo pode baratear e corromper a mensagem.

Infelizmente, isso não é tão diferente do que está, de fato, sendo realizado em algumas igrejas. Parece não haver limites com relação ao que alguns líderes da igreja moderna farão, a fim de atrair pessoas que não se interessam por adoração e pregação. Muitos já se renderam à ideia de que a igreja precisa conquistar os homens através do oferecer-lhes uma forma alternativa de entretenimento.

Até que ponto a igreja irá em sua competição com Hollywood? Uma grande igreja do sudoeste dos Estados Unidos acaba de instalar um sistema de efeitos especiais, que custou meio milhão de dólares, capaz de produzir fumaça, fogo, faíscas e luzes de laser no auditório. A igreja enviou alguns de seus membros para estudar, ao vivo, os efeitos especiais do *Bally's Casino*, em Las Vegas. O pastor terminou um dos cultos sendo elevado ao "céu" por meio de fios invisíveis que o tiraram da vista do auditório, enquanto o coral e a orquestra adicionavam um toque musical à fumaça, ao fogo e ao jogo de luzes.[5] Para aquele pastor, tudo não passou de um típico show dominical: "Ele lota a sua igreja através desses artifícios especiais, tais como derrubar uma árvore com uma serra para ilustrar um ponto de sua mensagem... realizar o maior espetáculo de fogos do 4 de julho da cidade e um culto de Natal com um elefante, um canguru e uma zebra alugados. O show de Natal apresenta 100 palhaços com presentes para as crianças da igreja".[6]

Bobagens desse gênero teriam sido o conteúdo dos piores pesadelos de Spurgeon. Até mesmo Tozer não poderia ter previsto o extremo ao qual os evangélicos chegariam em render homenagens ao grande deus entretenimento.

ENERGIZADOS PELO PRAGMATISMO

Não há como negar que essas excentricidades funcionam, isto é, atraem a multidão. Muitas igrejas que experimentaram tais métodos relatam desfrutar um crescimento numérico na assistência a seus cultos. E uma porção de megaigrejas — aquelas que podem pagar por produções, efeitos e instalações de primeira classe — têm se mostrado capazes de estimular um grande crescimento numérico. Algumas delas enchem auditórios enormes, com milhares de pessoas, várias vezes por semana.

Algumas dessas megaigrejas relembram elegantes clubes de campo ou estâncias de férias. Possuem instalações que impressionam, incluindo boliche, cinemas, spas, restaurantes, quadras para jogos, rinques de patinação e ginásios poliesportivos de última geração. A recreação e o entretenimento são, inevitavelmente, os aspectos mais visíveis destes empreendimentos. Tais igrejas tornaram-se as Mecas dos estudantes de crescimento de igreja.

No momento, os evangélicos em toda parte estão procurando freneticamente novas técnicas e formas de entretenimento para atrair o povo. Seja o método bíblico ou não, hoje isso não parece ter importância para o líder de igreja. *Produz resultados?* Esse é o novo parâmetro para a legitimidade em nossos dias. Desta forma, o pragmatismo tem se tornado a força impulsionadora de muitas das igrejas professas de nossos dias.

É HORA DO ESPETÁCULO!

Quando Charles Spurgeon nos advertiu a respeito daqueles que "gostariam de unir igreja e palco, baralho e oração, danças e ordenanças", foi menosprezado como um alarmista. Mas a profecia de Spurgeon se cumpriu diante de nossos olhos. As igrejas modernas são construídas assemelhando-se a teatros ("casas de divertimento", Spurgeon as chamou). Em lugar do púlpito, o enfoque está no palco. As igrejas estão contratando, em regime de tempo integral, especialistas em mídia, consultores de programação, diretores de cenas, professores de teatro, peritos em efeitos especiais e coreógrafos.

Tudo isso não passa da extensão natural de uma filosofia norteada por *marketing* seguida pelas igrejas. Se a igreja funciona apenas com o objetivo de promover um produto, é *bom mesmo* que seus líderes prestem atenção aos métodos da Avenida Madison. Afinal, a maior competição para a igreja é um mundo repleto de diversões seculares e uma gama de bens e serviços mundanos. Portanto, dizem os especialistas em *marketing*, jamais conquistaremos as pessoas até que desenvolvamos formas alternativas de entretenimento a fim de ganhar-lhes a atenção e a lealdade, desviando-as das ofertas do mundo. Desta forma, esse alvo estipula a natureza da campanha de *marketing*.

E o que há de errado nisso? Por um lado, a igreja não deveria mercadejar seu ministério, como sendo uma alternativa aos divertimentos seculares (1 Ts 3.2-6). Isto acaba corrompendo e barateando a verdadeira missão da igreja. Não somos apresentadores de carnaval, ou vendedores de carros usados, ou camelôs. Somos embaixadores de Cristo (2 Co 5.20). Conhecendo o temor do Senhor (v. 11), motivados pelo amor a Cristo (v. 14), tendo sido completamente transformados por Ele (v. 17), imploramos aos pecadores que se reconciliem com Deus (v. 20).

Também, em lugar de confrontar o mundo com a verdade de Cristo, as megaigrejas norteadas por *marketing* estão promovendo com entusiasmo as piores tendências da cultura secular. Alimentar o apetite das pessoas por entretenimento apenas agrava o problema das emoções insensatas, da apatia e do materialismo. Com toda franqueza, é difícil conceber uma filosofia de ministério mais contrária ao padrão que o Senhor nos confiou.

Proclamar e expor a Palavra, visando o amadurecimento e a santidade dos crentes deveria ser âmago do ministério de toda igreja. Se o mundo olha para a igreja e vê ali um centro de entretenimento, estamos transmitindo a mensagem errada. Se os cristãos enxergam a igreja *como* um salão de diversões, a igreja morrerá. Uma senhora, inconformada com sua igreja, que tinha abraçado todas essas excentricidades modernas, queixou-se recentemente: "Quando é que a igreja vai parar de tentar entreter os bodes e voltar a alimentar as ovelhas?"

Nas Escrituras, nada indica que a igreja deveria atrair as pessoas a virem a Cristo através do apresentar o cristianismo como uma opção atrativa. Quanto ao evangelho, nada é opcional: "E não há salvação em nenhum outro; porque abaixo do céu não existe nenhum outro nome, dado entre os homens, pelo qual importa que sejamos salvos" (At 4.12). Tampouco o evangelho tem o objetivo de ser atraente, no sentido do *marketing* moderno. Conforme já salientamos, frequentemente a mensagem do evangelho é uma "pedra de tropeço e rocha de escândalo" (Rm 9.33; 1 Pe 2.8). O evangelho é perturbador, chocante, transtornador, confrontador, produz convicção de pecado e é ofensivo ao orgulho humano. Não há como "fazer *marketing*" do evangelho bíblico. Aqueles que procuram remover a ofensa, ao torná-lo entretenedor, inevitavelmente corrompem e obscurecem os pontos cruciais da mensagem. A igreja precisa reconhecer que sua missão nunca foi a de relações públicas ou de vendas; fomos chamados a um viver santo, a declarar a inadulterada verdade de Deus — de forma amorosa, mas sem comprometê-la — a um mundo que não crê.

O CRESCIMENTO NUMÉRICO É UM ALVO DIGNO?

Convém dizer que não me oponho a igrejas grandes ou ao crescimento da igreja. A *Grace Community Church*, fundada há mais de trinta e cinco anos, tem experimentado um crescimento bastante expressivo em toda sua história. Aos domingos, quase dez mil pessoas assistem os nossos cultos. Passamos por ciclos de crescimento seguidos de "planaltos". No momento, desfrutamos de outra fase de crescimento expressivo.

Oponho-me ao pragmatismo tão frequentemente defendido por especialistas em crescimento de igreja, que colocam o crescimento numérico acima do crescimento espiritual, crendo que podem induzir esse crescimento numérico por seguirem quaisquer técnicas que parecem produzir resultados naquele momento. O modismo provocado por essa filosofia está se tornando mais e mais indisciplinado. Está afastando as pessoas das igrejas bíblicas e desviando as igrejas das prioridades bíblicas, enquanto faz surgir um punhado de megaigrejas cujo crescimento depende da capacidade de se antecipar e responder adequadamente à próxima tendência cultural que aparecerá. A igreja foi atraída para longe do verdadeiro avivamento e seduzida por aqueles que advogam a *popularização* do cristianismo. E, infelizmente, a maioria dos cristãos parece desatenta ao problema, satisfeita com um cristianismo que está na moda e que é altamente vistoso.

É o crescimento numérico um alvo digno no ministério da igreja? É lógico que nenhum bom líder da igreja argumentaria seriamente contra o crescimento numérico, considerando-o inerentemente indesejável. E ninguém crê que a estagnação ou o declínio numérico devem ser buscados. Mas, o crescimento numérico é sempre o melhor indicador da saúde da igreja?

Concordo com George Peters, que escreveu:

> O crescimento quantitativo... pode ser enganador. Pode não ser mais do que a proliferação de um movimento social ou psicológico mecanicamente induzido, uma contagem numérica, uma aglomeração de indivíduos ou grupos, um crescimento de um corpo sem o desenvolvimento dos músculos e dos órgãos vitais. Talvez se trate

de uma forma de cristandade, mas não da emergência do cristianismo verdadeiro. Muitos movimentos que alcançaram os povos no passado, tais como os movimentos comunitários e tribais, foram assim. Um exemplo disso encontra-se nas adesões em massa na Europa, em especial na França e na Rússia, quando muitos foram levados ao batismo e trazidos para dentro da igreja, resultando em um grande número de pessoas que professavam a cristandade, mas não resultando em uma dinâmica, vibrante, crescente e responsável igreja de Jesus Cristo... Precisamos admitir... que, em grande parte, essa expansão da forma, da profissão e do nome da cristandade manifesta pouca semelhança ao cristianismo definido no Novo Testamento e à igreja retratada no livro de Atos.

De muitas formas, a expansão da cristandade veio em detrimento da pureza do evangelho e da verdadeira ordem e vida cristã. A igreja tornou-se infestada de práticas e crenças pagãs e sincretista em sua teologia... Grandes segmentos tornaram-se cristos-pagãos.[7]

Nenhum texto das Escrituras indica que os líderes eclesiásticos deveriam estipular alvos para o seu crescimento numérico da igreja.[8] Ouçam como o apóstolo Paulo descreveu o processo de crescimento da igreja: "Eu plantei, Apoio regou; mas *o crescimento veio de Deus*. De modo que nem o que planta é alguma cousa, nem o que rega, mas *Deus, que dá o crescimento*" (1 Co 3.6, 7).

Se nos preocuparmos com a *profundidade* de nosso ministério, Deus cuidará de sua largura. Se ministrarmos tendo em vista o crescimento espiritual, o crescimento numérico será aquilo que Deus tenciona que seja.

Afinal de contas, qual o benefício de um crescimento numérico que não está arraigado em um compromisso com o senhorio de Cristo? Se as pessoas vêm à igreja primariamente por considerarem isso divertido, em breve hão de abandoná-la, tão logo acabe o entretenimento ou tão logo encontrem algo mais interessante. Desta forma, a igreja é forçada a participar de um ciclo vicioso, onde precisa constantemente sobrepujar cada espetáculo com algo maior e melhor.

AS RAÍZES PRAGMÁTICAS DO MOVIMENTO DE CRESCIMENTO DE IGREJA

O pragmatismo como filosofia de ministério ganhou ímpeto a partir do movimento de crescimento de igreja que floresceu nos últimos cinquenta anos. Donald McGravan, o pai do moderno movimento de crescimento de igreja, foi um pragmatista descarado. Ele afirmou:

> Criamos métodos e políticas missionárias à luz do que Deus abençoou e à luz daquilo que Ele, obviamente, não abençoou. A indústria chama isso de "modificar operações à luz da realimentação". Nada atrapalha tanto as missões transculturais quanto os métodos, instituições e políticas que deveriam atrair as pessoas a Cristo, mas não o fazem; que deveriam multiplicar as igrejas, mas não o fazem. Ensinamos os homens a serem implacáveis em relação ao método. Se um método não contribui para a glória de Deus e para a expansão da igreja de Cristo, jogue-o fora e arranje algo que o faça. Quanto aos métodos, somos ousadamente pragmáticos; a doutrina é algo diferente.[9]

Como jovem missionário na Índia e sendo filho de missionários, McGravan percebeu que era comum ver organizações missionárias labutar na Índia, durante muitos anos, e colher pouco ou nenhum fruto. A sua própria agência missionária plantou apenas vinte ou trinta pequenas igrejas em várias décadas de esforço missionário.[10] McGravan, então, resolveu desenvolver uma estratégia para missões que observasse quais métodos produziam resultados e quais não funcionavam. "De acordo com sua própria declaração no prefácio de um livro de sua coautoria, na década de 30, ele se dedicou a 'descartar teorias de crescimento de igreja que não têm bom êxito e a aprender e praticar modelos produtivos...'"[11]

O pragmatismo de McGravan parece ter sido motivado por uma legítima preocupação com mordomia. Ele "ficou assustado ao perceber que muitos dos recursos de Deus — humanos e financeiros — estavam sendo usados, sem que ninguém questionasse se o reino de Deus estava avançando ou não, através dos programas que eles estavam sustentando".[12] Mas o pragmatismo acabou se tornando a base filosófica para quase tudo que McGravan ensinou, e isso, por sua vez, tornou-se a agenda de todo o movimento moderno de crescimento de igreja.

McGravan fundou o Instituto de Crescimento de Igreja, que em 1965 se uniu à Escola Fuller de Missões Mundiais. A partir dali, os preceitos do pragmatismo têm alcançado praticamente todos os campos missionários do mundo.

C. Peter Wagner, professor de crescimento de igreja na Escola Fuller de Missões Mundiais, é o mais conhecido dos alunos de Donald McGravan. Atualmente, Wagner é o porta-voz mais prolífico, se não o mais influente, do movimento de crescimento de igreja. Ele escreveu acerca do pragmatismo inerente ao movimento:

> O Movimento de Crescimento de Igreja sempre enfatizou o pragmatismo, e ainda o faz, embora muitos o tenham criticado. Não é o tipo de pragmatismo que compromete a doutrina ou a ética ou que desumaniza as pessoas, usando-as como instrumentos para um determinado propósito. Entretanto, é um tipo de pragmatismo consagrado que examina impiedosamente os programas e as metodologias tradicionais, questionando-as com severidade. Se algum tipo de ministério em uma igreja não está atingindo os alvos tencionados, o pragmatismo consagrado diz que há algo de errado e precisa ser corrigido.[13]

Wagner, como a maioria dos envolvidos no movimento de crescimento de igreja, reivindica que o "pragmatismo consagrado", que ele advoga, não permite comprometimento doutrinário ou ético. "A Bíblia não nos consente pecar, a fim de que a graça seja mais abundante, ou não permite usarmos quaisquer meios que Deus tenha proibido, a fim de alcançarmos os fins que Ele nos recomendou", Wagner destaca corretamente.[14]

"Mas, com esta estipulação", ele continua, "temos de perceber nitidamente que os fins, *de fato*, justificam os meios. O que mais poderia justificar os meios? Se o método que estou utilizando alcança o alvo a que me propus, por essa razão é um bom método. Se, por outro lado, o método não está atingindo o alvo, como posso justificar-me por continuar utilizando-o?"[15]

Isso é verdade? Não, com toda certeza. Especialmente se "o alvo a que me propus" é um alvo numérico sem o aval bíblico ou se "o método que não está atingindo o alvo" é a pregação cristalina da Palavra de Deus. É precisamente esta maneira de pensar que está retirando a exposição bíblica do ministério cristão, substituindo-a por espetáculos de variedades.

Um *"best-seller"* recente dá um passo além:

> É... crucial termos em mente o princípio da comunicação cristã: o auditório, e não a mensagem, é soberano. Se nossa pregação almeja fazer com que as pessoas parem, em meio a uma agenda confusa, e reflitam sobre o que lhes estamos dizendo, *nossa mensagem terá de se adaptar às necessidades do auditório.* Quando pregamos algo que se baseia na proposição do pegue-ou-largue, em vez de uma sensibilidade e resposta às necessidades das pessoas, estas acabarão, invariavelmente, rejeitando nossa mensagem.[16]

O que teria acontecido se os profetas do Antigo Testamento tivessem endossado essa filosofia? Jeremias, por exemplo, pregou durante quarenta anos sem ver qualquer resultado significativo. Pelo contrário, seus conterrâneos ameaçaram matá-lo, se não parasse de profetizar (Jr 11.19-23); sua própria família e amigos conspiraram contra ele (12.6); por não ser permitido casar-se, teve de sofrer uma solidão agonizante (16.2); houve conspirações secretas para matá-lo (18.20-23); foi ferido e colocado no tronco (20.1,2); foi espionado por amigos que buscavam vingança (v. 10); foi consumido por desgosto e vergonha, chegando a amaldiçoar o dia em que nasceu (v. 14-18); e, por fim, foi injuriado e considerado um traidor de sua própria nação (37.13,14). Ele foi açoitado e atirado em um calabouço, passando ali muitos dias sem comer (v. 15-21). Se um etíope não tivesse intercedido em seu favor, Jeremias teria morrido ali. Por fim, a tradição ensina que ele foi exilado para o Egito, onde foi apedrejado e morto por seu próprio povo. Jeremias não teve convertidos a apresentar como fruto de uma vida toda de ministério.

Suponhamos que Jeremias tivesse assistido um seminário sobre o crescimento de igreja e aprendido uma filosofia pragmática de ministério. Você acha que isso teria mudado seu estilo de ministério confrontador? Podem imaginá-lo apresentando um show de variedades ou utilizando o humor para tentar conseguir o afeto das pessoas? Ele poderia ter aprendido como reunir uma multidão apreciável, mas certamente não teria realizado o ministério para o qual Deus o chamara.

O apóstolo Paulo também não usou um método baseado em técnicas de *marketing*, embora alguns autodenominados *experts* tenham procurado mostrá-lo como modelo para o neopragmatismo. Um dos que advogam as técnicas de *marketing* afirma: "Paulo foi o maior de todos os peritos em táticas. Constantemente ele estudava as estratégias e táticas para identificar as que lhe permitiriam atrair o maior número de 'candidatos' e conseguir o maior número possível de conversões".[17] É claro que a Bíblia nada diz em respaldo a essa afirmação. Pelo contrário, o apóstolo Paulo evitou métodos engenhosos e artifícios que conduzissem as pessoas a falsas conversões, através da persuasão carnal. Ele mesmo escreveu:

> Eu, irmãos, quando fui ter convosco, anunciando-vos o testemunho de Deus, não o fiz com ostentação de linguagem ou de sabedoria. Porque decidi nada saber entre vós, senão a Jesus Cristo e este crucificado. E foi em fraqueza, temor e grande tremor que eu estive entre vós. A minha palavra e a minha pregação não consistiram em linguagem persuasiva de sabedoria, mas em demonstração do Espírito e de poder, para que a vossa fé não se apoiasse em sabedoria humana, e, sim, no poder de Deus (1 Co 2.1-5).

À igreja em Tessalônica ele relembrou:

> Pois a nossa exortação não procede de engano, nem de impureza, nem se baseia em dolo; pelo contrário, visto que fomos aprovados por Deus, a ponto de nos confiar ele o evangelho, assim falamos, não para que agrademos a homens, e, sim, a Deus, que prova o nosso coração. A verdade é que nunca usamos de linguagem de bajulação, como sabeis, nem de intuitos gananciosos. Deus disto é testemunha. Também jamais andamos buscando glória de homens, nem de vós, nem de outros (1 Ts 2.3-6).

A exatidão bíblica é o *único* critério pelo qual devemos avaliar nossos métodos de ministério.

Qualquer filosofia de ministério do tipo "fins que justificam os meios" inevitavelmente comprometerá a doutrina, a despeito de qualquer proposição em contrário. Se a eficácia se tornar o indicador do que é certo ou errado, sem a menor dúvida nossa doutrina será diluída. Em última análise, o conceito de verdade para um pragmatista é moldado pelo que parece ser eficaz e não pela revelação objetiva das Escrituras.

Uma consideração da metodologia do movimento de crescimento de igrejas revela como isso acontece. O movimento estuda *todas* as igrejas que estão crescendo, até mesmo aquelas que possuem doutrinas falsas no âmago de seu ensino. Igrejas denominacionais liberais, seitas carismáticas extremadas e ditaduras de hiperfundamentalismo militante são observadas para o escrutínio dos especialistas. Às vezes, princípios de crescimento são tirados até mesmo das igrejas dos mórmons ou dos Salões do Reino das Testemunhas de Jeová. O especialista em crescimento de igreja procura características comuns a todas as igrejas que estão crescendo e advoga quaisquer métodos que pareçam estar produzindo resultados. E a questão principal é sempre o crescimento numérico.

Será que devemos crer que o crescimento em uma igreja não cristã comprova que Deus está ali operando? Deveríamos utilizar a metodologia de grupos religiosos que corrompem o evangelho? Não é justo questionarmos se qualquer crescimento resultante de tais métodos é ilegítimo, sendo engendrado por meios carnais? Afinal, se um método demonstra ser bem-sucedido tanto para uma determinada seita quanto para o povo de Deus, não existe razão para supormos que os resultados positivos são sinônimo da bênção de Deus.

Algo que está completamente ausente da maior parte da literatura sobre crescimento de igreja é uma análise crítica da deficiente plataforma doutrinária sobre a qual muito do crescimento da igreja contemporânea é construído. Certo autor, falando acerca de Peter Wagner, disse:

> Wagner não faz avaliação negativa de quem quer que seja. Ele fez sua carreira a partir da descoberta do que é bom em igrejas que estão crescendo e em ratificar isso, sem fazer muitas perguntas críticas. Isso lhe permite apresentar como modelos de vida de igreja não apenas as Igrejas Vineyard, de John Wimber, mas também a Catedral de Cristal, de Robert Schuller, toda a denominação Batista do Sul e qualquer outra igreja que esteja em crescimento.[18]

O fato de uma igreja estar crescendo é frequentemente confundido com a aprovação divina. Afinal, as pessoas raciocinam, por que ser crítico sobre qualquer ensinamento que Deus está abençoando com crescimento numérico? Não é melhor tolerar as imperfeições doutrinárias e os lapsos de ortodoxia, por amor ao crescimento e à unidade? Desta forma, o pragmatismo amolda e dá forma à perspectiva doutrinária das pessoas.

O próprio Peter Wagner, por exemplo, anteriormente um não-carismático, mudou seu ponto de vista a fim de aceitar o movimento de sinais e maravilhas e o movimento da "Terceira Onda", por razões que são amplamente pragmáticas. E ele é bastante franco a esse respeito:

> Orgulho-me de estar entre os que advogam o evangelismo de poder como uma ferramenta importante para o cumprimento da grande comissão em nossos dias. Uma das razões por que estou tão entusiasmado é que o evangelismo de poder *está produzindo resultados*. Em geral, o evangelismo mais eficaz do mundo contemporâneo é o que vem acompanhado por manifestações de poder sobrenatural.[19]

É óbvio, então, que o pragmatismo de Wagner moldou a sua doutrina e não vice-versa.

Ele admite isso. Declara que a metodologia do movimento de crescimento de igrejas é "fenomenológica" e não teológica. Wagner admite que essa abordagem "pode parecer totalmente subjetiva para muitos teólogos tradicionais".[20] E continua: "Como ponto de partida, o crescimento de igreja sempre focaliza o 'é' antes de olhar para o 'deveria ser'... O que os cristãos experimentam acerca da obra de Deus no mundo e em suas vidas nem sempre é precedido de cuidadosas racionalizações teológicas. Muitas vezes, a sequencia é exatamente o oposto: a teologia é moldada pela experiência cristã".[21]

Sendo este o caso, não é sem sentido a afirmação de Wagner ao falar que seu pragmatismo "não é do tipo que compromete a doutrina"?[22] Afinal, se a experiência sugere que sinais e maravilhas são ferramentas eficazes para o crescimento de igreja e se é legítimo permitir que nossa experiência molde nossa teologia, é lógico que *alguém* modifique sua doutrina — como fez o próprio Wagner — para acomodar-se a alguma observação pragmática e heurística.

Deve-se, então, simplesmente encontrar uma forma de se reinterpretar ou adaptar as Escrituras a fim de que estas se encaixem em qualquer esquema doutrinário que o pragmatismo pareça impor.

É tolice pensar que alguém pode ser bíblico *e* pragmático, ao mesmo tempo. O pragmatista deseja saber o *que produz resultados*. O pensador bíblico se importa tão somente com *o que a Bíblia ordena*. As duas filosofias se opõe mutuamente no nível mais básico.

A ERA DO PRAGMATISMO

Não obstante, o pragmatismo filosófico nunca tem estado mais popular nas igrejas evangélicas. O movimento de crescimento de igrejas, que por muitos anos foi um importante fator na atividade missionária mundial, está agora exercendo tremenda influência no evangelicalismo ocidental. As galinhas do pragmatismo estão voltando ao lar para se empoleirarem. As igrejas da América do Norte estão, às centenas, experimentando as metodologias pragmáticas, e o resultado tem sido uma explosão de interesses em técnicas inovadoras a respeito de crescimento de igreja. O movimento de crescimento de igrejas fez uma aliança extraoficial com aqueles que creem ser o evangelismo primordialmente uma aventura de *marketing*.

O pragmatismo na igreja reflete bem o espírito de nossa época. Livros com títulos tais como: *Marketing seu próprio Ministério*, *Marketing a Igreja*, e *O Desenvolvimento do Marketing Eficaz e das Estratégias de Comunicação para Igrejas* são a última moda. A indústria publicadora cristã vem produzindo, para líderes de igrejas, conselhos e mais conselhos tirados de campos seculares de estudo —psicologia, *marketing*, administração, política, entretenimento e negócios — enquanto os comentários, livros de auxílio para estudo bíblico e livros acerca de questões bíblicas estão em declínio.

O modelo para o pastor contemporâneo não é mais o profeta nem o pastor, é o executivo de corporação, o político ou, pior ainda, o apresentador de programas de "bate-papo" na televisão. A maioria das igrejas contemporâneas estão preocupadas com índices de audiência, pesquisas de popularidade, imagem corporativa, estatísticas de crescimento, lucro financeiro, pesquisas de opinião pública, gráficos populacionais, dados de recenseamento, tendências da moda, status das celebridades, a lista dos dez mais e outras questões pragmáticas. O que está desaparecendo é a paixão da igreja pela pureza e pela verdade. Ninguém parece se importar, desde que a reação das pessoas seja entusiástica.

Tozer percebeu que o pragmatismo havia se introduzido furtivamente na igreja de seus dias. Ele escreveu: "Digo sem hesitação que uma parte, uma grande parte, das atividades existentes hoje nos círculos evangélicos não são apenas influenciados pelo pragmatismo, mas parecem totalmente dominados por ele".[23] Tozer descreveu o perigo que até mesmo o pragmatismo "consagrado" representava para a igreja:

> A filosofia pragmática... não faz perguntas embaraçosas a respeito da sabedoria daquilo que *estamos* realizando ou a respeito de sua moralidade. Aceita como corretos e bons nossos alvos escolhidos, buscando meios e maneiras eficientes para alcançá-los. E, quando descobre algo que tem bom êxito, logo encontra um texto bíblico para justificá-lo, "consagra-o" ao Senhor e vai em frente. Em seguida alguém escreve um artigo em uma revista, depois sai um livro e, finalmente, o inventor recebe um título de honra. Após tudo isso, qualquer indagação quanto à sua biblicidade ou até mesmo quanto ao seu valor moral é completamente rejeitada. Não há como se argumentar contra o sucesso. O método produz resultados, portanto, deve ser bom.[24]

UMA FILOSOFIA FALIDA

Você percebe como esta nova filosofia necessariamente corrompe a sã doutrina? *Descarta o* próprio método de Jesus — pregar e ensinar — como os instrumentos primordiais do ministério, substituindo-os por metodologias completamente vazias de conteúdo. Ela existe independentemente de qualquer credo ou canon. Aliás, evita dogmas ou convicções fortes, considerando-os como divisivos, indecorosos ou impróprios. Rejeita a doutrina como algo acadêmico, abstrato, estéril, ameaçador ou simplesmente não prático. Em vez de ensinar o erro ou negar a verdade, ela faz algo bem mais sutil e igualmente eficaz do ponto de vista do inimigo. Não se preocupa com o conteúdo. Não ataca a ortodoxia frontalmente, mas presta culto à verdade apenas da boca para fora, enquanto mina, em silêncio, os alicerces da doutrina. Em vez de exaltar a Deus, esta filosofia deprecia as coisas que são preciosas para Ele. Nesse sentido, o pragmatismo se apresenta como um perigo mais sutil do que o liberalismo que ameaçou a igreja na primeira metade deste século.

O liberalismo atacou a pregação bíblica. Um dos vultos liberais de maior influência nos Estados Unidos, no início do século XX, foi Harry Emerson Fosdick, que escreveu: "Pregadores que tomam textos da Bíblia e depois apresentam seu *contexto* histórico, seu significado lógico no contexto, seu lugar na teologia do escritor, anexados a reflexões práticas, estão empregando mal a Bíblia".[25] A mesma preocupação pragmática que invadiu o evangelicalismo de nossos dias levou Fosdick a seu ódio pela exposição bíblica:

> Com certeza, poderia qualquer outro procedimento estar mais predestinado à monotonia e à futilidade? Aliás, quem poderia afirmar que pelo menos um, dentre cem, dos ouvintes estaria preocupado com o que Moisés, Isaías, Paulo ou João queriam dizer naquela passagem específica ou que tenha vindo à igreja profundamente interessado em tais versículos? Ninguém que conversa com o público presume que o interesse vital das pessoas está centralizado no significado de palavras ditas há dois mil anos.[26]

A sugestão de Fosdick foi que os pregadores deveriam começar pelas necessidades sentidas do auditório: "Que eles não concluam, e, sim, comecem pensando nas necessidades vitais do auditório; e que todo o sermão seja organizado em torno de um esforço construtivo para atender estas necessidades".[27]

"Tudo isso manifesta bom senso e boa psicologia", escreveu Fosdick, apelando ao pragmatismo como justificativa. "Todo mundo usa esse estilo, desde professores a anunciantes de alto nível. Por que tantos pregadores persistem em um costume antiquado e negligenciam isso?"[28]

Trata-se exatamente da sabedoria convencional da filosofia da "igreja amigável", norteada por *marketing*. Começa levando em conta as necessidades sentidas e aborda-as por meio de tópicos. Se de algum modo as Escrituras são utilizadas, é apenas para ilustração — precisamente como advogou Fosdick. É simplesmente uma acomodação a uma sociedade viciada em autoestima e entretenimento. A diferença é que agora este conselho provém *de dentro* do evangelicalismo. Segue o que está na moda, mas pouco se preocupa com o que é verdadeiro. Encaixa-se bem ao liberalismo, de onde procede. Porém, está totalmente fora de lugar entre os cristãos que professam crer que as Escrituras são a Palavra de Deus inspirada.

Um recente *"best-seller"* evangélico alerta os leitores a se colocarem de prontidão contra pregadores cuja ênfase está no *interpretar* as Escrituras e não no *aplicá-las*. Espere um pouco. Isto é um conselho sábio? Não, de modo algum. Não existe o perigo da doutrina ser irrelevante; a verdadeira ameaça é a abordagem não-doutrinária em busca de relevância sem doutrina. O cerne de tudo que é verdadeiramente prático encontra-se no ensino das Escrituras. Não *tomamos* a Bíblia relevante; ela o é, inerentemente, pelo simples fato de ser a Palavra de Deus. Afinal, como pode *qualquer coisa* que Deus diz ser irrelevante (2 Tm 3.16,17)?

A IGREJA SEMELHANTE A UM BARZINHO

O pragmatismo radical da "abordagem amigável" rouba da igreja o seu papel profético. Transforma-a em uma organização popular, que recruta seus membros através de oferecer-lhes um ambiente de calor humano e amizade, no qual as pessoas comem, bebem e são entretidas. A igreja acaba funcionando mais como um clube do que como uma casa de adoração.

Isso não é exagero. Um recente *"best-seller"* que advoga ideias pragmáticas de crescimento de igreja incluiu esta sugestão:

> Lembra-se como o bar da esquina costumava ser o lugar onde os homens da vizinhança se reuniam para assistir na TV os grandes eventos esportivos, tais como lutas e campeonatos mundiais de box? Embora os tempos tenham mudado, o mesmo conceito pode ser usado pela igreja para causar um grande impacto. A maioria delas possui um grande auditório que poderia ser utilizado para reuniões especiais ao redor dos grandes eventos da mídia — esportes, debates políticos, entretenimento especiais e coisas semelhantes.[29]

O cenário é construído em torno de pressuposições que são claramente antibíblicas. A igreja não é um clube à busca de novos sócios. Não é o barzinho do bairro onde a vizinhança se reúne. Não é um grêmio estudantil à procura de calouros. Não é um centro comunitário onde se realizam as festas. Não é um clube de campo para as massas. Não é um comitê eleitoral onde os problemas da comunidade são discutidos. Não é uma corte judicial para corrigir as injustiças sociais. Não é um fórum aberto, ou uma convenção política, ou até mesmo uma cruzada evangelística.

A igreja é o corpo de Cristo (1 Co 12.27), e as reuniões da igreja são para adoração e instrução. O único alvo legítimo da igreja é "o aperfeiçoamento dos santos para o desempenho do seu serviço, para a edificação do corpo de Cristo" (Ef 4.12) — crescimento vital, não apenas expansão numérica.

A ideia de que as reuniões de igreja deveriam ser usadas para encantar ou atrair os não cristãos é um conceito relativamente novo. Nas Escrituras, não há qualquer sugestão quanto a isso; aliás, o apóstolo Paulo falou da presença de incrédulos na igreja como um evento excepcional (1 Co 14.23). Hebreus 10.24, 25 indica que os cultos da igreja são para o benefício dos crentes e não dos incrédulos: "Consideremo-nos também uns aos outros, para nos estimularmos ao amor e às boas obras. Não deixemos de congregar-nos".

Atos 2.42 mostra-nos o padrão que a igreja primitiva seguia, quando se reunia: "E perseveravam na doutrina dos apóstolos e na comunhão, no partir do pão e nas orações". Observe que adorar a Deus e encorajar os irmãos eram as prioridades da igreja primitiva. A igreja se reunia para adoração e edificação e se dispersava para evangelizar o mundo.

Nosso Senhor comissionou seus discípulos para evangelizarem da seguinte forma: "Ide, portanto, fazei discípulos de todas as nações" (Mt 28.19). Cristo deixou evidente que a igreja não deve esperar que o mundo venha ou que deve convidá-lo a vir às suas reuniões; Ele mostrou com clareza que a igreja deve ir ao mundo. É a responsabilidade de todo o crente. Temo que uma abordagem que enfatiza a apresentação do evangelho de uma forma facilitada dentro da igreja, exime o crente de sua obrigação pessoal de ser uma luz no mundo (Mt 5.16).

Novamente ressaltamos que a proclamação da Palavra de Deus deve ser central na igreja (1 Co 1.23; 9.16; 2 Co 4.5; 1 Tm 6.2; 2 Tm 4.2). "Quer seja oportuno, quer não" é tarefa dos ministros de Deus corrigir, repreender, exortar com toda a longanimidade e doutrina (2 Tm 4.2). O pastor que coloca o entretenimento acima da pregação bíblica e vigorosa abdica da responsabilidade primária de sua função, ou seja, apegar-se "à palavra fiel, que é segundo a doutrina, de modo que tenha poder tanto para exortar pelo reto ensino como para convencer os que o contradizem" (Tt 1.9).

A estratégia da igreja nunca foi de apelar ao mundo utilizando os termos do mundo. Não se espera que as igrejas estejam a competir pelo consumidor no mesmo nível que uma cerveja famosa ou uma grande rede de televisão. Não há como estimularmos crescimento genuíno via persuasão fascinante ou técnicas engenhosas. É o Senhor quem acrescenta almas à igreja (At 2.47). Metodologias humanas não podem acelerar ou suplantar o processo divino. Qualquer crescimento adicional que venha a produzir não passará de uma pobre e infrutífera imitação.

Crescimento artificial ou não natural, no reino biológico, pode causar deformação — ou pior, câncer. Crescimento sintético, no reino espiritual, é igualmente doentio.

BOA TÉCNICA? NÃO, MÁ TEOLOGIA

A filosofia que une técnicas de *marketing* com a teoria de crescimento da igreja resulta de uma péssima teologia. Pressupõe que se você empacotar adequadamente o evangelho, as pessoas serão salvas. Esta ideia tem suas raízes no arminianismo, que faz da vontade humana, e não do Deus soberano, o fator decisivo na salvação. Fala da conversão como uma "decisão por Cristo". Essa linguagem e doutrina começaram a permear o ministério moderno. O alvo do ministério norteado por *marketing* é uma decisão humana imediata, em lugar de uma transformação radical do coração, operada pelo Deus Todo-Poderoso, por meio da obra do Espírito Santo em trazer convicção e através da verdade da Palavra. Uma crença sincera na soberania de Deus na salvação findaria muitas das tolices que hoje acontecem na igreja.

Além do mais, toda essa abordagem de agência publicitária com relação à igreja corrompe o cristianismo e atende às concupiscências carnais que estão arraigadas na estrutura do sistema mundano (1 Jo 2.16). Temos uma sociedade repleta de pessoas que desejam o que querem, quando o querem. Estão presos a seu próprio estilo de vida, recreação e entretenimento. Querem conforto, felicidade e sucesso. E, quando a igreja apela a esses desejos egoístas, apenas alimenta um fogo que impede a verdadeira piedade.

A igreja se acomodou à nossa cultura ao inventar um tipo de cristianismo onde o tomar a sua cruz tornou-se opcional ou, até mesmo, impróprio. De fato, muitos dos membros das igrejas do ocidente creem que servirão melhor a Deus se confrontarem o mundo o menos possível.

Tendo incorporado os valores do mundo, o cristianismo em nossa sociedade encontra-se moribundo. O mundanismo e a auto-indulgência vêm sutilmente, porém efetivamente, devorando o coração da igreja. O evangelho frequentemente pregado em nossos dias está tão distorcido que oferece o crer em Cristo como nada mais do que um simples meio para o contentamento e a prosperidade. O escândalo da cruz (Gl 5.11) tem sido sistematicamente removido, de modo que a mensagem se torne mais aceitável aos incrédulos. A igreja, de alguma forma, concebeu a ideia de que pode declarar a paz com os inimigos de Deus.

E quando, em cima disso, roqueiros punk, ventríloquos, palhaços, atiradores de facas, lutadores profissionais, levantadores de peso, comediantes, dançarinos, malabaristas, animadores de circo, artistas de rap, atores e celebridades do "show *business*" assumem o lugar do pregador, a mensagem do evangelho recebe um golpe catastrófico: "E como ouvirão, se não há quem pregue?" (Rm 10.14).

Creio que podemos ser criativos e inovadores quanto à forma de apresentarmos o evangelho, mas precisamos ter o cuidado de harmonizar nossos métodos com as profundas verdades espirituais que estamos procurando transmitir. É muito fácil trivializarmos a mensagem sagrada. Precisamos fazer com que a mensagem, e não o veículo em si, seja o cerne daquilo que desejamos comunicar ao auditório.

Não se precipite em abraçar as tendências das megaigrejas cheias de tecnologia. Não desdenhe a adoração e a pregação convencionais. Não precisamos de abordagens engenhosas para que pessoas sejam salvas (1 Co 1.21). Precisamos apenas voltar a pregar a verdade e a plantar a semente. Se formos fiéis nisso, o solo que Deus já preparou haverá de produzir fruto.

Mas, se a igreja não se voltar para o cristianismo bíblico, logo testemunharemos o fim de nossa influência em nome de Cristo. Todos se admiram em ver quão rapidamente a face de nosso mundo está se alterando. Ao mesmo tempo, poucos cristãos percebem quão assustadoramente rápido a igreja está caminhando rumo ao declínio. Podemos estar vivendo os últimos dias do evangelicalismo bíblico como força significativa em nossa nação. Não é fantasioso imaginar que daqui a uns vinte anos haverá missionários do mundo oriental vindo evangelizar os países ocidentais.

Admitir essa possibilidade me deixa profundamente preocupado. Nós que conhecemos e amamos a verdade precisamos ser a voz profética do nosso Deus e proclamar a santidade de seu nome. Precisamos exigir que qualquer esforço feito em nome de nosso Senhor manifeste também a integridade de sua natureza. Ele é "Santo, Santo, Santo" (Is 6.3) e precisa ser representado dessa forma. Qualquer outra coisa não é digna de sua grandeza, majestade e santidade.

O IRROMPER DE UMA LEPRA

No final do século XIX, Spurgeon vislumbrou essa tendência de se trazer diversão para dentro da igreja. Na medida em que se alastrava, *A Controvérsia do Declínio*, em 1889, a saúde de Spurgeon se tornava precária, e, por isso, ele deixou de pregar em vários domingos. Mas, em uma quinta-feira à noite, no mês de abril, Spurgeon pregou, no Tabernáculo, uma mensagem na qual ele afirmou:

> Creio não estar procurando erros onde o erro não existe; mas não consigo abrir os olhos sem ver coisas sendo feitas em nossas igrejas que, há trinta anos, não eram nem sonhadas. Em termos

de diversão, os professos têm avançado no caminho do relaxamento. O que é pior, as igrejas agora pensam que sua responsabilidade é entreter as pessoas. Discordantes que costumavam protestar contra a ida a um teatro, agora fazem com que o teatro venha a eles. Muitos [templos de igrejas] não deveriam receber licença para exibir peças teatrais? Se alguém fosse sério em exigir obediência às leis, não teriam de obter uma licença para que suas igrejas funcionassem como teatros?

Tampouco ouso falar a respeito do que tem sido feito nos bazares, jantares beneficentes, etc. Se estes fossem organizados por pessoas mundanas decentes, não poderiam alcançar melhores resultados? Que extravagância ainda não foi experimentada? Que absurdo tem sido grande demais para a consciência daqueles que professam ser filhos de Deus e que não são deste mundo, mas chamados a andar com Deus em uma vida de separação?

O mundo considera as altas pretensões de tais pessoas como hipocrisia; e, de fato, não conheço outro termo melhor para classificá-las. Imaginem aqueles que gostam da comunhão com Deus brincando de tolos, com roupas teatrais! Falam acerca do lutar com Deus na oração em secreto, mas fazem malabarismo com o mundo em uma jogatina irreconciliável. Será que isto está correto? O certo e o errado trocaram de lugar? Sem dúvida, existe uma sobriedade de comportamento que é coerente com a obra da graça no coração, e existe uma leviandade que indica que o espírito maligno está em supremacia.

Ah! Senhores, pode ter havido uma época em que os cristãos eram por demais precisos, mas não é assim em meus dias. Pode ter existido uma coisa espantosa chamada rigidez Puritana, mas eu nunca a vi. Agora estamos bem livres desse mal, se é que ele existiu. Já passamos da liberdade para a libertinagem. Ultrapassamos o dúbio e caímos no perigoso, e ninguém pode profetizar onde haveremos de parar. Onde está a santidade da igreja de Deus hoje?... Ela não passa de algo turvo, tal qual um pavio que fumega; é mais um objeto de ridicularização do que de reverência.

Será que o grau de influência de uma igreja não pode ser medido por sua santidade? Se grandes hostes daqueles que professam ser cristãos fossem, quer em sua vida familiar, quer em seus negócios, santificados pelo Espírito, a igreja se tornaria uma grande potência no mundo. Os santos de Deus poderão lamentar juntamente com Jerusalém, ao perceberem que sua espiritualidade e santidade estão em níveis baixíssimos! Outros podem considerar isto como algo que não trará qualquer consequência; porém, nós o vemos como o irromper de uma lepra.[30]

Eis o desafio para a igreja de Cristo: "Purifiquemo-nos de toda impureza, tanto da carne como do espírito, aperfeiçoando a nossa santidade no temor de Deus" (2 Co 7.1). Não é a engenhosidade de nossos métodos, nem as técnicas de nosso ministério, nem a perspicácia de nossos sermões que trazem poder ao nosso testemunho. É a obediência a um Deus santo e a fidelidade ao seu justo padrão em nosso viver diário.

Precisamos acordar. O declínio é um lugar perigoso para ficarmos. Não podemos ser indiferentes. Não podemos continuar em nossa busca insensata por prazer e auto-satisfação. Somos chamados a lutar uma batalha espiritual e não poderemos ganhá-la apaziguando o inimigo. Uma igreja fraca precisa se tornar forte, e um mundo necessitado precisa ser confrontado com a mensagem de salvação; e talvez haja pouco tempo para isso. Como Paulo escreveu à igreja em Roma: "Já é hora de vos despertardes do sono; porque a nossa salvação está agora mais perto do que quando no princípio cremos. Vai alta a noite, e vem chegando o dia. Deixemos, pois, as obras das trevas e revistamo-nos das armas da luz" (Rm 13.11, 12).

4

Tudo para com Todos

A dimensão à qual foram trazidas a mera frivolidade e a diversão completamente vazia em alguns lugares de culto é algo que quase excede nossa possibilidade de crer... Não há dúvidas de que todo tipo de entretenimento, que manifesta grande semelhança com peças teatrais, tem sido permitido em lugares de culto, e está, no momento, em alta estima. Podem essas coisas promover a santidade ou nos ajudar na comunhão com Deus? Poderiam os homens, ao se retirarem de tais eventos, implorar a Deus em favor da salvação dos pecadores e da santificação dos crentes? Detestamos tocar nestas coisas não santificadas; parece tão distante do andar pela fé e da comunhão celeste. Às vezes, as extravagâncias sobre as quais reclamamos estão até abaixo da dignidade humana e são mais adequadas a um imbecil do que a um homem sensato.

Charles Haddon Spurgeon[1]

Duvido que tenha existido alguém como a irmã Paula em toda a história do cristianismo. Ela se autodescreve como "uma cristã transexual declarada, que prega o evangelho... como uma evangelista com sombra de barba no rosto".[2] Irmã Paula nasceu como Larry Nielsen e tornou-se, supostamente, um cristão "em 1950, como um menino de 12 anos inatamente efeminado". Depois de Larry tornar-se Paula, em uma operação de mudança de sexo, alguns anos atrás, uma evangelista pentecostal, amiga de Larry/ Paula, encorajou-a a começar um ministério na televisão. A revista *People* descreveu irmã Paula como tendo cinquenta e três anos de idade, um metro e noventa de altura e um "corpo de jogador de defesa de futebol americano".³

Você pode imaginar algo mais incongruente ou mais profano do que um evangelista transexual? Porém, irmã Paula crê que pode ter um ministério mais eficaz ao povo de nossa geração do que um cristão "normal" que utiliza apenas a pregação do evangelho. A filosofia de ministério da irmã Paula é basicamente a mesma que os estudiosos de *marketing* de igreja advogam, embora, felizmente, nenhum deles desejaria ver sua filosofia sendo levada a esse extremo.

O conceito de que a igreja precisa se tornar como o mundo a fim de ganhar o mundo para Cristo alcançou o evangelicalismo como uma tempestade súbita. Hoje, cada atração mundana contemporânea tem sua imitação "cristã". Temos grupos de motociclistas cristãos, equipes cristãs de musculação, clubes cristãos de dança, parques de diversão cristãos, e já li sobre a existência de uma colônia de nudismo cristã.

De onde os cristãos tiraram a ideia de que poderiam ganhar o mundo através do imitá-lo? Existe qualquer resquício de justificativa bíblica para esse tipo de pensamento? Muitos especialistas de *marketing* afirmam que existe e já convenceram uma miríade de pastores. Ironicamente, costumam citar o apóstolo Paulo como alguém que defendeu o adaptar o evangelho ao gosto do auditório. Um deles escreveu: "Paulo nos legou aquilo que eu vejo como a perspectiva mais rica acerca de *marketing* de comunicações, o princípio que chamaremos de *contextualização* (1 Co 9.19-23). Paulo... estava disposto a moldar sua comunicação de acordo com as necessidades dos ouvintes, de forma a obter os resultados que desejava".⁴ "O primeiro a utilizar o *marketing* na igreja foi o apóstolo Paulo", ecoa outro.⁵

Afinal de contas, o apóstolo *realmente* escreveu: "Fiz-me fraco para com os fracos, com o fim de ganhar os fracos. Fiz-me tudo para com todos, com o fim de, por todos os modos, salvar alguns. Tudo faço por causa do evangelho, com o fim de me tornar cooperador com ele" (1 Co 9.22,23). Seria isso uma ordem para nos servirmos do pragmatismo no ministério? Estaria o apóstolo sugerindo que a mensagem do evangelho pode ser ajustada a fim de atrair as pessoas, por meio do acomodar-se aos seus apetites por certas diversões e através do agradar seus vícios prediletos? Até que ponto você imagina que ele teria se mostrado disposto a seguir o princípio de "contextualização"?

O GRANDE NÃO NEGOCIÁVEL

Algo está muito claro: Paulo não era um bajulador de pessoas. Ele escreveu: "Porventura, procuro eu agora o favor dos homens ou o de Deus? Ou procuro agradar a homens? Se agradasse ainda a homens, não seria servo de Cristo" (G1 1.10). Paulo não modificou nem abreviou sua mensagem a fim de deixar as pessoas contentes. Estava completamente indisposto a tentar remover a ofensa do evangelho (G1 5.11). Ele não fez uso de uma metodologia que satisfazia as concupiscências de seus ouvintes. Com certeza, Paulo não seguiu a filosofia pragmática dos ministros modernos orientados por *marketing*.

Não foi uma compreensão de *marketing* que tornou Paulo um ministro eficiente, mas uma persistente devoção à verdade. Ele era embaixador de Cristo, não o seu secretário de imprensa. A verdade era algo a ser comunicado, não algo a ser negociado. Paulo não se envergonhava do evangelho (Rm 1.16). Estava disposto a sofrer por amor à verdade (2 Co 11.23-38). Não recuou diante da oposição ou da rejeição. Não se comprometeu com incrédulos, nem fez amizade com os inimigos de Deus.

A mensagem de Paulo *sempre* foi não negociável. No mesmo capítulo em que fala sobre fazer-se tudo para com todos, Paulo escreveu: "Sobre mim pesa essa obrigação; porque ai de mim se não pregar o evangelho" (1 Co 9.16). Seu ministério realizava-se em resposta a um mandato divino. Deus o chamara e o comissionara.

Paulo pregou o evangelho exatamente como o recebeu do Senhor e sempre pregou aquela mensagem — "vos entreguei o que também recebi" (1 Co 15.3). Paulo não era um vendedor ou um comerciante, mas um emissário divino. Ele certamente *não estava* "disposto a moldar sua mensagem" para acomodá-la a seus ouvintes ou para conseguir uma resposta desejável. O fato de ter sido apedrejado e deixado como morto (At 14.19), de ter sido açoitado, aprisionado e finalmente morto por amor à verdade deveria demonstrar que Paulo não adaptou sua mensagem para agradar os ouvintes! E o sofrimento pessoal que ele suportou por causa de seu ministério *não é* um indicativo de que havia algo de errado com o seu ministério, mas de que tudo estava correto em sua maneira de ministrar!

Então, o que Paulo tencionava dizer ao afirmar: "Fiz-me tudo para com todos, com o fim de, por todos os modos, salvar alguns. Tudo faço por causa do evangelho"? Como sempre, o contexto revela o significado.

CEDENDO A FIM DE GANHAR

Vamos examinar o que, de fato, Paulo estava dizendo nestes versículos:

> Porque, sendo livre de todos, fiz-me escravo para com todos, a fim de ganhar o maior número possível. Procedi, para com os judeus, como judeu, a fim de ganhar os judeus; para os que vivem sob o regime da lei, como se eu mesmo assim vivesse, para ganhar os que vivem debaixo da lei, embora não esteja eu debaixo da lei. Aos sem lei, como se eu mesmo o fosse, não estando sem lei para com Deus, mas debaixo da lei de Cristo, para ganhar os que vivem fora do regime da lei. Fiz-me fraco para com os fracos, com o fim de ganhar os fracos. Fiz-me tudo para com todos, com o fim de, por todos os modos, salvar alguns. Tudo faço por causa do evangelho, com o fim de me tornar cooperador com ele (1 Co 9.19-23).

A primeira frase neste breve trecho mostra claramente acerca do que Paulo estava falando. Não estava descrevendo sua disposição de sacrificar a mensagem, mas sua disposição de sacrificar a si mesmo para pregar o evangelho. Desistiria de tudo — e até mesmo se tornaria um "escravo para com todos" — se isso contribuísse para a propagação do evangelho não adulterado. Seu desejo de ganhar almas é o âmago deste texto; ele o repete diversas vezes: "a fim de ganhar o maior número possível"; "a fim de ganhar os judeus"; "para ganhar os que vivem debaixo da lei"; "para ganhar os que vivem fora do regime da lei"; "com o fim de ganhar os fracos" e "com o fim de, por todos os modos, salvar alguns". Portanto, ganhar os outros para Cristo era o alvo de Paulo. Para fazer isso, ele estava disposto a desistir de direitos e privilégios, de sua posição, seu cargo, sua subsistência, sua liberdade e, em última análise, até de sua própria vida. Se resultasse na difusão do evangelho, Paulo não reivindicaria direitos, não faria exigências, não insistiria em privilégios.

E foi exatamente assim que Paulo viveu e ministrou. Não modificaria a mensagem para se ajustar ao mundo, mas se comportaria de tal forma que jamais seria, por si mesmo, um obstáculo a impedir que alguém ouvisse o evangelho e compreendesse a mensagem de Cristo. Paulo estava descrevendo uma atitude de sacrifício pessoal, não de comprometimento. Jamais haveria de alterar a nítida e confrontadora chamada ao arrependimento e à fé.

Paulo estava procurando deixar claro que a liberdade cristã precisa estar restringida pelo amor. Esse é o tema que permeia os capítulos oito a dez de 1 Coríntios. É o contexto em que estes versículos se encontram. Os coríntios, com toda certeza, estavam debatendo acerca da natureza e da extensão da liberdade cristã. Alguns desejavam usar sua liberdade para fazer o que bem entendessem. Outros se inclinavam ao legalismo, ressentindo-se daqueles que desfrutavam de sua liberdade em Cristo. Paulo estava relembrando aos dois grupos que a liberdade cristã deve ser usada para glorificar a Deus e servir aos outros, não para satisfazer razões egoístas.

Eis um exemplo de como este princípio se aplica. Alguns coríntios haviam aparentemente perguntado a Paulo se estavam ou não livres para comer carne que havia sido oferecida a ídolos (1 Co 8.1). Era carne coletada dos templos pagãos e vendida a preço baixo no mercado público. Paulo ensinou-lhes que não era inerentemente errado comer essa carne, mas, se fazer isso viesse a colocar uma pedra de tropeço no caminho de alguém, tal ofensa era errada. Paulo resumiu sua resposta com as seguintes palavras: "Portanto, quer comais, quer bebais ou façais outra coisa qualquer, fazei tudo para a glória de Deus. Não vos torneis causa de tropeço nem para judeus, nem para gentios, nem tampouco para a igreja de Deus, assim como também eu procuro em tudo ser agradável a todos, não buscando o meu próprio interesse, mas o de muitos, para que sejam salvos" (1 Co 10.31-33).

De que maneira Paulo usou sua própria liberdade em Cristo? "Sendo livre de todos, fiz-me escravo de todos, a fim de ganhar o maior número possível" (1 Co 9.19). Ele contemplou sua liberdade pessoal e seus direitos humanos como algo a ser usado para a glória de Deus, não para seu próprio deleite. Se pudesse trocar a sua própria liberdade por uma oportunidade de proclamar o evangelho e, desta forma, libertar outros, ele o faria com alegria.

LIBERDADE EM CRISTO

É crucial entendermos a natureza de nossa liberdade cristã. Não estamos debaixo da lei, mas debaixo da graça (Rm 6.14). Liberdade da lei certamente não significa que os princípios de retidão revelados na lei do Antigo Testamento foram invalidados. Não significa que os Dez Mandamentos não têm mais aplicação às nossas vidas, no presente. Não significa que podemos subjugar os santos padrões de Deus à nossa preferência pessoal. E obviamente não significa que estamos livres de quaisquer requisitos morais.

O que a liberdade cristã significa? Significa que os cristãos não estão presos às observâncias dos rituais do Antigo Testamento. Não temos de sacrificar animais, observar as leis de limpeza cerimonial e celebrar todas as luas novas, festas e sacrifícios. Não seguimos as leis dietéticas dadas a Israel através de Moisés. Estamos livres de tudo isso.

Da mesma forma, obviamente, estamos livres de todo cerimonial religioso e da superstição dos gentios. Qualquer que tenha sido nossa herança religiosa, em Cristo estamos livres de todos os seus adornos e cerimônias. Agora vivemos pela graça de Deus, que fornece, embutida em si mesma, o princípio da justiça verdadeira.

Em outras palavras, nossas vidas espirituais são governadas não apenas por um código de leis, mas pela graça de Deus, que opera em nós a fim de cumprirmos as justas exigências da lei (Rm 8.4). A graça nos ensina a renunciar a impiedade e os desejos mundanos e a vivermos sensata, justa e piedosamente (Tt 2.12). E a graça nos capacita a vivermos vidas santas.

Essa tremenda liberdade é um dos aspectos mais marcantes da vida cristã. Não precisamos nos sujeitar aos costumes, ao cerimonial da lei ou às opiniões de homens. Não há mais sacerdotes humanos a interceder entre Deus e nós: "Porquanto há um só Deus e um só Mediador entre Deus e os homens, Cristo Jesus, homem" (1 Tm 2.5). Não precisamos efetuar uma peregrinação a um santuário em algum lugar, para adorar a Deus; nossos próprios corpos são templos do Espírito Santo (1 Co 6.19). Podemos adorar a Deus em espírito e em verdade, a qualquer momento e em qualquer lugar (João 4.23, 24). Qualquer coisa que pedirmos em nome de Jesus, Ele o fará (João 14.13, 14). O Espírito Santo é concedido a nós como nosso advogado e consolador (vv. 16, 26). Todas as coisas nos pertencem, somos de Cristo, e Cristo, de Deus (1 Co 3.21-23).

SERVOS DE UMA NOVA ALIANÇA

Porém, existe um paradoxo que confere equilíbrio a essa verdade. Apesar de livres, todos os cristãos são escravos. É um novo tipo de escravidão; somos servos (ministros) "de uma nova aliança, não da letra, mas do espírito; porque a letra mata, mas o espírito vivifica" (2 Co 3.6). Como escravos dispostos, precisamos voluntariamente restringir nossa própria liberdade, por amor aos outros. Não foi isso mesmo que Jesus ensinou? "Se alguém quer ser o primeiro, será o último e servo de todos" (Mc 9.35). Paulo aplicou ao evangelismo o princípio da servidão voluntária, fazendo-se escravo de todos, inclusive do mais rude, mais desprezível e repulsivo pagão. Sendo livre, ele sujeitou-se alegremente à servidão por causa do evangelho.

O princípio da servidão voluntária foi retratado com clareza na lei do Antigo Testamento. Êxodo 21.5, 6 descreve o processo pelo qual uma pessoa decidia se tornar escrava da outra: "Porém se o escravo expressamente disser: Eu amo a meu senhor, minha mulher e meus filhos, não quero sair forro. Então o seu senhor o levará aos juízes, e o fará chegar à porta ou à ombreira, e o seu senhor lhe furará a orelha com uma sovela; e ele o servirá para sempre". Os israelitas só tinham permissão para manter outros patrícios como escravos durante 6 anos. No sétimo ano, os israelitas escravos tinham de ser libertos. Mas, se algum deles escolhesse voluntariamente continuar como escravo, o seu senhor, literalmente, colocava-lhe a orelha contra a porta ou contra a ombreira, pegava uma sovela e, com esta, perfurava a orelha do escravo. O furo na orelha era sinal de que o escravo estava servindo por amor e não por obrigação. Paulo estava afirmando ter voluntariamente desistido de sua liberdade para servir a todos os homens. No sentido espiritual, Paulo havia perfurado a sua orelha em favor dos não salvos. "Sendo livre de todos, fiz-me escravo de todos, a fim de ganhar o maior número possível" (1 Co 9.19).

A palavra traduzida por "fiz-me escravo" é o verbo grego *douloõ*, "escravizar". É uma expressão forte. É a mesma palavra utilizada em 1 Coríntios 7.15, para falar do vínculo do casamento, e em Romanos 6.18, 22, para referir-se à nossa união com Cristo. Ela descreve um vínculo extremamente seguro. Paulo havia negado a si mesmo, no sentido mais verdadeiro, ao colocar-se debaixo de tal vínculo, a fim de servir todos os demais.

A frase "a fim de ganhar o maior número possível" não se refere a ganhar recompensas terrenas ou celestiais. Paulo estava falando de ganhar os perdidos para Cristo. A preocupação de Paulo com as almas perdidas era tal, que, embora sendo livre em Cristo, ele estava disposto a escravizar-se às pessoas, se isto lhe trouxesse uma oportunidade para pregar o evangelho. Em 2 Timóteo 2.10, Paulo expressa o mesmo tipo de compromisso: "Por esta razão, tudo suporto por causa dos eleitos, para que também eles obtenham a salvação que está em Cristo Jesus, com eterna glória".

Considere tudo que Paulo sofreu por amor do evangelho. Ele se tomou um prisioneiro. Foi lançado na cadeia; foi castigado, açoitado, sofreu naufrágios e foi apedrejado. Constantemente, arriscava sua vida. Por fim, ele foi morto por causa do evangelho, mas teria ido mais longe, se lhe fosse possível. Paulo escreveu as seguintes palavras assustadoras à igreja em Roma: "Tenho grande tristeza e incessante dor no coração; porque eu mesmo desejaria ser anátema, separado de Cristo, por amor de meus irmãos, meus compatriotas, segundo a carne" (Rm 9.2,3). Em outras palavras, ele se sentia como que disposto a abrir mão de sua própria salvação, se pudesse, para que seus irmãos judeus fossem salvos.

Contrastando com isso, os coríntios estavam exigindo seus direitos. Estavam usando mal sua liberdade cristã, às custas dos outros. Os irmãos mais fracos estavam, por isso, tropeçando, e é provável que os incrédulos estavam sendo repelidos pelo egoísmo e pelo conflito que prevalecia na igreja de Corinto, conforme foi cuidadosamente registrado na primeira carta de Paulo a eles.

Paulo desejava que eles seguissem o seu exemplo. "Sede meus imitadores, como também eu sou de Cristo" (1 Co 11.1). E qual era o seu exemplo? Retorne ao último versículo do capítulo 10 de 1 Coríntios: "Assim como também eu procuro, em tudo, ser agradável a todos, não buscando o meu próprio interesse, mas o de muitos, para que sejam salvos". Portanto, a única maneira em que nós, crentes, devemos ser "agradadores" de homens é procurando cada um de nós cuidar não somente de nossos próprios interesses, mas também dos interesses de outros (Fl 2.4).

Esse é o ponto a que Paulo queria chegar. Ele não estava advogando um plano de *marketing* ou fazendo um apelo à "contextualização". Não estava sugerindo que a mensagem fosse amenizada, para ser mais aceita, ou que o papel da pregação fosse substituído pela psicologia, por dramatizações ou por entretenimento mundano. Paulo estava convocando seus leitores à negarem-se a si mesmos e a sacrificarem-se por amor à proclamação de uma verdade não adulterada àqueles que não conheciam a Cristo.

PARA COM OS JUDEUS, COMO JUDEU

De que modo Paulo aplicou a si mesmo esse princípio? Em 1 Coríntios 9.20, ele demonstra como a autonegação funciona na prática: "Para com os judeus, como judeu... para os que vivem sob o regime da lei, como se eu mesmo assim vivesse". Isto descreve um sacrifício voluntário da liberdade pessoal de Paulo. Embora não estando "debaixo da lei", Paulo estava disposto a sujeitar-se de boa vontade aos requisitos rituais da lei, a fim de ganhar os que estavam debaixo da lei. Em outras palavras, ele adotou os seus costumes. Aquilo que a lei cerimonial deles prescrevesse, Paulo estava disposto a fazê-lo. Se, para os judeus era importante absterem-se de comer carne de porco, ele se absteria; se demandavam que certa festa fosse observada, Paulo a observaria. Por quê? Não porque desejava acalentar o orgulho ou validar suas práticas religiosas, mas porque desejava abrir uma porta de oportunidade, a fim de lhes pregar a verdade não-comprometida, de forma a ganhá-los para Cristo Jesus. João Calvino compreendeu bem esta passagem:

> Paulo adotou o estilo de vida judaico na companhia de judeus, mas não perante todos eles; pois muitos eram obstinados e, sob a influência do farisaismo, do orgulho ou da vontade doentia, gostariam de ver a liberdade cristã completamente suprimida. *Paulo jamais teria se sujeitado plenamente à maneira de pensar e agir dos fariseus, pois Cristo não deseja que nos deixemos perturbar por causa deles.* Nosso Senhor disse: "Deixai-os; são cegos, guias de cegos" (Mt 15.14). Devemos, portanto, nos adaptar aos fracos, mas não aos obstinados. *O objetivo de Paulo era trazê-los a Cristo e não incrementar seus próprios interesses ou reter a boa vontade deles.*
> Essas pessoas estão erradas. O propósito delas é apenas manterem-se livres de problemas e, por essa razão, fazem de tudo para não darem motivo de ofensa aos ímpios, ao invés de se preocuparem com os fracos. Além disso, aqueles que não distinguem entre as coisas que são neutras e as que são proibidas

labutam em duplo erro. Uma vez que não fazem esta distinção, não hesitam em fazer coisas que Deus proibiu, a fim de agradarem os homens. *Mas o seu grande pecado é fazerem uso errôneo destas palavras de Paulo, para desculparem sua própria e ímpia hipocrisia.*[6]

Paulo jamais se subjugaria a qualquer comprometimento da verdade. Ele apenas sacrificou preferências e liberdades pessoais, removendo quaisquer distrações ou desculpas desnecessárias que pudessem frustrar a oportunidade de proclamar-lhes com clareza o evangelho poderoso e salvador.

Paulo não estava sugerindo que o evangelho pudesse se tornar mais poderoso ao ser adaptado a certo contexto cultural. Não estava falando acerca de acomodar a *mensagem*, mas simplesmente dizendo que não colocaria em risco sua habilidade de pregar a mensagem ao ofender pessoas desnecessariamente. Se a mensagem era uma ofensa, que fosse — "Nós pregamos a Cristo crucificado, escândalo para os judeus, loucura para os gentios" (1 Co 1.23). Paulo não estava disposto a tornar-se uma pedra de tropeço para os incrédulos — "Não vos torneis causa de tropeço nem para judeus, nem para gentios" (1 Co 10.32).

Várias ilustrações desse princípio podem ser extraídas do Novo Testamento. No capítulo 15 de Atos, o Concílio de Jerusalém, o primeiro concílio da igreja, reuniu-se com o propósito de determinar como haveriam de receber os convertidos gentílicos. Muitos dos crentes judeus estavam tão mergulhados na tradição judaica, que olhavam com ceticismo para os gentios que se convertiam a Cristo. Nessa altura, alguns homens vieram da Judéia e começaram a ensinar aos cristãos gentios: "Se não vos circuncidardes segundo o costume de Moisés, não podeis ser salvos" (At 15.1). Em outras palavras, estavam reivindicando que os gentios não poderiam se tornar cristãos, a menos que primeiramente se tornassem judeus. E com isso a igreja mergulhou em confusão.

O Concílio de Jerusalém se reuniu para discutir essa questão. As Escrituras nos dizem que houve muito debate (At 15.7). Em certo momento, Pedro testemunhou que estivera presente na ocasião em que os gentios receberam o Espírito Santo e que todas as evidências demonstravam ser Deus o responsável por aquilo (At 15.7-12). Por fim, Tiago, o líder, transmitiu a seguinte decisão: "Pelo que, julgo eu, não devemos perturbar aqueles que, dentre os gentios, se convertem a Deus" (At 15.19).

A questão estava resolvida. A igreja aceitaria os gentios como eles eram, sem colocá-los debaixo do cerimonial da lei judaica.

Mas observe o próximo versículo. Tiago continuou: "Mas escrever-lhes que se abstenham das contaminações dos ídolos, bem como das relações sexuais ilícitas, da carne de animais sufocados e do sangue". Ele alistou quatro coisas das quais os gentios deveriam se abster. Primeira, "das contaminações dos ídolos", o que significava comida oferecida a ídolos. Essa era precisamente a questão que perturbava os coríntios. Comer comida sacrificada a ídolos pagãos era uma ofensa grave para os judeus. Eles desprezavam a idolatria pagã. Mas, conforme Paulo sugeriu, não há nada inerentemente errado em comer algo que foi oferecido a ídolos. Na verdade, o que é um ídolo? "Sabemos que o ídolo, de si mesmo não é nada no mundo e que não há senão um só Deus" (1 Co 8.4). Apesar disso, o Concílio de Jerusalém acrescentou essa palavra de cautela no sentido de se ficar distante de comidas oferecidas a ídolos, de forma a não ofender desnecessariamente os judeus.

Segundo, os gentios deveriam manter-se longe da fornicação. Isso não significa apenas que eles não deveriam *praticar* a fornicação. E isso é óbvio. Não se trata de uma área cinzenta. Muitas verdades nos ensinos apostólicos proibiam toda sorte de fornicação ou de pecado sexual. Então, "se abstenham... das relações sexuais ilícitas" é mais que um mandamento contra atos de fornicação. Visto que as religiões gentílicas se centralizavam em ritos sexuais, prostitutas do templo e rituais orgíacos, Tiago estava afirmando que os crentes gentios deveriam se desligar por completo de suas práticas religiosas anteriores. Não deveriam participar de quaisquer cerimônias onde essas coisas estivessem acontecendo. Deveriam romper completamente seu vínculo com os estilos gentílicos de culto, que eram tão repulsivos aos judeus.

Terceiro, os gentios deveriam abster-se de carne de animais sufocados; e, quarto, deveriam abster-se do sangue. Carne de animais sufocados retêm muito sangue. A lei judaica exigia que os animais a serem abatidos tivessem todo o seu sangue derramado. Para os judeus, comer sangue era uma das práticas gentílicas mais ofensivas. E alguns ritos das religiões pagãs incluíam o beber sangue puro de animais. O Concílio de Jerusalém, portanto, ordenou que os crentes gentios se abstivessem de todas essas práticas.

Compreenda o significado disso. A decisão do Concílio de Jerusalém era uma condenação explícita do legalismo. O Concílio recusou-se a colocar os gentios sob a lei mosaica. Então, por que colocar sobre eles essas quatro proibições? A razão se toma evidente em Atos 15.21: "Porque Moisés tem, em cada cidade, desde os tempos antigos, os que o pregam nas sinagogas, onde é lido todos os sábados".

Em outras palavras, deveriam abster-se daquelas quatro coisas para não ofenderem os judeus incrédulos. Se os cristãos praticassem esses rituais, que eram os mais ofensivos de todos existentes entre os gentios, os judeus não convertidos poderiam voltar as costas ao evangelho, não lhe dando ouvidos.

O capítulo dezesseis de Atos inclui uma ilustração semelhante. É a primeira vez nas Escrituras que encontramos Timóteo. Lucas relata que ele era "filho de uma judia crente, mas de pai grego" (v. 1). Os judeus consideravam-no um gentio, visto que seu pai era gentio. Além disso, a mãe de Timóteo teria sido considerada uma traidora por ter-se casado com um gentio.

Porém, os irmãos em Listra e Icônio davam bom testemunho a respeito de Timóteo. Quis Paulo que ele fosse em sua companhia e, por isso, circuncidou-o (At 16.2, 3).

Espere um pouco. Por que Paulo fez isso? Paulo certamente não acreditava que os gentios precisavam circuncidar-se para serem salvos. Aliás, Paulo recusou-se a circuncidar Tito, quando os legalistas de Jerusalém o exigiram (Gl 2.1-5). Além disso, Paulo, em certa ocasião, resistiu a Pedro face a face, porque este havia se comprometido com os legalistas (Gl 2.11-14). Ele perguntou a Pedro: "Se, sendo tu judeu, vives como gentio e não como judeu, por que obrigas os gentios a viverem como judeus?" (Gl 2.14). Então, por que Paulo circuncidou a Timóteo? Estaria ele se comprometendo, demonstrando incoerência?

Não. Timóteo não estava fazendo aquilo para ser salvo. É claro que ele *não havia* sido circuncidado quando fora salvo. Ele não estava fazendo aquilo para deixar felizes os legalistas de coração empedernido ou para amenizar a ofensa do evangelho. Simplesmente queria se identificar com os judeus, a fim de ter uma porta aberta para pregar-lhes o evangelho. Paulo e Timóteo não estavam desejando apaziguar legalistas pseudo-cristãos, fazer o jogo dos hipócritas ou abrandar o evangelho. Apenas queriam manter abertos os canais de comunicação com os judeus, aos quais haveriam de pregar. Não se tratava de um ato de comprometimento ou de agradar a homens. Era um auto-sacrifício amoroso — e fisicamente dolorido — por amor aos perdidos.

Sempre que podia detectar a forte tradição religiosa de um povo e não as susceptibilidades deles, Paulo se alegrava em fazer isso, quando a prática não violava a Palavra de Deus ou quando não colidia com o evangelho. Mas ele jamais adaptou seu ministério, a fim de favorecer concupiscências mundanas ou desejos egoístas.

PARA OS GENTIOS, ME TORNEI UM GENTIO

Voltando a 1 Coríntios 9, lemos no verso 21: "Aos sem lei, como se eu mesmo o fosse, não estando sem lei para com Deus, mas debaixo da lei de Cristo, para ganhar os que vivem fora do regime da lei". "Aos sem lei" são os gentios. Note o elemento inserido pelo apóstolo. Paulo declarou especificamente que não estava *"sem lei para com Deus, mas debaixo da lei de Cristo"*. Não disse que se tornara moralmente sem lei, tendo em vista os que desprezavam a verdadeira justiça.

Embora tenha se tornado "sem lei" no sentido ritual ou cerimonial, Paulo não estava vivendo de forma licenciosa ou se comportando de forma iníqua. Ele não teria manifestado qualquer simpatia para com os antinomianos, pessoas que acreditavam ter sido a lei abolida para os cristãos. "Sem lei" não é uma referência à lei moral. Paulo não estava inferindo que vivia livre, de tal forma que os gentios pudessem admirá-lo. Não encorajava ninguém a pensar que poderia se tornar um cristão e continuar seguindo um estilo de vida mundano. Novamente, ele estava se reportando à lei cerimonial do Antigo Testamento. Quando ministrava aos gentios, Paulo deixava de lado suas tradições judaicas não morais. Ao conviver com os gentios, seguia os costumes e a cultura destes, até o ponto em que isto não conflitava com a lei de Cristo. Ele evitava ofender os gentios desnecessariamente.

Quando esteve em Jerusalém, por exemplo, Paulo seguiu os costumes religiosos judaicos, observou as festas e os sábados e seguiu as leis dietéticas judaicas. Entretanto, ao viajar para Antioquia, tomou refeições com os gentios, embora isso violasse a sua própria tradição e criação. Pedro veio a Antioquia e também comeu com os gentios, até que os judaizantes apareceram por lá. Então, Pedro e alguns outros se afastaram e se apartaram dos gentios, "a ponto do próprio Barnabé ter-se deixado levar pela dissimulação deles" (G12.12,13). Foi nesta ocasião que Paulo repreendeu a Pedro face a face, diante dos demais.

Veja por que Paulo confrontou a Pedro: "...não procediam corretamente segundo a verdade do evangelho" (v. 14). Paulo não se fizera tudo para com todos, para, desta forma, transmitir o evangelho sutilmente. Pelo contrário, ele desenvolveu esta atitude a fim de proclamar a verdade do evangelho, sem embaraço, da forma mais direta possível. Desejava remover qualquer ofensa pessoal, para que a ofensa do evangelho fosse única. Paulo avaliou o comprometimento de Pedro como algo que minaria a clareza e o poder do evangelho; por isso ele o confrontou.

FAÇO-ME FRACO PARA COM OS FRACOS

Voltando a 1 Coríntios 9, notamos Paulo se referindo a um terceiro grupo: "Fiz-me fraco para com os fracos, com o fim de ganhar os fracos" (v. 22). Quem são os fracos? Na teologia paulina, essa expressão se refere aos crentes hiper-escrupulosos, crentes imaturos que não entendem sua liberdade. Na comunidade judaica, por exemplo, alguns recém-convertidos ainda queriam observar os sábados, frequentar as sinagogas, seguir as leis dietéticas e observar todas as festas e cerimônias da lei do Antigo

Testamento. Alguns na comunidade cristã tinham consciências fracas e pensavam que essas coisas ainda eram obrigatórias. Estavam saindo do judaísmo, mas ainda estavam apegados a ele e, sentindo dores de consciência, faziam coisas que haviam se tornado hábito e estavam associadas ao Deus verdadeiro e às Escrituras do Antigo Testamento.

Entre os gentios, por outro lado, existia os que haviam sido salvos da idolatria e que agora mostravam-se temerosos de ter qualquer envolvimento com a carne oferecida aos ídolos. Quem sabe alguns ainda estavam presos a antigas superstições e, por isso, temiam ídolos demoníacos ou simplesmente não desejavam ligação com qualquer reminiscência de seu estilo de vida antigo.

Evidentemente, Paulo estava livre desses temores e superstições. Ele também estava livre da lei cerimonial do Antigo Testamento. A lei de Cristo o governava. Embora se sentisse livre para fazer coisas que as consciências dos outros não lhes permitiriam que fizessem, ao encontrar-se entre os irmãos mais fracos, Paulo tomava cuidado para não ferir-lhes a sensibilidade. Adaptava seu comportamento de forma a não os ofender. Por amor, o apóstolo cedia, preferindo fazer isso a ofender um irmão mais fraco.

Como ele fez isso? Em certa ocasião, fez um voto de nazirado para acabar com falsos rumores que a seu respeito circulavam entre os judeus crentes de Jerusalém, rumores estes que afirmavam estar Paulo pregando contra Moisés e instando com os judeus, para que estes não circuncidassem seus filhos (At 21.17-26). Ironicamente, o cumprimento desse voto, em última análise, resultou em seu aprisionamento. Os judeus não crentes odiavam a mensagem do evangelho, então resolveram destruir o mensageiro. Mas eles não tinham qualquer motivo pessoal de queixa contra Paulo, pois este se dispusera voluntariamente a ser um judeu para os judeus, um gentio para os gentios e um irmão fraco para os irmãos fracos.

Novamente surge a pergunta: por que Paulo se sujeitou a tudo isso? 1 Coríntios 9.22, 23 responde: "Com o fim de, por todos os modos, salvar alguns. Tudo faço por causa do evangelho". À primeira vista, "por todos os modos" parece soar como um eco de pragmatismo, mas não devemos esquecer que Paulo estava falando de condescendência, não de comprometimento. E qual é a diferença? Condescender significa remover ofensas desnecessárias às consciências religiosas das pessoas, ao pôr de lado certas liberdades pessoais e opcionais. Comprometer significa deixar de lado uma verdade essencial e, com isso, alterar ou enfraquecer a mensagem do evangelho.

Paulo contrastou a si mesmo com os comprometedores e adeptos da filosofia de *marketing*, em 2 Coríntios 2.17: "Porque nós não estamos, como tantos outros, mercadejando a palavra de Deus; antes, em Cristo é que falamos na presença de Deus, com sinceridade e da parte do próprio Deus". Os comprometedores são aqueles que vendem um evangelho barato e tentam tomá-lo atraente, despindo-o da ofensa de Cristo. Paulo queria tão somente guardar-se de ser uma pedra de tropeço ou um obstáculo à consciência das pessoas, de forma que a mensagem não adulterada penetrasse em seus corações e realizasse sua obra. Se as pessoas ficassem ofendidas pela mensagem, Paulo não tentava remover a ofensa do evangelho ou abolir o escândalo da cruz e não tolerava os que assim procediam (cf. Gl 5.11). Mas estava disposto a praticar a autonegação e a condescendência, se isso trouxesse oportunidades para a pregação do evangelho.

"CONTEXTUALIZAÇÃO" E A CORRUPÇÃO DA IGREJA

Deve ficar claro que os mercadejadores modernos da igreja não podem olhar para o apóstolo Paulo em busca de aprovação para suas metodologias ou reivindicar que ele foi o pai da filosofia que abraçaram. Embora tenha pregado aos pagãos mais vis do mundo romano, Paulo jamais adaptou a igreja ao gosto da sociedade secular; ele não pensaria em alterar quer a mensagem, quer a natureza da igreja. Cada igreja que ele fundou tinha sua própria personalidade e seus próprios problemas, mas os ensinamentos de Paulo, sua estratégia e, acima de tudo, sua mensagem permaneceram os mesmos por todo o seu ministério. Seu instrumento de ministério, como veremos no próximo capítulo, sempre foi a pregação — a proclamação direta da verdade bíblica.

Em contraste, a "contextualização" do evangelho em nossos dias infectou a igreja com o espírito desta época. Escancarou as portas da igreja para o mundanismo, para a superficialidade e, em alguns casos, para uma grotesca atmosfera de festividade. Agora é o mundo que dita a agenda da igreja.

Isto é claramente demonstrado em um livro escrito por James Davidson Hunter, um professor de sociologia da Universidade de Virgínia. Hunter pesquisou alunos nas faculdades e seminários evangélicos e concluiu que o cristianismo evangélico mudou radicalmente nas últimas três décadas. Ele constatou que os jovens evangélicos tornaram-se mais tolerantes para com atividades outrora vistas como mundanas ou imorais, incluindo o fumar, fazer uso de maconha, assistir filmes de violência e pornografia e sexo antes do casamento. Hunter escreveu:

> Os limites simbólicos que anteriormente definiam a propriedade moral do protestantismo conservador perderam sua clareza. Muitas das distinções que separavam uma conduta cristã da "conduta mundana" foram desafiadas, se não completamente aniquiladas. Até mesmo as expressões *mundano*, *mundanismo*, em uma geração, perderam muito de seu significado tradicional... O significado de mundanismo certamente perdeu sua relevância para as gerações vindouras de evangélicos.[7]

Aquilo que Hunter constatou entre os estudantes evangélicos é um reflexo do que aconteceu com toda a igreja evangélica. Muitos cristãos professos aparentam se importar mais com a opinião do mundo do que com a de Deus. As igrejas manifestam tanta preocupação em agradar os não crentes, que muitas esqueceram que seu primeiro dever é agradar a Deus (2 Co 5.9). A igreja se contextualizou a tal ponto, que se deixou corromper pelo mundo.

POR TODOS OS MODOS SALVAR ALGUNS

O principal alvo de Paulo, em tornar-se escravo de todos, era que estes fossem salvos. Ele não tinha o objetivo de ganhar um concurso de popularidade. Não buscava tornar a si mesmo, ou o evangelho, mais simpático aos homens. Todo o seu propósito era evangelístico. Charles H. Spurgeon, pregando acerca desta passagem, disse:

> Receio haver alguns que pregam com o propósito de *divertir* os homens. E, enquanto os ouvintes puderem ser reunidos em multidão, terem a coceira de seus ouvidos satisfeita e se retirarem contentes com o que ouviram, o pregador fica contente, cruza os braços e volta para casa satisfeito consigo mesmo. Mas o propósito de Paulo não era agradar o público e reunir uma multidão. Se não os pudesse salvar, Paulo achava sem valor o mero interesse deles. A menos que a verdade lhes afligisse o coração, influenciasse suas vidas e os tornasse novas criaturas, Paulo teria ido para casa clamando: "Quem creu em nossa pregação? E a quem foi revelado o braço do SENHOR?"
> Observem, meus irmãos, se eu, ou vocês, ou qualquer um de nós, ou todos nós tivermos passado a nossa vida toda divertindo, educando ou moralizando os homens, quando estivermos diante de Deus, naquele grande dia, estaremos em uma condição muito lamentável e teremos apenas um relatório muito triste a apresentar; pois de que valerá ao homem ser uma pessoa instruída no momento em que for condenado? De que lhe servirá ter sido entretido, se, ao soar a trombeta, ao tremer o céu e a terra e ao abrir-se o abismo com suas mandíbulas cheias de fogo, for engolida a sua alma não salva? De que lhe servirá até mesmo o ter-se tornado um homem moralizado, se for deixado à esquerda do juiz e se o "Apartai-vos de mim, malditos," for a sua porção?[8]

Essa é, precisamente, a minha preocupação com as estratégias contemporâneas de crescimento da igreja caracterizadas pelo pragmatismo. Elas são inventadas com o propósito de atrair os que não frequentam a igreja. Para quê? Para entretê-los? Para que frequentem regularmente as reuniões da igreja? Tornar em "igrejeiros" os que não frequentam a igreja nada realiza de valor eterno. Com frequência, entretanto, é nisso que resulta a estratégia. Ou, então, é mesclada a um evangelho adulterado que erroneamente assegura segurança errada aos pecadores, dizendo que uma "decisão" positiva por Cristo é tão boa quanto uma verdadeira conversão. Multidões que não são cristãos verdadeiros agora se identificam com a igreja. A igreja, portanto, tem sido invadida pelos valores do mundo, pelos interesses do mundo e pelos cidadãos do mundo.

Por todos os meios, devemos buscar a salvação dos perdidos. Precisamos ser servos de todos, condescendentes a cada tipo de pessoa. Para os judeus, devemos nos tornar judeus; para os gentios, devemos nos fazer gentios; para as crianças, precisamos nos portar como crianças; e assim para cada parte da humanidade. Mas não ousemos menosprezar o principal instrumento de evangelismo: a proclamação direta e cristocêntrica da genuína Palavra de Deus. Aqueles que trocam a Palavra por entretenimento ou artifícios descobrirão que não possuem um meio eficaz de alcançar as pessoas com a verdade de Cristo.

5

A Loucura de Deus

Orai sem cessar e pregai a Palavra fiel em termos mais claros do que nunca. Tal conduta talvez pareça a alguns uma espécie de ficar parado e nada fazer, mas a verdade é que isso traz Deus para dentro da batalha; e, quando ELE vem para vingar-se daqueles que desprezam sua aliança, a vitória vem rápida. "Levanta-te, ó Deus, pleiteia a tua própria causa!"

Charles Haddon Spurgeon[1]

As tendências de declínio têm sido contínuas, e não intermitentes, na história da igreja. Não houve ocasião em que o cristianismo bíblico não tenha sido ameaçado com o mundanismo e a doutrina falsa. O século XX apresenta um exemplo particularmente tocante desta verdade. A história do movimento evangélico tem sido neste século, em todo mundo, uma prolongada e frustradora luta contra as influências da teologia liberal e do comprometimento mundano. Começando há mais de cem anos atrás, à época de Spurgeon e *A Controvérsia do Declínio*, o evangelicalismo tem sido constantemente dilacerado e despedaçado pelas mesmas questões que preocupavam Spurgeon.

As primeiras advertências de Spurgeon contra o modernismo e o declínio foram, em grande parte, ignoradas. Porém, na primeira década deste século, ficou evidente que o protestantismo ortodoxo estava perdendo a batalha para o liberalismo. Em 1909, um grupo internacional de líderes cristãos comprometidos com a verdade bíblica começou a escrever e publicar uma série de artigos conhecidos como *Princípios Fundamentais*. A. C. Dixon (assistido por R. A. Torrey e Louis Meyer), pastor da Igreja Memorial de Moody, em Chicago, foi o editor responsável pelos artigos. Em 1911, Dixon foi convidado a pastorear o Tabernáculo Metropolitano, em Londres, a famosa igreja de Spurgeon. Desta forma, o quartel-general da batalha contra o declínio acabou voltando ao lugar onde se originara.

Os artigos chamados *Princípios Fundamentais* foram compilados em doze livros, e a série foi completada em 1915. Financiados por dois empresários da Califórnia, cerca de três milhões de exemplares foram enviados gratuitamente a obreiros cristãos ao redor do mundo. Os artigos forneciam uma defesa bíblica sã com relação às doutrinas essenciais, que na época estavam sendo atacadas pelos teólogos liberais. Os *Princípios Fundamentais* condenavam o "alto criticismo" (que impunha pressuposições humanísticas sobre as doutrinas bíblicas e geralmente resultava em incredulidade). Esses artigos defendiam a inerrância e a autoridade bíblica, a historicidade das Escrituras, a inspiração verbal, a divindade de Cristo, a doutrina do sacrifício vicário e vários outros aspectos da doutrina bíblica. Colaboradores ilustres incluíam homens como B. B. Warfield, J. C. Ryle, G. Campbell Morgan, C. I. Scofield, James M. Gray (presidente do Instituto Bíblico Moody), A. T. Pierson (outro sucessor de Spurgeon no Tabernáculo) e Thomas Spurgeon, filho de Charles.

Esses livros deram origem a um movimento conhecido como *fundamentalismo*. Por volta de 1919, o movimento se tornara uma força reconhecida. Em maio daquele ano, a Conferência Mundial acerca dos Princípios Fundamentais do Cristianismo aconteceu na Filadélfia e foi assistida por mais de seis mil cristãos provenientes de várias denominações. O fundamentalismo parecia ter um futuro brilhante. Mas aquela reunião na Filadélfia provou ser o ponto mais alto do movimento fundamentalista. Antes do final do século, a palavra "fundamentalista" se tornaria uma palavra pejorativa, aplicada mais aos impiedosos aiatolás muçulmanos do que aos verdadeiros homens de Deus. O movimento fundamentalista agora está fragmentado e dividido em pequenas facções. E, como observamos, um novo tipo de modernismo está levando os cristãos ao declínio.

O que aconteceu? Por que o cristianismo bíblico dos tempos modernos tem se mostrado tão vulnerável ao comprometimento doutrinário e à influência mundana?

Um fascinante relato do movimento fundamentalista evangélico, em resumo, encontra-se no livro *Reformando o Fundamentalismo: O Seminário Fuller e o Novo Evangelicalismo*, escrito por George Marsden.2 Ao traçar a história de uma influente instituição de ensino, Marsden narra detalhadamente como o Seminário Fuller comprometeu-se e, por fim, abandonou seu compromisso para com a inerrância bíblica. Aquela escola foi estabelecida com o intuito de oferecer um local de treinamento bíblico conservador, após haverem os seminários denominacionais abraçado o liberalismo ou abandonado a fé. Mas, em poucas décadas, o próprio Seminário Fuller sucumbiu na questão da inerrância bíblica. Por quê? O relato de Marsden revela que muitos dos fundadores e primeiros professores do Seminário Fuller estavam preocupados com a respeitabilidade intelectual e acadêmica. Almejavam que o Seminário Fuller fosse visto pela elite acadêmica com a mesma estima desfrutada pelas escolas denominacionais liberais. Infelizmente, o clima intelectual da época era quase unanimemente simpático ao ceticismo, liberalismo, humanismo e racionalismo subcristão. A própria comunidade da qual os homens de Fuller procuravam ganhar aceitação estava em guerra contra a teologia que o Seminário Fuller tencionava sustentar. A fim de ganhar a estatura que buscavam, os homens do Fuller mostraram-se dispostos a se comprometer. A história dessa escola, portanto, ecoa como uma triste crônica de controvérsia e declínio doutrinário.

Quando a Loucura é Sábia

Seria a respeitabilidade intelectual e acadêmica um alvo digno? Não, se é o mundo quem estipula os padrões que determinam o que é ou o que não é aceitável. "Ninguém se engane a si mesmo: se alguém dentre vós se tem por sábio neste século, faça-se estulto para se tornar sábio. *Porque a sabedoria deste mundo é loucura diante de Deus*" (1 Co 3.18, 19). É tolice buscar a aprovação da sabedoria humana; o alvo, em si mesmo, é incompatível com a integridade bíblica.

O apóstolo Paulo tratou extensivamente desse assunto em sua primeira carta aos coríntios. Percebendo que a verdade bíblica é vista pelo mundo como uma loucura absoluta, Paulo escreveu: "Porque a loucura de Deus é mais sábia do que os homens; e a fraqueza de Deus é mais forte do que os homens" (1 Co 1.25). Até mesmo falar em "loucura de Deus" é chocante, mas Paulo estava usando esta expressão para colocar em foco o conflito entre a filosofia humana e a verdade bíblica. A sabedoria divina nem sempre *aparenta* ser sábia quando avaliada pelos homens. Em uma época pragmática como a nossa, o que é verdadeiro pode estar em conflito com o que funciona; e o que é correto pode ser profundamente diferente daquilo que é aceitável, na avaliação do mundo. Aliás, isso é o que ocorre com frequência. Mas isso não demonstra haver qualquer defeito no evangelho. Pelo contrário, apenas revela a deficiência da sabedoria humana.

Paulo defendeu o evangelho contra a acusação de que ele é inferior à sabedoria humana. O apóstolo não tentou argumentar que a mensagem de Cristo é intelectualmente erudita, nem buscou a apreciação ou a estima dos chamados sábios do mundo. Em lugar disso, admitiu que o evangelho é uma completa loucura aos olhos da sabedoria humana. Ele escreveu:

> Porque não me enviou Cristo para batizar, mas para pregar o evangelho; não com sabedoria de palavra, para que se não anule a cruz de Cristo. Certamente, a palavra da cruz é loucura

para os que se perdem, mas para nós, que somos salvos, poder de Deus. Pois está escrito: Destruirei a sabedoria dos sábios e aniquilarei a inteligência dos entendidos. Onde está o sábio? Onde, o escriba? Onde, o inquiridor deste século? Porventura não tornou Deus louca a sabedoria do mundo? Visto como, na sabedoria de Deus, o mundo não o conheceu por sua própria sabedoria, aprouve a Deus salvar os que creem pela loucura da pregação. Porque tanto os judeus pedem sinais, como os gregos buscam sabedoria; mas nós pregamos a Cristo crucificado, escândalo para os judeus, loucura para os gentios; mas para os que foram chamados, tanto judeus como gregos, pregamos a Cristo, poder de Deus e sabedoria de Deus. Porque a loucura de Deus é mais sábia do que os homens; e a fraqueza de Deus é mais forte do que os homens. Irmãos, reparai, pois, na vossa vocação; visto que não foram chamados muitos sábios segundo a carne, nem muitos poderosos, nem muitos de nobre nascimento; pelo contrário, Deus escolheu as cousas loucas do mundo para envergonhar os sábios e escolheu as cousas fracas do mundo para envergonhar as fortes; e Deus escolheu as cousas humildes do mundo, e as desprezadas, e aquelas que não são, para reduzir a nada as que são; a fim de que ninguém se vanglorie na presença de Deus. Mas vós sois dele, em Cristo Jesus, o qual se nos tornou da parte de Deus sabedoria, e justiça, e santificação, e redenção, para que, como está escrito: Aquele que se gloria, glorie-se no Senhor. Eu, irmãos, quando fui ter convosco, anunciando-vos o testemunho de Deus, não o fiz com ostentação de linguagem ou de sabedoria. Porque decidi nada saber entre vós, senão a Jesus Cristo e este crucificado. E foi em fraqueza, temor e grande tremor que eu estive entre vós. A minha palavra e a minha pregação não consistiram em linguagem persuasiva de sabedoria, mas em demonstração do Espírito e de poder, para que a vossa fé não se apoiasse em sabedoria humana, e, sim, no poder de Deus (1 Co 1.17-2.5).

A Inferioridade da Sabedoria Humana

Lembre-se que Paulo estava ministrando em uma civilização que havia sido trazida ao pináculo da glória sob o império grego e que agora desfrutava de um avivamento da alta cultura sob o governo romano. Os gregos antigos consideravam a filosofia como a maior das realizações humanas e construíram sua sociedade ao redor da mesma. Os gregos cultos levavam sua filosofia a sério. Havia pelo menos cinquenta sistemas filosóficos distintos que competiam um com o outro, em busca de influência e aceitação. Muitos deles eram declaradamente religiosos, explicando a origem humana, a moralidade, os relacionamentos sociais e o destino humano em termos de um panteão de deuses pagãos. Essas filosofias gregas eram muito sofisticadas e se constituíram a base de todas as relações sociais, econômicas, políticas e educacionais. A maioria delas, se não todas, estavam em plena divergência com a verdade revelada das Escrituras.

Resumindo, a sociedade grega cultuava a sabedoria humana. A própria palavra, *filosofia*, significa "amor à sabedoria". Infelizmente, alguns dos convertidos em Corinto se apegaram ao seu amor pela sabedoria humana e tentaram importá-la para dentro da igreja. Evidentemente, pensavam que a sabedoria humana poderia realçar a revelação divina ou adicionar algo àquilo que já possuíam em Cristo. Paulo, para corrigi-los, escreveu o texto que citamos acima.

Paulo incluiu uma admoestação semelhante na epístola aos Colossenses: "Cuidado que ninguém vos venha a enredar com sua filosofia e vãs sutilezas, conforme a tradição dos homens, conforme os rudimentos do mundo e não segundo Cristo" (Cl 2.8). Seu argumento é que os cristãos não têm de buscar a sabedoria humana. Ela não traz qualquer proveito espiritual aos não salvos e nada acrescenta ao que o crente possui. Aliás, a sabedoria humana nada tem a oferecer, senão confusão e divisão.

É importante notarmos que o argumento de Paulo não era contra os fatos naturais ou contra a verdade racional. Ele não estava assumindo uma postura insensata, anti-intelectual. Pelo contrário, o próprio

Paulo costumava apelar às *mentes* de seus discípulos: "Transformai-vos pela renovação da vossa *mente*" (Rm 12.2); "Vos renoveis no espírito de vosso *entendimento*" (Ef 4.23); *"Pensai* nas cousas lá do alto" (Cl 3.2); "Transbordeis de pleno *conhecimento* da sua vontade, em toda a *sabedoria* e *entendimento espiritual* (Cl 1.9). Ele não era um anti-intelectual. Para Paulo, toda a verdade era objetiva, inalterável e infalivelmente revelada por Deus em sua Palavra. Conhecer a verdade requeria estudo, diligência (2 Tm 2.15). Era uma questão de entendimento, não de sentimento (1 Co 14.14-20). A verdade, ele enfatizou, deve ser entendida racionalmente e não discernida por intuição mística (Cf. Lc 24.45). Não conclua que Paulo depreciava a importância da mente.

Paulo também não estava na ofensiva contra a tecnologia e a ciência. Medicina, arquitetura, engenharia, matemática e outras ciências haviam conseguido grandes avanços naquela época, como tem acontecido em nossos dias. Paulo não estava condenando qualquer desses campos do conhecimento em si mesmos. Não estava se opondo contra o aprender e o aplicar os benefícios dados por Deus que procediam das disciplinas científicas. Paulo também não teria feito objeção às novas áreas de conhecimento, tais como a eletrônica ou a tecnologia automotiva. Os crentes podem e devem agradecer a Deus pelas bênçãos que podem usufruir dessas ciências. Desde que sejam usadas adequadamente — ou seja, enquanto não se tornam base de especulação acerca de Deus, do que é certo ou errado, do bem e do mal ou do significado espiritual da vida — as verdadeiras ciências não constituem qualquer ameaça à verdade do evangelho.

Paulo se opôs à sabedoria humana que residia por detrás da filosofia: "Porventura, não tornou Deus louca a sabedoria do mundo?" (1 Co 1.20). Em outro lugar, Paulo escreveu: "Porque a nossa glória é esta: o testemunho da nossa consciência, de que, com santidade e sinceridade de Deus, *não com sabedoria humana, mas, na graça divina,* temos vivido no mundo e mais especialmente para convosco" (2 Co 1.12).

Em contraste com o apóstolo Paulo, o evangelicalismo contemporâneo elevou a opinião humana e a sabedoria mundana e carnal a um nível indevido. Durante a maior parte deste século, a teologia evangélica tem se prostrado no santuário daquilo que é acadêmico, procurando assimilar a teologia secular, a filosofia, a política, a psicologia, o relativismo moral, a teoria da evolução e cada uma das modas acadêmicas. Ao constatarem que essas coisas são incompatíveis com a Bíblia e com a simplicidade do evangelho, os cristãos têm, frequentemente, se mostrado dispostos a torcer e a moldar a verdade divina, fazendo com que esta se encaixe àquelas coisas. Multidões, portanto, têm sido afastadas de uma devoção singular à doutrina bíblica, a fim de abraçarem a sabedoria humana.

Sem dúvida, o anelo pela aceitabilidade intelectual tem conduzido ao declínio líderes cristãos e instituições mais do que qualquer outra força. À busca desse objetivo desnorteado, a igreja mundana tem se mantido zelosamente a um ou dois passos atrás do mundo em seus modismos e sua maneira de pensar. Os evangélicos que regem suas vidas pela Bíblia, portanto, têm necessitado travar uma batalha contínua contra a opinião humana contemporânea.

A determinação de continuar nesta batalha pode estar se enfraquecendo à medida que mais e mais igrejas se conformam ao mundo. Agora é prática costumeira, entre os evangélicos, emprestar psicologia e metodologia do mundo. Alguns pensam que podem adicionar a perspicácia humana às Escrituras e, desta forma, batizar a sabedoria mundana, de forma a torná-la "cristã".

Por outro lado, Paulo não manifestou qualquer disposição de incorporar a sabedoria humana à igreja. Em vez disso, ele a atacou como a um inimigo desprezível: "Porque não me enviou Cristo para batizar, mas para pregar o evangelho; não com sabedoria de palavra, para que se não anule a cruz de Cristo" (1 Co 1.17). "Sabedoria de palavra" vem da expressão grega *sophia logou*. A tarefa de Paulo era pregar a Palavra de Deus, não a sabedoria dos homens.

Agora talvez seja lícito perguntar: é *sempre* errado apelarmos à sabedoria humana, mesmo no contexto evangélico? Afinal, se a nossa tarefa é alcançar o mundo com o evangelho, por que não procurar expressá-lo de forma atraente à mente humana? Paulo responde a essa pergunta dizendo que tentar fazer isto torna vã a cruz de Cristo. E há duas razões por que isso é verdade. Primeira, a mensagem da cruz "é loucura para os que se perdem" (1 Co 1.18). Não podemos torná-la diferente e ainda permanecermos fiéis à Palavra. Segundo, é impossível elevarmos a sabedoria humana sem, com isso, rebaixarmos a verdade divina. A sabedoria humana alimenta a vontade própria, o orgulho intelectual e social, as concupiscências carnais e o desejo de ser independente de Deus. Logo, a sabedoria humana e o evangelho são constitucionalmente incompatíveis. Procure conciliar os dois e, Paulo afirma, você tomará o evangelho nulo e inválido.

A razão pela qual as pessoas gostam de religião sofisticada e moralidade intelectual é o fato de que estas coisas apelam ao ego humano. Ao mesmo tempo, a sabedoria mundana escarnece do evangelho precisamente porque ele confronta a presunção humana. O evangelho exige que as pessoas reconheçam seu pecado e incapacidade espiritual. O evangelho humilha as pessoas, convence-as do pecado, chamando-as de pecadores. Além disso, oferece a salvação como uma obra graciosa de Deus, não algo que alguém possa conquistar por seus próprios esforços. A cruz esmaga completamente o orgulho humano.

A Superioridade da Sabedoria de Deus

A sabedoria humana rejeita a verdade de Deus considerando-a "loucura" (1 Co 1.18). Aqueles que são sábios, de acordo com este mundo, frequentemente empregam termos como "simplista", "irrelevante", "ingênuo", "simples" e até "tolo" para descrever o evangelho, e é exatamente assim que o evangelho aparenta ser para eles. Afinal, pode ter relevância para a humanidade moderna ou para o destino eterno dos homens o fato de Jesus ter sido pregado a um pedaço de madeira, em um monte remoto de uma região árida deste mundo, há séculos atrás? Verdadeiramente não há lugar para as boas obras, para a bondade humana, a benevolência natural ou o mérito religioso? Deus é tão cruel, a ponto de punir os pecadores? Será que, de fato, somos pecadores tão vis? Desta forma raciocina a mente caída.

Por isso, a palavra da cruz é loucura para os que estão perecendo.

Ao falar da "palavra da cruz", Paulo tem em mente a mensagem do evangelho. A cruz é central a tudo que cremos e proclamamos. É preciso lembrar que, antes de ser transformada em peças de joalheria que as pessoas usam como ornamento, a cruz era um vergonhoso instrumento de execução. Era o lugar onde os criminosos mais vis eram torturados e mortos. O que poderia ser mais desprezível do que isso? Mas a essência do argumento de Paulo engloba não apenas a parte da mensagem que diz respeito à cruz, mas toda a verdade salvadora de Deus. A cruz, estando no coração da revelação de Deus, é o alvo central do desprezo humano, mas a verdade divinamente revelada é considerada "loucura" pelo mundo e está sujeita ao escárnio da sabedoria deste mundo.

Paulo confrontou a sabedoria humana no Areópago, em Atenas, logo antes de chegar a Corinto (At 17.18-21) — ver capítulo 7. Os intelectuais atenienses o desdenharam quanto à ressurreição (At 17.32). Ele sabia que enfrentaria o mesmo em Corinto, cidade conhecida por sua devoção à filosofia mundana, ao prazer terreno e aos apetites carnais. Um perito em *marketing* provavelmente teria sugerido a Paulo que mudasse sua técnica de abordagem, adaptasse sua mensagem, amenizasse os pormenores que sabia ofenderiam as pessoas, falasse aos coríntios a respeito de coisas que, naquele momento, parecessem mais relevantes, tanto à vida quanto aos interesses deles. Mas Paulo "decidiu nada saber entre vós [eles] senão a Jesus Cristo, e este crucificado" (1 Co 2.2). Ele não mudaria sua mensagem para satisfazer os coríntios. Estes tinham opiniões humanas e filosofia terrena suficientes, sem que Paulo lhes acrescentasse mais. Eles precisavam da mensagem profundamente simples, porém simplesmente profunda, da cruz.

SABEDORIA HUMANA VERSUS LOUCURA DE DEUS

Embora a mente natural veja a cruz como ofensiva e tola, "para nós, que somos salvos, [é o] poder de Deus" (1 Co 1.18). A cruz é o ápice da sabedoria divina e a demonstração de sua superioridade. A sabedoria divina derrota a sabedoria humana em vários aspectos.

A Sabedoria Humana é Temporária; A Sabedoria Divina é Eterna

"Destruirei a sabedoria dos sábios e aniquilarei a inteligência dos entendidos" (v. 19) é uma citação tirada de Isaías 29.14. Neste trecho de 1 Coríntios, Paulo dispara uma série de perguntas que ridicularizam a sabedoria humana: "Onde está o sábio? Onde, o escriba? Onde, o inquiridor deste século? Porventura, não tomou Deus louca a sabedoria do mundo?" (v. 20). Em essência, o apóstolo está perguntando: "Onde estão as pessoas que conseguiram refinar o conhecimento humano, ao ponto de reivindicar superioridade em relação a Deus?" A sabedoria humana conseguiu eliminar as guerras, a fome, o crime, a pobreza ou a imoralidade? A que ponto os argumentos perspicazes e a magnífica retórica trouxeram a humanidade? As pessoas estão em situação melhor por causa deles ou simplesmente mais conformadas e complacentes? A sabedoria humana nada mudou. A vida está cheia dos mesmos problemas e dilemas que sempre assolaram a raça humana.

As opiniões humanas são frequentemente contraditórias, estão sempre mudando e, algumas vezes, saindo de moda somente para voltar à tona em outra geração. Por haver rejeitado a autoridade divina, a sabedoria reciclada deste mundo não possui uma âncora para mantê-la firme.

A Sabedoria Humana é Impotente; A Sabedoria Divina é Poderosa

Paulo salienta, nos versículos 21 a 25, que a sabedoria do mundo é espiritualmente ineficaz. Não consegue melhorar a natureza humana ou levar as pessoas a aproximarem-se de Deus.

A igreja contemporânea precisa desesperadamente reconhecer esta verdade. Todos os filósofos, intelectuais, sociólogos, antropólogos, psicólogos, políticos e outras pessoas sábias, juntas, nunca conseguiram encontrar solução para a problemática do pecado ou jamais conseguiram trazer o homem para mais perto de Deus. Nossa espécie está em pior situação hoje do que jamais esteve, com maiores índices de suicídio, ameaça de guerra nuclear, níveis epidêmicos de frustração, confusão, depressão e devassidão. A sabedoria humana de nossa época está tão falida quanto todas as filosofias da antiga Corinto, e talvez até mais.

A verdade é que a sabedoria e a filosofia humana tendem a agravar o estado da humanidade, não o melhorar. Os problemas contemporâneos, tais como guerras, racismo, alcoolismo, crimes, divórcio, drogas e pobreza, todos atestam isso. Estas coisas são diagnosticadas universalmente como males, mas continuam a crescer mais amplamente e mais seriamente à medida em que não se acha a cura. E, quanto mais o mundo depende da sabedoria humana, tanto mais esses problemas se agravarão.

Existe uma solução? Certamente: "Aprouve a Deus salvar os que creem pela loucura da pregação" (v. 21). "Pregação" é a palavra grega *kêrugma*. Enfatiza tanto *a mensagem* quanto o *método* através do qual Deus escolheu, como meio primordial, salvar as pessoas, ou seja, a simples proclamação do evangelho. A Nova Versão Internacional diz: "Agradou a Deus salvar aqueles que creem por meio da loucura da pregação". Os que desejam colocar a dramatização, a música e outros meios mais sutis no lugar da pregação deveriam levar em conta o seguinte: Deus, *intencionalmente,* escolheu uma mensagem e uma metodologia que a sabedoria deste mundo considera como loucura. O termo grego traduzido por "loucura" é *mõria,* de onde o idioma inglês tira a sua palavra *moronic* (imbecil). O instrumento que Deus utiliza para realizar a salvação é, literalmente, imbecil aos olhos da sabedoria humana. Mas é a única estratégia de Deus para proclamar a mensagem.

"Para nós, que estamos sendo salvos, é o poder de Deus" (1 Co 1.18- NVI). Os que abrem mão da sabedoria humana em favor da loucura divina recebem vida eterna. Essa "loucura" é a única esperança de todas as pessoas. O evangelho simples, portanto, supre tudo o que a complexa sabedoria humana sempre buscou. "Se alguém dentre vós se tem por sábio neste século, faça-se estulto para se tornar sábio" (1 Co 3.18).

Observe que Deus não *espera* que as pessoas cheguem ao conhecimento da verdade através da engenhosidade humana. *Ele* escolheu a loucura da pregação. As pessoas não podem chegar a Deus através do uso de seu próprio raciocínio ou serem conduzidas até Ele através da manipulação. Mas "aprouve a Deus salvar os que creem pela loucura da pregação" (1 Co 1.21). Este é o plano divino, estabelecido "na sabedoria de Deus".

Paulo não estava argumentando em favor de uma pregação tola. Simplesmente destacou o fato que a pregação do evangelho é louca *conforme a sabedoria humana*. Aqueles que promovem os princípios de *marketing* no ministério da igreja sugerem que, se as pessoas não querem pregação, devemos dar-lhes o que desejam. E qual é a opinião de Paulo quanto a isso?

Paulo foi inequívoco: "Porque tanto os judeus pedem sinais, como os gregos buscam sabedoria; *mas nós pregamos a Cristo crucificado*, escândalo para os judeus, loucura para os gentios" (1 Co 1.22, 23). Os judeus querem um sinal? Por que não lhes dar? Os gregos amam a filosofia; por que não moldar a mensagem em um diálogo filosófico? Afinal, este não é o mesmo apóstolo que disse: "Fiz-me tudo para com todos"? Mas aqui também percebemos que, embora Paulo esteve disposto a se tornar servo de todos, ele *não* se dispôs a modificar a mensagem ou alterar o desígnio de Deus quanto à pregação do evangelho. Paulo não se dispôs a alimentar as preferências da sabedoria humana, realizando sinais a fim de satisfazer as exigências dos que gostavam de algo sensacional; nem amoldou a mensagem em termos filosóficos, para agradar os mais intelectuais. Em lugar disso, Paulo pregou a Cristo crucificado, uma pedra de tropeço para os judeus incrédulos e loucura para os gregos filosóficos.

Os judeus queriam ver demonstrações de poder; os gregos queriam ouvir sabedoria. Somente aqueles que responderam à loucura da mensagem pregada encontraram ambos: "Mas para os que foram chamados, tanto judeus como gregos, pregamos a Cristo, *poder* de Deus e *sabedoria* de Deus" (1 Co 1.24). Ironicamente, e tragicamente, aquilo que a sabedoria humana considera louco e fraco é a expressão mais cristalina possível do poder e da sabedoria de Deus. "Porque a [assim chamada] loucura de Deus é mais sábia do que os homens; e a [suposta] fraqueza de Deus é mais forte do que os homens" (1 Co 1.25).

A Sabedoria Humana é para a Elite; A Sabedoria de Deus é para Todos

Paulo conhecia muito bem os membros da igreja de Corinto. Por isso, recordou-lhes que pouquíssimos dentre eles haviam alcançado um status nobre no mundo: "Irmãos, reparai, pois, na vossa vocação; visto que não foram chamados muitos sábios segundo a carne, nem muitos poderosos, nem muitos de nobre nascimento; pelo contrário, Deus escolheu as cousas loucas do mundo para envergonhar os sábios e escolheu as cousas fracas do mundo para envergonhar as fortes" (1 Co 1.26, 27). Prosseguindo com o contraste duplo, louco/sábio e fraco/forte, Paulo salientou que poucos cristãos em Corinto eram altamente instruídos, poderosos, ricos ou famosos. E, é claro, aqueles poucos que assim eram tinham perdido muito do seu status quando se tornaram cristãos.

O poder de Deus se aperfeiçoa na fraqueza humana (2 Co 12.9). A sabedoria de Deus parece loucura aos padrões humanos. Contudo, Deus usa a loucura deste mundo para envergonhar os sábios; as coisas fracas para envergonhar os poderosos; as humildes para envergonhar os orgulhosos; as desprezadas para envergonhar os eminentes (1 Co 1.27, 28). Nossa tendência é pensar que Deus precisa se utilizar de intelectuais para ganhar outros intelectuais. Mas o fato é que ninguém é ganho para Cristo por meio de proeza ou destreza intelectual. Aqueles que estão à busca de algo que lhes impressione intelectualmente considerarão a mensagem como loucura. Por outro lado, aqueles que já sondaram as profundezas da sabedoria mundana e a perceberam vazia, não precisam de um argumento impressionante para convencê-los do evangelho. Conheço médicos e professores de universidade que foram ganhos para Cristo por faxineiros e biscateiros. Foi desta forma que Deus arquitetou o evangelho, "a fim de que ninguém se vanglorie na presença de Deus" (1 Co 1.29).

A Sabedoria Humana Exalta o Homem; A Sabedoria Divina Glorifica a Deus

"É, porém, por iniciativa dele que vocês estão em Cristo Jesus, o qual se tomou sabedoria de Deus para nós, isto é, justiça, santidade e redenção, para que, como está escrito: 'Aquele que se gloria, glorie-se no Senhor'" (1 Co 1.30, 31 - NVI). A salvação é uma obra efetuada totalmente por Deus. "Porque pela graça sois salvos, mediante a fé; e isto não vem de vós, é dom de Deus; não de obras, para que ninguém se glorie. Pois somos feitura dele" (Ef 2.8-10). "Onde está, então, o motivo de vanglória? É excluído. Baseado em que princípio? No da obediência à lei? Não, mas no princípio da fé. Pois sustentamos que o homem é justificado pela fé, independente da obediência à lei" (Rm 3.27,28 - NVI). "Aquele, porém, que se gloria, glorie-se no Senhor" (2 Co 10.17).

A sabedoria humana deseja inventar um caminho para a salvação, no qual as pessoas tenham o mérito. Se não podem receber todo o mérito, acabam se contentando em ter uma parcela dele. Mas, no plano de Deus, nenhum salvo tem de que se gloriar. Isso acontece porque Deus realiza tudo em favor dos que Ele salva. Estes nada contribuem. Deus os escolhe, chama e atrai, capacitando-os a crer. Em sua vontade soberana, e não na resolução humana ou na decisão humana, Deus até determina *quem* será salvo. Tudo é "por iniciativa *dele*" (1 Co 1.30 - NIV). Nenhum aspecto da salvação depende de qualquer bem que existe no crente. Mas "Cristo Jesus [se nos torna]... da parte de Deus sabedoria, e justiça, e santificação, e redenção" (1 Co 1.30).

No capítulo 8 examinaremos mais cuidadosamente o soberano papel de Deus na salvação. Note, entretanto, que a essência da obra de Deus é vista através de nossa união com Cristo. Deus não apenas nos *dá* sabedoria, justiça, santificação e redenção. Antes, Ele nos coloca "em Cristo

Jesus, o qual se *nos tornou* da parte de Deus sabedoria, e justiça, e santificação, e redenção" (v. 30). Deus nos une soberanamente com Cristo, de modo que tudo que Ele é se torna nosso.

Observe a perfeita suficiência da obra salvadora de Deus. Sabedoria, justiça, santificação e redenção. Há algo mais que precisamos além do que já nos foi dado em Cristo? É certo que não. Aliás, qualquer tentativa de aumentarmos o que Deus fez em nosso favor somente anula a sua graça (cf. Gl 2.21). Qualquer esforço para somarmos alguma coisa ao perfeito dom divino apenas o diminui (Tg 1.17). Qualquer proposta de ampliarmos a sabedoria de Deus com perspicácia terrena apenas deforma sua perfeição absoluta. Jamais poderíamos melhorar a Cristo e a sua Palavra.

Ao contrário da sabedoria humana, que exalta o pecador, a sabedoria divina glorifica a Deus. "Como está escrito: Aquele que se gloria, glorie-se no Senhor" (1 Co 1.31). Em outra carta, Paulo escreveu: "Mas longe esteja de mim gloriar-me, senão na cruz de nosso Senhor Jesus Cristo, pela qual o mundo está crucificado para mim, e eu, para o mundo" (Gl 6.14).

Não devemos nos admirar do fato que Paulo estava decidido a nada saber, exceto a Jesus Cristo crucificado (1 Co 2.2). Por que haveria ele de discursar sobre filosofia ou pontos de vistas? Essas coisas nada têm a oferecer. Mas Jesus Cristo — o Salvador e redentor crucificado e ressurreto — oferece a única esperança verdadeira para o mundo. O pregador fiel — aliás, cada discípulo verdadeiro — tem de asseverar, perante um mundo incrédulo, que Jesus Cristo é o único caminho, a única verdade, e verdadeira vida (cf. Jo 14.6). Se procurarmos ganhar o mundo com entretenimento, ou com argumentação inteligente, ou com credenciais acadêmicas, ou ainda com sabedoria mundana, fracassaremos e, em última análise, enganaremos as pessoas.

Paulo afirmou aos coríntios: "Minha mensagem e minha pregação não consistiram de palavras persuasivas de sabedoria, mas consistiram de demonstração do poder do Espírito, para que a fé que vocês têm não se baseasse na sabedoria humana, mas no poder de Deus" (1 Co 2.4,5 - NVI). Se Paulo os tivesse ganho por meio de erudição, ou de linguagem habilidosa, ou de um discurso dinâmico, a confiança deles teria sido mal empregada.

Lembre-se: Paulo chegou a Corinto após ter sido açoitado e aprisionado em Filipos, expulso de Tessalônica e Beréia e escarnecido em Atenas (At 16.22-24; 17.10, 13, 14, 32). Ele estava consciente de que Corinto era uma cidade moralmente corrupta — um centro de vida desregrada e prostituição. A cidade retratava estilo de vida pagão. Paulo poderia ter sido tentado a ser menos confrontador, talvez a realizar seu ministério de maneira diferente e a amenizar a ofensa da cruz. Mas declara explicitamente que resolveu não fazer qualquer dessas coisas. A "mensagem e... pregação" de Paulo "não consistiram de palavras persuasivas de sabedoria" (1 Co 2.4). Ele não estava interessado em mudar a mente das pessoas; desejava que Deus transformasse a vida delas. Não tinha uma mensagem própria para proclamar; fora chamado a pregar o evangelho. E foi isso que tornou o seu ministério tão poderoso.

Em 1871, Charles Spurgeon disse em um de seus sermões:

> Jesus Cristo é tornado, da parte de Deus, sabedoria para nós. Não mais procuramos sabedoria nos pensamentos que procedem da mente humana, mas olhamos para Cristo; não esperamos adquirir a sabedoria através da cultura do homem, mas esperamos ser tornados sábios através de nos assentarmos aos pés de nosso Mestre, aceitando-O como a sabedoria do próprio Deus.

Então, ele acrescentou a seguinte observação irônica, que prenunciou sua postura em anos mais tarde, durante *A Controvérsia do Declínio*:

> O que está acontecendo agora também ocorreu nos dias dos apóstolos. Há aqueles que afirmam que o evangelho (o evangelho simples, como o que provavelmente foi pregado por John Bunyan, Whitfield, Wesley e outros) foi proveitoso para muitos, na época de obscuridade em que viveram, podendo ajudar e melhorar a grande massa da humanidade.

Mas, hoje, de acordo com os sabichões deste século intensamente iluminado, procura-se uma teologia mais progressiva, mais avançada do que o evangelismo que agora é tão amplamente ridicularizado. Homens de inteligência, cavalheiros de pensar profundo, devem nos ensinar doutrinas que eram desconhecidas para nossos pais; devemos continuar aprimorando nosso conhecimento da verdade divina, até deixarmos para trás os apóstolos Pedro e Paulo e todos aqueles velhos dogmáticos. Ninguém pode imaginar quão sábios nos tornaremos.

Irmãos, nossas mentes abominam isso; odiamos essa conversa acerca de progresso e pensar profundo; gostaríamos apenas de conhecer a Cristo tanto quanto O conheciam os pregadores de outrora. Receamos que as especulações e as contemplações dos escribas, antigos e modernos, e as descobertas dos intelectuais e ecléticos, ao invés de tornarem mais intensa a luz, através dos pensamentos de homens, têm tornado as trevas mais negras, extinguindo um pouco da luz que havia no mundo. Novamente cumpriu-se a Escritura: "Destruirei a sabedoria dos sábios, e aniquilarei a inteligência dos entendidos. Onde está o sábio? Onde, o escriba? Onde, o inquiridor deste século? Porventura não tornou Deus louca a sabedoria do mundo?"[3]

Com frequência, Deus tem tornado louca a sabedoria do mundo. Contudo, a igreja tem reiteradamente sido cortejada pela ideia de que a sabedoria deste mundo possui algum valor, alguma utilidade, e, por isso, precisamos conhecê-la melhor, a fim de podermos ministrar com eficácia. Paulo sabia que isto não era assim. Homens de Deus, através dos séculos, têm sempre reconhecido não ser isto verdade. Nossa fé não pode se apoiar na sabedoria de homens, mas tão somente no poder de Deus (1 Co 2.5).

6

O Poder de Deus para a Salvação

Quando o evangelho é pregado completa e poderosamente e o Espírito Santo é enviado dos céus, nossas igrejas não apenas retêm os seus, mas ganham outros convertidos; mas, quando desaparece aquilo que constitui a força da igreja — ou seja, ao ser encoberto o evangelho e menosprezada a vida de oração — tudo se transforma em mera aparência e ficção. Por isso, nosso coração fica machucado de tristeza.

Charles Haddon Spurgeon [1]

Um livro recente, do gênero "amigável", inclui uma seção intitulada "Tempos Diferentes Exigem Mensagens Diferentes". Esse título chamou-me a atenção, então resolvi lê-lo. O autor — pastor de uma grande igreja, do tipo "amigável" — diz que os tempos modernos têm devastado tão profundamente a autoestima das pessoas que agora elas precisam ouvir uma mensagem diferente daquela que era apropriada para cem anos atrás. Ele escreve:

Em épocas passadas, o espírito humano era bem mais forte do que hoje. Assim como o alto preço do sonho americano, a modernidade tem exigido muito do espírito humano. O *stress* da vida moderna tem exercido um impacto grandemente negativo sobre a autoestima do homem moderno.

A consequência disso é que existe um alto nível de fragilidade no ego do homem contemporâneo. A geração do pós-guerra, em particular, tem sido fragmentada e estraçalhada pelo ritmo acelerado do desenvolvimento atual. É por este motivo que nossa geração do pós-guerra se encontra num estado tão frágil.

Você já gastou tempo lendo mensagens pregadas por alguns dos grandes pregadores do século XIX? Se já o fez, provavelmente terá percebido que [os homens daquela época] falavam a um público diferente do nosso e se dirigiam a esse público de forma bastante diferente. Por causa dessas diferenças, discordo daqueles que dizem que tais mensagens são propícias à nossa época.

Pode notar que as pessoas de nossa cultura estão com seus corações profundamente partidos e feridos. Necessitam desesperadamente serem curadas e recompostas. Mas o processo de cura, creio eu, é diferente para cada época e cada geração, incluindo esta em que vivemos.

Sim, épocas diferentes requerem mensagens diferentes.[2]

Este autor é bem claro em externar seu ponto de vista. Admite francamente acreditar que a pregação deve se amoldar ao espírito da época. (Seu livro também traz o endosso incondicional de vários dos principais líderes do movimento da igreja "amigável", do movimento de *marketing* na igreja e do movimento de crescimento de igreja.) Como é que esse pastor, então, pensa que devemos determinar qual é a mensagem adequada para nossos dias?

Ele fornece uma lista de sugestões aos pregadores de hoje:

1. Tenha um pequeno grupo de pessoas que entregue regularmente uma lista de seus maiores desafios, tanto em casa como no trabalho.
2. De forma semelhante, faça um levantamento das necessidades de várias pessoas não-crentes de sua comunidade.
3. Leia, periodicamente, exemplares das revistas *Veja, Isto é e Time*, visto que essas publicações tendem a identificar quais as necessidades e os temores sentidos pelas pessoas na vida diária.
4. Tenha alvos práticos para cada estudo, mensagem ou programa de sua igreja.
5. Componha títulos práticos e atraentes para suas mensagens, a partir de vários textos bíblicos.
6. Limite sua pregação a aproximadamente 20 minutos, uma vez que a geração do pós-guerra não tem tempo de sobra. E não se esqueça de manter suas mensagens brandas e informais, regando-as liberalmente com humor e anedotas pessoais.[3]

Essa lista é uma receita para a pregação fraca e insípida. Também opõe-se diametralmente ao ministério bíblico.

Em uma portentosa crítica ao movimento de *marketing* na igreja, Douglas D. Webster compara a pregação bíblica com os métodos da filosofia "amigável":

> A pregação bíblica era teocêntrica, revelava o pecado, tocava no ego e transformava vidas; era completamente o oposto dos sermões rápidos e informais de hoje que cristianizam a autoajuda e servem mais para entreter do que convencer do pecado.
> Há tantas ilustrações nos sermões de hoje (sensíveis ao "mercado"), que o ouvinte se esquece da verdade bíblica que está sendo ilustrada; tantos casos pessoais, que o povo conhece mais o pastor do que a Cristo; tantas histórias de interesse humano, que ouvir o sermão é mais fácil do que ler o jornal de domingo; são tão práticos, que não há quase nada a ser praticado.

Não devemos nos admirar do fato que os cristãos nominais deixam a igreja sentindo-se bem. Sua autoestima foi preservada intacta. Seus corações e suas mentes foram acalmados com a teologia superficial, com máximas cristãs e algumas outras questões práticas relacionadas a autoestima, filhos ou trabalho. Mas permanece a questão: a Palavra de Deus estaria sendo pregada de modo fiel e eficaz, penetrando, com a verdade de Jesus Cristo, em áreas nas quais o ouvinte sente-se confortável e retirando-lhe a máscara de auto-satisfação?[4]

A verdade é que ninguém pode seguir uma estratégia orientada por *marketing* e permanecer fiel às Escrituras. Os pregadores que se interessam pela filosofia da igreja "amigável" não podem proclamar com ousadia todo o desígnio de Deus. Aqueles que almejam pregar uma mensagem conveniente à nossa época perceberão que estão em discordância com a eterna verdade da Bíblia. Os pastores que são orientados pelos jornais do dia, em vez de seguir os conselhos da Palavra de Deus, logo descobrirão que a mensagem que parecia tão importante na semana passada hoje é irrelevante. Pregações que se utilizam dos assuntos efêmeros de nossa época para camuflar o evangelho ocultam a própria força que torna verdadeiramente poderosa a boa pregação do evangelho. Afinal de contas, as nossas histórias, aplicações, técnicas, brincadeiras, títulos atraentes, esboços talentosos ou outros artifícios não são "o poder de Deus para a salvação" (Rm 1.16); o poder de Deus é o evangelho.

FUI SEPARADO PARA O EVANGELHO

A carta de Paulo aos Romanos é uma exposição bem elaborada do evangelho, quase no estilo ponto por ponto. No primeiro versículo da carta, Paulo descreve a si mesmo como "separado para o *evangelho* de Deus". O evangelho era o alicerce do ministério de Paulo, e, na carta aos Romanos, ele faz uma apresentação minuciosa e clara do mesmo. Paulo escreve acerca da ira de Deus e do pecado do homem (capítulos 1-3), da justificação e da justiça imputada (3-5), da santificação e da retidão prática (6-8), da eleição de Israel e rejeição de Cristo por parte dos judeus (9-11), e, do capítulo 12 até o final da carta, faz aplicações práticas de várias verdades do evangelho. O evangelho é o tema desenvolvido por Paulo em toda a epístola aos Romanos, e uma das razões por que ele a escreveu parece ter sido mostrar-lhes a centralidade do evangelho em toda vida e ministério cristãos.

Ao falar de "o evangelho", temos a tendência de pensar em uma mensagem evangelística — e, com certeza, o evangelho é isso. Mas não é apenas um esboço com quatro ou cinco pontos acerca das verdades salvadoras. O *evangelho*, no sentido que Paulo e os demais apóstolos empregaram o termo, incluía todas as verdades reveladas a respeito de Cristo (cf. Rm 1.1-6; 1 Co 15.3-11). O evangelho não se limita à conversão e à justificação pela fé, mas engloba todos os outros aspectos da salvação, desde a santificação à glorificação. Portanto, a importância do evangelho não cessa no momento em que ocorre o novo nascimento; aplica-se a toda experiência cristã. E, quando Paulo e outros autores do Novo Testamento falavam acerca de "pregar o evangelho", não estavam se referindo a pregar somente para os incrédulos (cf. Rm 1.15).

Todo o ministério da igreja, em seus primórdios, concentrou-se no evangelho. Ninguém teria sugerido um debate acerca de política, um programa de perda de peso, uma comédia, uma peça teatral, um seminário a respeito de como ensinar os filhos a largarem as fraldas ou um curso para executivos sobre como administrar o tempo com eficiência, tendo em vista aumentar a frequência à igreja. A igreja e todos os seus ministros tinham um só objetivo em mente e estavam comprometidos com a singular tarefa de fortalecer os crentes, a fim de que estes propagassem o evangelho no mundo.

O compromisso pessoal de Paulo para com o evangelho como o âmago de seu ministério é visto claramente no início da carta aos romanos, onde ele expressa seu desejo de ir a Roma e ministrar aos santos ali. Paulo queria muito ir a Roma. Ele não tencionava ir lá para renovar antigos relacionamentos, embora tivesse vários bons amigos que faziam parte daquela igreja local. Nem estava interessado em ministrar a uma de "suas" igrejas, pois não fundara a igreja em Roma. E, também, sua ida a Roma não seria um meio de escapar da perseguição em outros lugares, pois certamente seria alvo de ataques em uma cidade que militava em oposição ao cristianismo. A paixão de Paulo, entretanto, era pregar o evangelho, e ele não conseguia esperar até fazê-lo também em Roma, o centro do mundo civilizado.

SIRVO A DEUS ATRAVÉS DA PREGAÇÃO DO EVANGELHO

Paulo escreve: "Primeiramente, dou graças a meu Deus, mediante Jesus Cristo, no tocante a todos vós, porque em todo o mundo é proclamada a vossa fé. Porque Deus, a quem sirvo em meu espírito, no evangelho de seu Filho, é minha testemunha de como incessantemente faço menção de vós em todas as minhas orações, suplicando que, nalgum tempo, pela vontade de Deus, se me ofereça boa ocasião de visitar-vos" (Rm 1.8-10) . Nesses breves versículos, há um tesouro de verdades espirituais acerca do ministério bíblico, e já comentei a respeito disso, com mais profundidade, em outro livro.[5] Aqui desejo focalizar uma pequena frase do versículo 9: "Deus, a quem sirvo em meu espírito, no evangelho de seu Filho".

Paulo considerava a pregação do evangelho um ato de adoração espiritual. "Sirvo" é uma tradução da palavra grega *latreuõ*, a mesma palavra traduzida por "adoramos" em Filipenses 3.3: "Porque nós é que somos a circuncisão, nós que adoramos a Deus no Espírito, e nos gloriamos em Cristo Jesus, e não confiamos na carne". Paulo "serviu" (adorou, cultuou) a Deus, em seu espírito, através da pregação do evangelho. Em outras palavras, Paulo encarava seu ministério como sendo semelhante ao de um sacerdote diante de Deus, realizando uma tarefa nobre e santa: "Se anuncio o evangelho, não tenho de que me gloriar, pois sobre mim pesa essa obrigação, porque ai de mim *se* não pregar o evangelho!" (1 Co 9.16). Contudo, não era apenas uma obrigação; era um imenso privilégio — "Estou pronto a anunciar o evangelho também a vós outros" (Rm 1.15).

O intenso desejo de Paulo quanto a servir a Deus transbordava de seu espírito desde o momento de sua salvação. Sua primeira pergunta, como cristão, foi: "que farei, Senhor?" (At 22.10). Seu coração e suas forças estavam centradas na pregação, e ele fez isso com toda a sua alma.

Observe que a preocupação de Paulo era o bem-estar *espiritual* daqueles a quem ele ministrava: "Porque muito desejo ver-vos, a fim de repartir convosco algum dom espiritual" (Rm 1.11). Paulo não desejava visitar Roma como um turista. Não tinha interesse em entreter os crentes de Roma ou em verificar quantos incrédulos era capaz de atrair às reuniões daquela igreja. Ele não estava pensando em sua própria recompensa, reputação ou remuneração. Queria se gastar em prol do benefício espiritual deles.

Que "dom espiritual" Paulo tencionava repartir com os romanos? Ele não estava falando a respeito de dons espirituais no sentido daqueles alistados em 1 Coríntios 12 e Romanos 12. Tais dons são concedidos pelo Espírito Santo a todo crente (1 Co 12.7-11) e não transmitidos de pessoa a pessoa. Paulo estava falando de um dom de valor espiritual, algo que os ajudasse a serem "confirmados". O que ele tinha em mente envolvia o anunciar-lhes o evangelho (cf. Rm 1.15). Desejava encorajá-los com as riquezas da verdade do evangelho e, como retorno disso, ser encorajado pela fé deles nessa verdade: "Para que, em vossa companhia, reciprocamente nos confortemos por intermédio da fé mútua, vossa e minha" (Rm 1.12).

Portanto, a preocupação que Paulo carregava em seu coração quanto à igreja em Roma estava ligada a seu desejo de servi-los através da pregação e da ministração do evangelho. Finalmente, Paulo chegou em Roma, mas a um preço bastante alto. Foi levado para lá acorrentado, preso por guardas romanos. Porém, ainda que, ao escrever aos romanos, ele já soubesse o que a sua ida a Roma lhe haveria de custar, seu desejo de anunciar-lhes o evangelho não teria diminuído nem um pouco. Afinal de contas, Paulo viajou para Jerusalém sabendo que ali seria aprisionado (At 21.10-15). Quando os irmãos procuraram de toda forma demovê-lo da ideia de ir a Jerusalém, ele respondeu: "Que fazeis chorando e quebrantando-me o coração? Pois estou pronto não só para ser preso, mas até para morrer em Jerusalém pelo nome do Senhor Jesus" (At 21.13).

Paulo teria ido voluntariamente a Roma, debaixo das mesmas circunstâncias — o que, por fim, acabou fazendo. Estando em Roma, escreveu aos filipenses: "Todos vos saúdam, especialmente os da casa de César" (Fp 4.22). Ao escrever estas palavras, ele estava em prisão domiciliar, aguardando o veredicto da corte imperial. Embora se encontrasse em circunstâncias tão carregadas de provação, Paulo continuava pregando com fidelidade o evangelho. Evidentemente, levara alguns da própria casa de César a conhecerem Cristo como seu salvador pessoal.

É óbvio que a proclamação do evangelho impulsionava o apóstolo Paulo. Por isso, ele falou de si mesmo como "separado para o evangelho de Deus" (Rm 1.1). Paulo não conhecia outro tipo de ministério.

SOU DEVEDOR A TODOS OS PERDIDOS

Paulo escreveu: "Pois *sou devedor* tanto a gregos como a bárbaros, tanto a sábios como a ignorantes" (Rm 1.14). Ele não pregou o evangelho apenas por razões pessoais ou porque o chamado para fazê-lo parecia atraente. Considerava-se debaixo de uma obrigação.

À época de sua conversão, Paulo era o oponente mais determinado da igreja. Odiava a Cristo e aos cristãos. Quando Estevão, o primeiro mártir, foi apedrejado, Paulo, estando presente, "consentia na sua morte" (At 8.1). Depois de ter sido salvo, o zelo de Paulo por Cristo foi ainda maior do que anteriormente fora o de perseguir os cristãos. Esse versículo nos revela o motivo deste zelo. O seu ponto de vista era que, tendo Deus escolhido e chamado um inimigo como ele — "o principal dos pecadores" (1 Tm 1.15), ele estava, por isso, obrigado a pregar o evangelho aos outros pecadores. Paulo estava certo de que havia sido soberanamente designado para essa função e sentia-se obrigado a desempenhá-la.

Todos os que cremos no evangelho estamos sob a mesma obrigação. Primeiro, como já dissemos antes, o próprio Cristo ordena que preguemos o evangelho (Mc 16.15). E, segundo, nós que conhecemos o caminho para a vida eterna temos uma obrigação para com os incrédulos, no mesmo sentido em que estamos sob responsabilidade de avisar alguém cuja casa esteja incendiando ou em que estamos moralmente obrigados a dar água a alguém que esteja morrendo de sede.

Paulo sentia-se devedor tanto aos judeus quanto aos gentios, tanto aos cultos quantos aos bárbaros. Ele não procurou alcançar apenas as pessoas jovens mais culturalmente preparadas e de *status* elevado, ignorando os escravos e párias da sociedade. Pregou o evangelho a todos, pois estava obrigado a todos. "Porque para com Deus não há acepção de pessoas" (Rm 2.11); por isso Paulo não se deixava levar pela opinião dos outros.

Em contraste com isso, o *"marketing* do público-alvo" é um conceito-chave no movimento de igrejas "amigáveis". George Barna escreveu:

> Para fazer com que o *marketing* de seu produto seja bem-sucedido, você tem de identificar o público-alvo. E a chave para a identificação desse mercado — por vezes chamado de *"marketing* do público-alvo" — é ser o mais específico possível no selecionar um auditório a quem será colocado o produto. Ao combinar o apelo de seu produto aos interesses e necessidades de um público específico, você pode se concentrar em oferecer seu produto a seus melhores clientes em potencial, sem desperdiçar recursos com pessoas que não necessitam ou não têm interesse por seu produto... Ao conhecer o mercado, o produto pode ser desenvolvido de modo a atender as necessidades especiais daquele mercado, e todo o esforço de *marketing* pode ser planejado com a máxima eficiência.[6]

Em outras palavras, decida a quem você deverá ministrar, molde o seu "produto" de forma a se adequar àquele público e não "desperdice recursos" com pessoas que não fazem parte de seu público-alvo.

Por que você supõe que a maior parte das igrejas "amigáveis" identifica seu "público-alvo" como sendo os jovens profissionais dos bairros nobres ou outros grupos abastados? Por que há tão poucas igrejas estipulando o alvo de alcançar os pobres, os habitantes das regiões carentes da cidade ou as pessoas de todas as classes sociais e de todos os tipos? A resposta talvez seja óbvia. Um pastor de destaque nesse movimento afirmou: "Um pastor pode definir seu público-alvo mais apropriado ao determinar com quem ele gostaria de passar as férias ou uma tarde de recreação". É difícil encontrarmos uma filosofia de ministério mais contrária à Palavra de Deus do que esta. Não dizem as Escrituras: "Meus irmãos, não tenhais a fé em nosso Senhor Jesus Cristo, Senhor da glória, em acepção de pessoas"? E: "Não escolheu Deus os que para o mundo são pobres, para serem ricos em fé e herdeiros do reino que ele prometeu aos que o amam? Se, todavia, fazeis acepção de pessoas, cometeis pecado, sendo arguidos pela lei como transgressores" (Tg 2.1, 5, 9).

Aqueles que ajustam seu ministério para alcançar um seleto "público-alvo" certamente não estão ministrando no espírito de Paulo, que se considerava devedor a todos e ministrou a todos igualmente.

ESTOU PRONTO A PREGAR O EVANGELHO

Ao declarar que sobre si mesmo "pesava a obrigação" de pregar o evangelho, Paulo não estava, de forma alguma, afirmando ser uma testemunha de Cristo contra a sua vontade. Ele deixa isto claro ao escrever aos Romanos: "Por isso, quanto está em mim, estou pronto a anunciar o evangelho também a vós outros, em Roma" (Rm 1.15). Paulo não está apenas desejoso e pronto, mas também *determinado*, a pregar o evangelho.

"Estou pronto" capta muito bem a determinação do apóstolo. Com todo seu ser, ele desejava pregar o evangelho em Roma. Paulo não conseguiria entender pregadores que, tendo recebido o privilégio de pregar o evangelho, decidem, em lugar disso, entreter as pessoas, contar piadas ou fazer discursos acerca da autoestima. Paulo estava disposto a ser perseguido, açoitado, preso ou até mesmo ser morto pelo privilégio de pregar o evangelho.

C. H. Spurgeon disse:

> O apóstolo estava decidido a levar o evangelho a qualquer lugar, mas não estava pronto a pregar um outro evangelho; ninguém seria capaz de torná-lo disposto a isso. Paulo não estava disposto a camuflar, amenizar, abreviar ou ampliar o evangelho. Ele afirmou: "Não me envergonho do evangelho de Cristo, porque é o poder de Deus para a salvação de todo aquele que crê, primeiro do judeu e também do grego". Com relação ao assunto de pregar o evangelho, Paulo estava sempre pronto para a tarefa; não escondia qualquer de suas verdades ou qualquer parte de seu ensino. Ainda que o ridículo e o desprezo viessem sobre ele, ainda que se tornasse uma pedra de tropeço para os judeus e loucura para os gregos, Paulo diria: "Quanto está em mim, estou pronto a anunciar o evangelho" a todos. Nem sempre ele se sentiu preparado para a obra; nem sempre encontrou as mesmas oportunidades ou a mesma liberdade no falar; mas estava sempre pronto a pregar onde quer que o Senhor lhe concedesse oportunidade.[7]

Ao final de sua vida, ele pôde testemunhar: "Combati o bom combate, completei a carreira, guardei a fé" (2 Tm 4.7). Isso aconteceu porque em momento algum Paulo se desviou de seu chamado; jamais cedeu à tentação de buscar popularidade. Nunca se comprometeu com os inimigos do evangelho, permitindo que seu ministério fosse conformado a este mundo. E jamais satisfez a coceira dos ouvidos da multidão.

Aos olhos do mundo, pode ter parecido que Paulo foi um fracassado. Esteve detido e aprisionado durante vários anos, sendo por fim, morto por oficiais romanos. Contudo, até mesmo nessas horas tenebrosas Paulo continuava a pregar. Quando não podia fazê-lo às multidões, testemunhava aos soldados designados para vigiá-lo. Impedido de ministrar nas igrejas, ele o fazia nas prisões. Paulo estava sempre pronto a anunciar o evangelho, mas nunca disposto a comprometê-lo.

NÃO ME ENVERGONHO DO EVANGELHO

A próxima afirmação de Paulo poderia ser chamada de a frase-tese da epístola: "Pois não me envergonho do evangelho, porque é o poder de Deus para a salvação de todo aquele que crê" (Rm 1.16). Esta é uma das declarações mais penetrantes, mais fortes, do Novo Testamento. Paulo iguala o próprio evangelho ao poder do Deus Todo-Poderoso! Não admira que ele tenha dito: "Não me envergonho do evangelho".

O restante da epístola é uma exposição dessa afirmação, explicando a verdade do evangelho em riqueza de detalhes e mostrando por que a sua mensagem é tão poderosa. Por isso, a epístola aos Romanos desfruta de grande proeminência entre as epístolas paulinas. Paulo estava tão comprometido com o evangelho, que, às vezes, se refere ao mesmo como "meu evangelho" (Rm 2.16; 16.25; 2 Tm 2.8). Ao invés de se envergonhar do evangelho, Paulo se referiu ao mesmo como se lhe fora uma valiosa possessão.

Entretanto, como Paulo bem sabia, seria alto o preço por manter uma posição firme a favor do evangelho. É por esta razão que muitos cristãos *se comportavam* como se tivessem vergonha do evangelho.

A ridicularização foi a arma-chave usada pelos primeiros inimigos do evangelho. Os romanos, em especial, se inclinavam a considerar o cristianismo como uma religião rude e sem cultura. Entre os romanos circulavam rumores de que os cristãos eram canibais, pois participavam da Ceia do Senhor. Os crentes foram acusados de sedição, homicídio e outros crimes hediondos. Alguns inimigos do evangelho chegaram a afirmar que os cristãos estavam participando de orgias. Os pagãos acusaram os crentes de serem ateus, visto que rejeitavam todos os deuses da mitologia. O preço por seguir a Cristo poderia ser elevadíssimo.

Conforme já notamos reiteradamente, o evangelho em si mesmo é desagradável, desprezível, repulsivo e alarmante para o mundo. Revela o pecado, condena o orgulho, traz convicção ao coração incrédulo e demonstra que a justiça humana — até mesmo nos melhores e mais atraentes aspectos da natureza humana — é imprestável, corrupta, não passa de trapos de imundícia (Is 64.6). O evangelho afirma que os verdadeiros problemas da vida ocorrem por nossa causa, não por causa das outras pessoas. Somos pecadores caídos, possuímos corações enganosos, motivações ímpias e orgulho forte. Não podemos culpar a ninguém por nossos fracassos e miséria. Esta não é uma perspectiva muito popular, especialmente no clima psicológico de nossos dias. É uma péssima notícia para os que amam o pecado; e muitos, ao ouvirem estas verdades pela primeira vez, reagem com desdém contra o mensageiro.

Não é fácil assumirmos uma postura firme a favor do evangelho e não sermos envergonhados. Muitos de nós precisamos reconhecer que temos muita coisa em comum com a fraqueza de Pedro, que, na noite da crucificação, negou a Jesus por três vezes, acovardando-se no medo diante de uma jovem escrava que o reconheceu como seguidor de Cristo (Lc 22.56-62).

Entretanto, não temos nenhum relato de algo semelhante tendo acontecido na vida de Paulo. Desde o momento de sua conversão, ele foi um homem que teve uma missão e jamais vacilou quanto a seu propósito único: pregar o evangelho. Conhecia o poder excepcional do evangelho para transformar vidas e anelava ser o arauto a proclamá-lo. Como poderia ele sentir vergonha do evangelho? Tendo recebido o evangelho diretamente do próprio Senhor ressurreto (At 20.24; 1 Co 11.23), Paulo estava pronto a anunciá-lo a todos, sem medo ou vergonha de fazê-lo.

O EVANGELHO É O PODER DE DEUS

É difícil imaginar que alguém que realmente compreende o poder do evangelho possa chegar a se envergonhar de proclamá-lo. "É o poder de Deus" (Rm 1.16). Poder é uma tradução da palavra grega *dunamis*. A nossa palavra *dinamite* origina-se de *dunamis*; porém, *dinamite* não é uma palavra forte demais para expressar o que Paulo estava dizendo nesse versículo.

Inerente ao evangelho está o poder de um Deus onipotente. Este poder, por si mesmo, é suficiente para salvar o mais vil pecador e transformar o mais insensível coração, sem qualquer engenhosidade, ilustrações e argumentos humanos.

O profeta Jeremias escreveu: "Pode, acaso, o etíope mudar a sua pele, ou o leopardo, as suas manchas? Então poderíeis fazer o bem, estando acostumados a fazer o mal" (Jr 13.23). A verdade é que as pessoas se encontram completamente incapacitadas de vencer seu próprio pecado. O pecado faz parte de nossa natureza, assim como as manchas do leopardo. Não podemos mudar a nós mesmos. As técnicas de autoajuda e dos programas de recuperação podem suprir ajuda temporária para que as pessoas se sintam melhores a respeito de si mesmas, mas não possuem o poder de remover o pecado ou mudar o coração humano.

Somente o evangelho é capaz de fazer isto. É o poder de Deus para a salvação. Em outras palavras, a verdade objetiva do evangelho é inerentemente poderosa para transformar vidas, quando divinamente aplicada. Pedro falou da Palavra de Deus como a semente que gera uma nova vida e realiza um novo nascimento: "Pois fostes regenerados, não de semente corruptível, mas de incorruptível, mediante a palavra de Deus, a qual vive e é permanente" (1 Pe 1.23). Os dois apóstolos estavam dizendo, em essência, a mesma coisa: a Palavra de Deus — a mensagem do evangelho — é o veículo através do qual o poder transformador de Deus invade uma alma e realiza o novo nascimento.

No capítulo anterior observamos as palavras semelhantes de Paulo aos Coríntios: "Pois a mensagem da cruz é loucura para os que estão perecendo, mas *para nós, que estamos sendo salvos, é o poder de Deus*" (1 Co 1.18 - NVI). E: "Nós pregamos a Cristo crucificado, escândalo para os judeus, loucura para os gentios; mas para os que foram chamados, tanto judeus como gregos, pregamos a Cristo, *poder de Deus e sabedoria de Deus*" (vv. 23, 24). O evangelho é a *única* mensagem que Deus usa para salvar. Há lugar para a persuasão, ilustração gráfica e aplicação relevante. Certamente, todo pregador ou evangelista de valor descobrirá formas de estimular o interesse das pessoas, mas apenas para captar-lhes o interesse em ouvir a mensagem do evangelho. Se a verdade pura do evangelho não penetra o coração, não haverá qualquer bajulação ou habilidade em técnicas de *marketing*, por parte do evangelista, que tragam uma pessoa à salvação.

Observe que o evangelho "é o poder de Deus para a salvação *de todo aquele que crê*" (Rm 1.16). Algumas pessoas continuam não afetadas pelo evangelho. Não importa quão poderosa seja a mensagem, ela não tem efeito positivo naqueles que a rejeitam, em incredulidade. Paulo, é claro, experimentou muita rejeição e escárnio daqueles que recusavam o evangelho. Apesar disso, negou-se a mudar seus métodos ou a adaptar a mensagem ao gosto deles. Não pressupôs que a rejeição dos incrédulos era causada pela falta de poder no evangelho. Paulo conhecia muito bem o incomparável poder do evangelho para transformar "todo aquele que crê".

Ao se referir ao evangelho como "o poder de Deus para a salvação", o apóstolo também estava afirmando que o evangelho revela o *único caminho* para a salvação. Jesus disse: "Eu sou o caminho, e a verdade, e a vida; ninguém vem ao Pai senão por mim" (Jo 14.6). Atos 4.12 afirma: "E não há salvação em nenhum outro; porque abaixo do céu não existe nenhum outro nome, dado entre os homens, pelo qual importa que sejamos salvos". Pregar biblicamente significa pregar a Jesus Cristo (2 Co 4.5), sua pessoa e obra. Talvez a acusação mais séria que paira sobre a pregação contemporânea, norteada por *marketing*, seja a ausência de Cristo. Seu nome ou algum fato a respeito dele é apresentado ao final do sermão, mas nosso Senhor raramente é o tema central da pregação tendenciosa de nossos dias.

O EVANGELHO REVELA A JUSTIÇA DE DEUS

A expressão "o evangelho" sofre muitos abusos em nossos dias. Em outro livro, tratei mais pormenorizadamente algumas das falácias contemporâneas acerca do evangelho.[8] Aqui, precisamos apenas dizer que muitos evangélicos redefiniram o evangelho em termos antropocêntricos. Em vez de pregarem a Cristo crucificado e focalizarem a justiça de Deus, falam acerca das necessidades humanas. O evangelho, entretanto, é primeiramente uma mensagem a respeito da justiça de Deus — "Visto que a justiça de Deus se revela no evangelho, de fé em fé, como está escrito: O justo viverá por fé" (Rm 1.17).

A palavra *justiça* e suas derivadas aparecem pelo menos trinta e cinco vezes em Romanos. A justiça divina é o ponto de partida e o tema central da mensagem do evangelho. A justiça de Deus, rejeitada pela humanidade pecaminosa, foi perfeitamente satisfeita pelo Cristo encarnado. É imputada ao pecador que se arrepende e crê no Senhor Jesus e se manifestará de forma prática na vida do cristão. Este é o resumo do evangelho que Paulo descortina em Romanos.

"A justiça de Deus" traz consigo duas conotações. De um lado, fala do santo ódio que Deus tem ao pecado. No início do século XVI, Martinho Lutero estava sentado na torre do Claustro Negro em Wittenberg, lendo este versículo. "A expressão 'justiça de Deus' foi semelhante a um raio em meu coração", disse Lutero anos mais tarde. "Odiei a Paulo de todo o meu coração, ao ler que a justiça de Deus é revelada no evangelho".[9] Lutero percebeu que a justiça de Deus era um obstáculo intransponível para se obter a vida eterna. Ele estava profundamente consciente de sua pecaminosidade, reconhecendo que, por causa dela, era inaceitável perante um Deus justo. Por isso, ao ler esse versículo, foi tomado de desespero.

Mas há uma segunda conotação de justiça no versículo 17: "Como está escrito: "O justo viverá por fé". Isto fala da perfeita justiça de Cristo, que é lançada na conta do pecador crente (Rm 4.24). Quando Lutero, afinal, entendeu esse sentido da palavra *justiça*, compreendeu o verdadeiro significado do evangelho, e essa descoberta resultou na Reforma Protestante.

Esta doutrina é conhecida como *justificação*. Significa que Deus atribui gratuitamente toda a perfeita justiça de Cristo na coluna de créditos do "livro razão" do crente, cancelando todo o pecado da coluna dos débitos. Ao olhar para o crente, Deus o vê como uma pessoa plenamente justa, como o próprio Cristo. É assim que Deus "justifica o ímpio" (Rm 4.5). Visto que Cristo fez completa expiação pelo pecado, por meio de sua morte e ressurreição, Deus pode justificar pecadores sem comprometer a sua própria justiça — "para ele mesmo ser justo e o justificador daquele que tem fé em Jesus" (Rm 3.26). Este é o âmago do evangelho. É por esta razão que a mensagem é *boas-novas*.

O EVANGELHO REVELA A IRA DE DEUS

O evangelho, entretanto, não é *todo* boas-novas. Aliás, não é uma boa-nova para aqueles que rejeitam a Cristo. Devemos notar que o ponto de partida do evangelho de Paulo é a ira de Deus contra o pecado: "A ira de Deus é revelada do céu contra toda impiedade e injustiça dos homens" (Rm 1.18 - NVI). Depois, Paulo escreve mais do que dois capítulos completos provando sistematicamente que toda a humanidade é pecaminosa e está sob a ira de Deus.

A ira de Deus está quase completamente ausente nas apresentações modernas do evangelho. Não é elegante falar sobre a ira de Deus contra o pecado ou anunciar às pessoas que elas devem temer a Deus. Atualmente a apresentação típica do evangelho começa exatamente do lado oposto ao que Paulo começou. Ele escreveu acerca da "ira de Deus... contra toda impiedade e injustiça dos homens". Mas o evangelicalismo moderno inicia sua mensagem com "Deus lhe ama e deseja tornar você feliz".

Leia a literatura do movimento das igrejas "amigáveis" e você perceberá uma preocupação em apresentar a mensagem com um tom positivo. Um dos pastores mais proeminentes desse movimento escreve:

> Embora a geração do pós-guerra que não frequenta a igreja talvez reconheça particularmente que está "perdida" — e que seja pecadora — eles dificilmente ficarão sentados em um lugar público, ouvindo alguém a chamá-los de vermes, miseráveis, seres caídos e outros tipos totalmente depravados...
> Como pastor de pessoas da geração do pós-guerra, estou convencido de que elas precisam ouvir até mesmo as mensagens negativas em termos positivos. Trata-se de uma peneira através da qual filtramos as coisas. Então, se não podemos ser positivos, mesmo quando falamos acerca de tópicos negativos, tais pessoas provavelmente não nos escutarão.
> Precisamos ser cuidadosos, portanto, quanto ao "tom" de nossos cultos... Deliberei estar sempre seguro de que as mensagens que dirijo à minha faixa etária possuem um tom positivo.[10]

Comentários semelhantes em escritos de autores recentes sobre o movimento de crescimento de igreja constantemente vêm acompanhados de retratações, assegurando aos leitores que o objetivo do autor não é um comprometimento — e este não é uma excessão. Ele continua: "Vejam bem, não estou me esquivando da premissa bíblica de que somos todos pecadores caídos, que precisam desesperadamente ser salvos. Reconheço que somos depravados; porém, o evangelho também apresenta a premissa de que, por termos sido criados à imagem de Deus, Deus nos considerou tão valiosos, que enviou seu Filho para nos redimir".[11] E prossegue afirmando novamente que aqueles que desejam ministrar eficazmente, nesta geração, precisam lembrar-se de manter "otimista" o tom de sua mensagem.

Deixe-me começar dizendo que ministro a um grupo relativamente grande da geração do pós-guerra e discordo da generalização injustificada de que eles automaticamente desviam sua atenção das verdades negativas. Com certeza, os que estão sendo verdadeiramente salvos têm que, e haverão de, aceitar o lado negativo como motivação para se arrependerem. Além disso, uma coisa é afirmar "que somos todos pecadores caídos, que precisam desesperadamente ser salvos", e outra coisa completamente diferente é dizer, como Paulo o faz, que "a ira de Deus se revela do céu contra toda impiedade e injustiça dos homens". As duas afirmativas são verdadeiras, é claro. Entretanto, o evangelho não está completo sem estas duas verdades. A ira de Deus, e não uma afirmação acerca da necessidade humana, é o ponto inicial do evangelho de Paulo e tem sido frequentemente esquecida pelos pregadores contemporâneos.

Conforme já notamos em um capítulo anterior, não há meio de sintetizarmos a verdade a respeito da ira de Deus com uma pregação que apresenta somente o lado positivo do evangelho. Não podemos declarar em um tom "otimista" a verdade acerca da ira de Deus a um pecador incrédulo. Como resultado, o evangelho pregado nessas igrejas é frequentemente mutilado; e o ponto que, com determinação, é o mais propositalmente censurado é aquele pelo qual Paulo começou sua apresentação do evangelho — a realidade da ira divina!

Os que imaginam precisar ser eternamente otimistas são forçados a ignorar partes cruciais das Escrituras, incluindo grande parte de Romanos 1, Lucas 16, todas as passagens de advertência em Hebreus, muito do Antigo Testamento e quase a metade dos ensinamentos de Jesus. Desta forma, a filosofia molda a mensagem.

Não tenha a impressão de que sou a favor de uma pregação austera, sempre negativa, opressiva e severa. É claro que não. Mas, conforme já salientamos reiteradamente, deve haver um equilíbrio bíblico entre os aspectos negativo e positivo, ou não estaremos ministrando conforme a vontade de Deus. E a estratégia que no momento está em voga é procurar estilizar o evangelho, de forma que seja inteiramente positivo. Esta não pode ser a mensagem bíblica. Certamente, não é o evangelho que é o poder de Deus para a salvação.

Para o apóstolo Paulo, a ameaça da eterna ira de Deus foi o *primeiro* assunto a ser abordado. Era seu propósito que as pessoas compreendessem a terrível realidade da santa ira de Deus e a atrocidade da depravação humana. Não foi uma maneira alegre de se introduzir o evangelho. Mas foi assim que Paulo, sob a inspiração do Espírito Santo, lidou com a questão. A ira de Deus é um aspecto crucial quanto ao caráter divino. Todos encontram-se em equilíbrio na perfeição divina. Se não possuísse uma ira justa, Ele não poderia ser Deus. Se não possuísse ira, o seu conceito de amor não faria sentido: "Amas a justiça e odeias a iniquidade" (Sl 45.7). Além do mais, Deus odeia o pecado tão perfeita e completamente quanto ama o pecador caído. Uma verdade sem a outra é totalmente vazia.

Com frequência, a ênfase com relação à ira e à misericórdia de Deus aparecem lado a lado. "Quem crê no Filho tem a vida eterna; o que, todavia, se mantém rebelde contra o Filho não verá a vida, mas sobre ele permanece a ira de Deus" (Jo 3.36). Esse versículo encontra-se no mesmo capítulo em que estão escritas as tão conhecidas palavras de João 3.16. Sem uma compreensão da severidade da ira de Deus contra o pecado, até mesmo a frase "não pereça", em João 3.16, perde a sua importância.

A ira de Deus não é um tema secundário nas Escrituras. É enfatizada no Antigo e no Novo Testamentos. O Salmo 7.11,12 afirma: "Deus é justo juiz, Deus que sente indignação todos os dias. Se o homem não se converter, afiará Deus a sua espada; já armou o arco, tem-no pronto". A frase "a ira do SENHOR se acendeu contra Israel" é repetida diversas vezes no Antigo Testamento (por exemplo, Jz 2.14, 20; 3.8; 10.7; 2 Sm 6.7; 24:1; 2 Rs 13.3; Sl 106.40). O Novo Testamento também está repleto de advertências acerca da ira de Deus (por exemplo, Rm 2.5; 3.5; 9.22; Ef 5.6; Cl 3.6; Ap 14.10). Com palavras claras o autor de Hebreus afirma: "Nosso Deus é fogo consumidor" (Hb 12.29; cf. Dt 4.24; 9.23).

Essas verdades não têm a *intenção* de fazer com que nos sintamos bem ou autoconfiantes. Devem nos encher de temor e pavor. Afinal, "o temor do SENHOR é o princípio da sabedoria" (Pv 9.10). Somente quando o evangelho provoca um santo terror de Deus, pode ser apreciado pelas verdadeiras boas-novas que o constituem. "No temor do SENHOR tem o homem forte amparo" (Pv 14.26); "O temor do SENHOR é fonte de vida" (Pv 14.27); "O temor do SENHOR é a instrução da sabedoria" (Pv 15.33); e: "O temor do SENHOR conduz à vida; aquele que o tem ficará satisfeito, e mal nenhum o visitará" (Pv 19.23).

UMA MENSAGEM DIFERENTE PARA UMA ÉPOCA DIFERENTE?

O evangelho que deveria ser pregado hoje é o mesmo que Paulo dedicou sua vida a pregar. Ele alertou solenemente a igreja para não brincar com o evangelho ou alterá-lo em qualquer aspecto (Gl 1.6-9). A história da igreja está repleta de exemplos daqueles que imaginaram poder moldar a mensagem para a sua época, mas acabaram corrompendo a verdade e condenando a si mesmos. Muitos dos que estão procurando tornar a igreja "amigável" não têm a intenção de perverter o evangelho dessa forma. Mas precisam reconhecer que seu desejo por uma mensagem agradável e atraente é completamente incompatível com o verdadeiro evangelho. À medida em que seu movimento cresce, fica cada vez mais claro que eles estão seguindo no mesmo caminho trilhado pelos modernistas há cem anos atrás.

Se a história da igreja nos ensina algo, é isso: épocas diferentes e sociedades diferentes *não* exigem mensagens diferentes. Aqueles que pregam qualquer outra coisa além do evangelho não adulterado estão privados do poder de Deus em seus ministérios.

Charles Spurgeon declarou que os modernistas de seus dias estavam tentando inventar "uma fé adaptada para o presente século — talvez devamos dizer, para o presente momento".[12] Ele escreveu:

> A ideia de um evangelho progressista parece ter fascinado a muitos. Para nós, essa ideia é uma espécie de híbrido de tolice com blasfêmia. Depois do evangelho ter se mostrado eficaz na salvação eterna de incontáveis multidões, parece tarde para querer mudá-lo; e, visto que ele é a revelação de um Deus todo-sábio e imutável, parece um tanto audacioso tentar aprimorá-lo. Quando trazemos à memória os cavalheiros que se propuseram a essa tarefa presunçosa, sentimo-nos bastante inclinados a rir; é como a proposta de toupeiras para melhorar a luz do sol... Será que os homens realmente creem que há um evangelho para cada século? Ou uma religião para cada cinquenta anos?[13]

Spurgeon percebeu com muita clareza que aqueles que desejavam ser vistos como "relevantes", perante um mundo em transformação não poderiam nem continuariam por muito tempo fiéis à imutável Palavra de Deus. Ele citou, com permissão, uma carta escrita por Henry Varley ao editor de um periódico chamado *Palavra e Obra*. Varley escreveu: "A revelação, que é imutável, não é rápida o suficiente para uma época da qual se pode dizer: 'Mudança é a sua moda'. Torna-se, portanto, cada vez mais necessário 'manter o padrão das sãs palavras' e contender diligentemente... 'pela fé que uma vez por todas foi entregue aos santos'".[14]

Se a mudança era a moda do século XIX, quanto mais isso é verdade para os dias de hoje? Mais do que em qualquer outra geração de cristãos que nos precedeu, precisamos guardar cuidadosamente o tesouro que nos foi confiado (2 Tm 1.14). Não o troquemos pelas manias e caprichos de um mundo vacilante.

O evangelho deve ser pregado de forma persuasiva, fervorosa e clara. Certamente, existe uma grande necessidade de pregadores e testemunhas de Cristo com singulares dons intelectuais e criativos, a fim de aplicarem suas habilidades de comunicação à cuidadosa apresentação do evangelho. Não é, de modo algum, errado desejar sermos estimulantes, talentosos, persuasivos e interessantes. Qualquer pregador que estiver verdadeiramente entusiasmado com o evangelho e comprometido com ele demonstrará tais atributos naturalmente. Mantenha, entretanto, o enfoque na mensagem, não no estilo. Temos de fazer do evangelho nossa mensagem única ao mundo. Afinal, o evangelho — e não a engenhosidade humana, a "amigabilidade", as técnicas hábeis ou a metodologia moderna — é o poder de Deus para a salvação de todo aquele que crê.

7

Paulo no Areópago

Em dias passados, [pastores em declínio] almejavam ser respeitados, sensatos, moderados e eruditos, e, consequentemente, abandonaram o ensino dos Puritanos, com o qual haviam iniciado, e amenizaram suas doutrinas. A vida espiritual que fora a causa propulsora de sua discordância declinou quase às portas da morte... Infelizmente, muitos estão retomando aos cálices envenenados que entorpeceram aquela geração em declínio.

Charles Haddon Spurgeon[1]

Os que acreditam ser a "relevância cultural" o segredo para a pregação poderosa apontam, com frequência, o ministério de Paulo em Atenas como um exemplo primordial de como Paulo "acomodou" sua mensagem e metodologia à cultura em que estava ministrando. Sugerem que o sermão do apóstolo no Areópago é um paradigma para um ministério norteado pong*marketing*.

À primeira vista, até parece que estão com a razão. Paulo estava pregando entre a elite intelectual da cidade. Falou-lhes utilizando a linguagem deles, citando improvisadamente seus poetas e filósofos; usou o método de discurso que lhes era comum — o debate público — como veículo através do qual se comunicou com eles. Não seria este um protótipo adequado de "contextualização" e de metodologia norteada pongmarketing?

Atos 17.16-33 torna-se, portanto, um texto-chave a ser considerado no contexto do movimento dngmarketing na igreja:

> Enquanto Paulo os esperava [Silas e Timóteo] em Atenas, o seu espírito se revoltava em face da idolatria dominante na cidade. Por isso, dissertava na sinagoga entre os judeus e os gentios piedosos; também na praça, todos os dias, entre os que se encontravam ali. E alguns dos filósofos epicureus e estóicos contendiam com ele, havendo quem perguntasse: Que quer dizer esse tagarela? E outros: Parece pregador de estranhos deuses; pois pregava a Jesus e a ressurreição. Então, tomando-o consigo, o levaram ao Areópago, dizendo: Poderemos saber que nova doutrina é essa que ensinas? Posto que nos trazes aos ouvidos cousas estranhas, queremos saber que vem a ser isso. Pois todos os de Atenas e os estrangeiros residentes de outra coisa não cuidavam senão dizer ou ouvir as últimas novidades. Então Paulo, levantando-se no meio do Areópago, disse: Senhores atenienses! Em tudo vos vejo acentuadamente religiosos; porque, passando e observando os objetos do vosso culto, encontrei também um altar no qual está inscrito: AO DEUS DESCONHECIDO. Pois esse que adorais sem conhecer é precisamente aquele que eu vos anuncio. O Deus que fez o mundo e tudo o que nele existe, sendo ele Senhor do céu e da terra, não habita em santuário feito por mãos humanas. Nem é servido por mãos humanas, como se de alguma cousa precisasse; pois ele mesmo é quem a todos dá vida, respiração e tudo mais; de um só fez toda a raça humana para habitar sobre toda a face da terra, havendo fixado os tempos previamente estabelecidos e os limites da sua habitação; para buscarem a Deus se, porventura, tateando, o possam achar, bem que não está longe de cada um de nós, pois nele vivemos, e nos movemos, e existimos, como alguns dos vossos poetas têm dito: Porque dele também so-

mos geração. Sendo, pois, geração de Deus, não devemos pensar que a divindade é semelhante ao ouro, à prata ou à pedra, trabalhados pela arte e imaginação do homem. Ora, não levou Deus em conta os tempos da ignorância; agora, porém, notifica aos homens que todos, em toda parte, se arrependam; porquanto estabeleceu um dia em que há de julgar o mundo com justiça, por meio de um varão que destinou e acreditou diante de todos, ressuscitando-o dentre os mortos. Quando ouviram falar de ressurreição dos mortos, uns escarneceram, e outros disseram: A respeito disso te ouviremos noutra ocasião. A essa altura, Paulo se retirou do meio deles.

A primeira parte de Atos 17 descreve como Paulo havia sido expulso de Tessalônica e Beréia. Alguns cristãos da Beréia haviam-no feito sair às escondidas da cidade e, através do mar, conduziram-no até Atenas (v. 15). Silas e Timóteo ficaram em Beréia, mas Paulo enviou-lhes mensagem para que se juntassem a ele em Atenas.

Portanto, Paulo estava sozinho, aguardando por ambos, em Atenas. Este pode muito bem ter sido um momento difícil para o apóstolo. Em outras ocasiões, Paulo experimentara esse sentimento de solidão (cf. 2 Tm 4.9-22). O ministério que o havia trazido até este ponto envolvia um longo relato de perseguição e rejeição. Agora ele se encontrava sozinho em uma cidade imensa, extremamente culta, mas também extremamente pagã.

As Escrituras nada dizem acerca dos sentimentos de Paulo nessa ocasião. Mas não pense que ele estava espiritualmente desanimado. Suas epístolas nos dão perspectivas maravilhosas acerca de como ele agiu em situações assim. Ele escreveu aos coríntios: "Em tudo somos atribulados, porém não angustiados; perplexos, porém não desanimados; perseguidos, porém não desamparados; abatidos, porém não destruídos" (2 Co 4.8,9). E, nesta mesma epístola: "Pelo que sinto prazer nas fraquezas, nas injúrias, nas necessidades, nas perseguições, nas angústias, por amor de Cristo. Porque, quando sou fraco, então é que sou forte" (2 Co 12.10). Paulo, a partir de uma situação de fraqueza, estava prestes a ser um canal para que o poder de Deus fosse manifestado em Atenas.

UM HOMEM CONTRA UMA CIDADE

Lembre-se que Paulo fora criado sob uma rígida disciplina farisaica. "Eu sou judeu, nasci em Tarso da Cilicia, mas criei-me nesta cidade e aqui fui instruído aos pés de Gamaliel, segundo a exatidão da lei de nossos antepassados, sendo zeloso para com Deus" (At 22.3); "Circuncidado ao oitavo dia, da linhagem de Israel, da tribo de Benjamim, hebreu de hebreus; quanto à lei, fariseu, quanto ao zelo, perseguidor da igreja; quanto à justiça que há na lei, irrepreensível (Fp 3.5,6). Paulo também era um cidadão romano, tendo conhecimento de questões militares e políticas. Tarso, onde Paulo cresceu e recebeu instrução, era bastante cosmopolita, de modo que a rica educação de Paulo o preparara e condicionara a qualquer cultura no império romano. A própria cidade de Atenas, que por vários séculos foi o coração do mundo intelectual e das artes, não era uma excessão. Paulo estava plenamente familiarizado com a cultura, educação, religião, arte e filosofia grega; era um erudito, que lia muito e viajava muito. Por desígnio de Deus, toda a vida de Paulo o equipara para situações como essa.

No quarto e quinto século antes de Cristo, Atenas era considerada, por muitos, a mais famosa cidade do mundo. Alguns aspectos da cultura ateniense jamais foram sobrepujados. Atenas atingiu o apogeu na arte, literatura, arquitetura e filosofia. Jamais uma cidade alcançou o auge da glória, nesses campos, como o que foi visto em Atenas durante a época de ouro do império grego. Atenas estava localizada na província da Acaia, e Corinto, não muito distante, era a capital. Mas Atenas ainda era o centro do mundo cultural e intelectual, assim como Roma era o centro político. Às vezes, Atenas era chamada de a universidade do mundo. Todas as mentes privilegiadas do mundo se reuniam ali.

Atenas também era o lar para todos os deuses da mitologia grega. Cada prédio cívico da cidade era um santuário para um deus. O lugar onde as informações públicas eram guardadas, por exemplo, era dedicado à Mãe dos Deuses. Em posição de destaque no prédio da câmara de vereadores estava uma estátua de Apolo. Um ditado popular entre os atenienses era: "É mais fácil encontrar um deus em Atenas do que um homem". A cidade era completamente pagã; embora tivessem deuses para tudo, não conheciam o Deus verdadeiro.

É interessante notar como Atenas impressionou a Paulo. Você poderia imaginar que, com toda a herança cultural e intelectual, ele teria ficado deslumbrado em contemplar aquela cidade. Atenas estava cheia de templos antigos, gloriosas obras de arte, prédios magníficos, esculturas sublimes, oradores, filósofos engenhosos e cenas espetaculares que interessariam um erudito como Paulo. E, em seus dias, o mármore e o ouro ainda reluziam.

Qual *foi* a reação de Paulo em Atenas? "Ficou profundamente indignado ao ver que a cidade estava cheia de ídolos" (At 17.16 - NYI). Em vez de ficar maravilhado diante dos lugares magníficos, Paulo conseguiu apenas ver uma cidade repleta de ídolos, e isso o entristeceu muito.

Um dicionário bíblico do século XIX diz:

> Paulo tinha a seus pés o Theseion (um espetacular templo de mármore próximo ao mercado), e à sua direita, a Acrópole, com seus esplêndidos templos ainda intactos. Tal ambiente encheria de entusiasmo qualquer cristão instruído de nossos dias. Para onde quer que Paulo tenha se voltado, seu olhar deve ter contemplado as austeras, porém adoradas, obras de arte que adornavam a cidade em decadência. Havia perante ele, portanto, uma mesa posta, da qual os humanistas do século XIX estãtagratos, porém penosamente, ajuntando as migalhas. Para a imaginação semítica de Paulo nada disso era atraente. Para ele, tudo aquilo não passava de ouro, ou prata, ou pedra, entalhados pela arte e habilidade humanas, obras de um período de ignorância, o qual Deus misericordiosamente fez de conta que não viu.[2]

Um escritor que viveu nos tempos de Paulo visitou Atenas e redigiu seis volumes narrando as glórias da cidade. Se estivesse escrevendo um diário de viagem, Paulo teria se limitado a dizer: "Está cheia de ídolos".

É claro que Paulo não era ignorante ou insensível. O fato não é que lhe faltava conhecimento para apreciar a cultura ateniense; pelo contrário, era um homem perfeitamente adequado a uma cidade como aquela. Mas tinha um chamado maie sublime e um negócio mais sério do que turismo, ou curiosidade, ou até mesmo pesquisa acadêmica. Paulo viu além da fachada reluzente da cidade ou dos elegantes e instruídos intelectuais atenienses; viu pessoas condenadas a uma eternidade sem Cristo.

Atenas instigou as emoções de Paulo. A frase "seu espírito se revoltava", emprega o termo grego *paroxunõ* ("foi provocado"), que se refere a uma intensa agitação. Nossa palavra *paroxismo* vem da mesma raiz. Paulo estava triste, indignado e revoltado com a idolatria generalizada que viu em Atenas. Sabia que aquela gente estava dando a ídolos de pedra a glória que legitimamente pertence somente a Deus.

PAULO NA PRAÇA PÚBLICA

Paulo reagiu trabalhando da mesma forma que o fizera em quase todas as cidades onde ministrara. Dirigiu-se à sinagoga e à praça pública e pregou a Cristo. O versículo 17 relata: "Por isso, dissertava na sinagoga entre os judeus e os gentios piedosos; também na praça, todos os dias, entre os que se encontravam ali" (At 17.17). A abordagem dele era o evangelismo direto e confrontador. Paulo não realizou uma pesquisa da comunidade ou qualquer pesquisa especial. Não procurou montar um comitê de evangelização. Apenas foi à sinagoga e à praça pública e pregou a quem ali estivesse.

"Gentios piedosos" refere-se aos gentios ligados à sinagoga, pessoas que sabiam acerca de Jeová e criam o suficiente acerca dele, para temê-Lo. Desta forma, Paulo ministrava a judeus, gentios tementes a Deus e pagãos. Não havia um enfoque dngmarketing ou um público-alvo. Paulo proclamou a verdade em todas as partes de Atenas, assim como fizera em toda Ásia Menor.

A praça pública de Atenas era chamada de Agora. Era o centro de toda atividade em Atenas. Estava situada no extremo sul da antiga cidade, ao pé do monte chamado Areópago. Destacando-se ao sudeste ficava a grande Acrópole, o ponto geográfico mais alto de Atenas, onde se situavam os templos mais espetaculares, inclusive o majestoso Partenon, uma magnífica estrutura de mármore que, naquela ocasião, já tinha quinhentos anos.

A praça era um grande pátio situado em meio aos prédios cívicos. Ali, debaixo de uma ampla colunata, as pessoas montavam pequenas lojas e barracas. Os ambulantes vendiam suas mercadorias. Os fazendeiros traziam seus produtos e gado para vender. Mercadores se reuniam ali para exercer suas funções. Era um lugar sempre muito movimentado. Um equivalente moderno seria uma feira-livre em uma praça pública ou um "calçadão". No meio da praça, os filósofos se aglomeravam e disputavam uns com os outros, procurando conquistar a atenção dos que ali passavam. Peripatéticos professores da tradição de Aristóteles, especialistas em artes, mágicos, vendedores ambulantes e artistas de rua de todas as espécies tinham ali um fórum onde podiam lidar com as multidões.

Paulo considerou aquele lugar como ideal para pregar. As Escrituras afirmam que ele dissertava "na praça, todos os dias, entre os que se encontravam ali". Que forma tinha seu discurso? O versículo 18 diz que ele pregava o evangelho. E estava falando a respeito de "Jesus e a ressurreição" — o clássico ministério paulino.

Poderia um único homem ter esperança de influenciar uma cidade como Atenas? Do ponto de vista humano, Paulo estava, literalmente, sozinho contra séculos de paganismo tradicional e, também, intelectual. O que ele esperava realizar na praça pública, pregando acerca de Jesus e da ressurreição?

Essas seriam perguntas que especialistas de marketing teriam feito; mas Paulo não. Ele não se via como um homem sozinho contra uma cidade, mas como uma voz através da qual o poder de Deus — o evangelho — poderia se manifestar, na maior e mais influente metrópole daquela região do mundo. Acreditava que, ao permanecer na praça, proclamando a Cristo, estava de fato desencadeando o poder do próprio Deus na cidade de Atenas. O impacto estava nas mãos de Deus.

O APÓSTOLO VERSUS OS FILÓSOFOS

Logo Paulo foi percebido. "Alguns dos filósofos epicureus e estóicos contendiam com ele." Longe de ficarem impressionados com a sua retórica e relevância, alguns comentaram: "Que quer dizer esse tagarela?" (At 17.18). A palavra "tagarela" é uma tradução do termo grego *spermologos*, que literalmente significa "colhedor de sementes". O termo se aplicava a pássaros que colhiam sementes na sarjeta. Era um escárnio acerca de Paulo e sua mensagem. E óbvio que os intelectuais atenienses não se mostravam fascinados pela erudição ou engenhosidade de Paulo!

Apesar disso, Paulo conseguiu atrair a atenção e o interesse desses dois grupos de filósofos. Os epicureus haviam aparecido quatro séculos antes, através de Epicuro. Eles criam que tudo acontece por acaso. Não existia, no sistema deles, qualquer deus soberano. Por conseguinte, acreditavam que o desfecho de tudo é questionável e, também, que a morte era o fim da existência humana. Por isso, ensinavam que o prazer é o objetivo natural e o bem sublime na vida (embora enfatizassem que o verdadeiro prazer se encontrava apenas em um viver correto; portanto eram altamente morais em sua maneira de ser). O existencialismo moderno nada mais é do que uma forma deturpada de epicurismo.

Outro grupo que percebeu a presença de Paulo foi o dos estóicos. A filosofia deles era, em muitos aspectos, contrária à dos epicureus. Eram fatalistas panteísticos. Criam que tudo é deus e tudo acontece porque deus quer. Em contraste com os epicureus, eram intensamente humanitários. Por causa de seu panteísmo extremado, tratavam cada pessoa como um deus. A filosofia deles era bastante altruísta, caridosa e magnânima. Usamos a palavra *estóico*, logicamente, para descrever alguém que consegue suportar impassivelmente a dor e a adversidade. Isto acontece porque o fatalismo dos estóicos levava-os a se resignarem à compreensão de que tudo que ocorresse era a vontade de deus.

Conforme já dissemos, alguns dos filósofos estavam escarnecendo de Paulo abertamente, chamando-o de um colhedor de sementes. Porém, outros estavam intrigados com a mensagem que ele pregava: "Parece pregador de estranhos deuses, pois pregava a Jesus e a ressurreição" (At 17.18). Com certeza, é curioso o fato de terem usado o plural "deuses", mas, ao que parece, confundiram a palavra usada para falar de "ressurreição", *anastasis*. Estavam tão acostumados a personificar tudo como uma divindade, que talvez pensaram que Paulo falava de uma deusa chamada Anastasia. Eles tinham deuses da piedade, misericórdia e modéstia, por exemplo — por que não uma deusa da ressurreição? Provavelmente, compreenderam erroneamente o que Paulo estava dizendo.

Não importa a suposição deles, queriam ouvir mais.

O PREGADOR E OS ERUDITOS

"Então, tomando-o consigo, o levaram ao Areópago, dizendo: Poderemos saber que nova doutrina é essa que ensinas? Posto que nos trazes aos ouvidos cousas estranhas, queremos saber que vem a ser isso" (At 17.19, 20). Eles não estavam, de forma alguma, debaixo de convicção. Consideraram Paulo uma excentricidade filosófica, alguém que tinha algo novo a dizer. Isso não era mais do que um passatempo para eles: "Pois todos os de Atenas e os estrangeiros residentes de outra cousa não cuidavam senão dizer ou ouvir as últimas novidades" (v. 21). Alguma coisa em Paulo conquistou-lhes a atenção; portanto, conduziram-no ao Areópago.

O Areópago era a corte ateniense de filósofos. A palavra grega *areopagus* significa "colina de Ares". O nome romano para Ares era Marte; por conseguinte, o nome "latinizado" daquele local onde se reunia a corte de filósofos era "colina de Marte". Assim, quando as Escrituras falam de Paulo "levantando-se no meio do Areópago" (v. 22), a referência é primordialmente à corte de filósofos, não à colina em si mesma. Mas essa reunião teve lugar na própria colina ou em seus arredores. A corte chamada Areópago incluía pelo menos trinta homens que eram os juízes supremos de Atenas. Estes julgavam causas penais e cíveis, tal qual um tribunal de apelação. Mas, além disso, eram os guardiões da filosofia ateniense. Ouviam os novos ensinamentos para determinar se deviam ou não ser banidos como blasfêmia. Evidentemente, os filósofos queriam que os juízes ouvissem o ensino de Paulo e decidissem se os "estranhos deuses" que ele proclamava poderiam ou não serem acrescentados aos já existentes no panteão.

Que oportunidade! Aqueles homens, na verdade, trouxeram Paulo à corte de mais alta instância jurídica da cidade e pediram-lhe que explicasse sobre o que estava pregando! Era para este tipo de situação que Paulo vivia, e ele aproveitava ao máximo a oportunidade oferecida.

Este não foi, de forma alguma, o único sermão de Paulo em Atenas, nem tampouco o primeiro. O texto não revela por quantos dias ele estivera pregando na sinagoga e na praça pública. Nenhum desses sermões foi registrado nas Escrituras. Mas esta mensagem perante o Areópago oferece uma perspectiva fascinante quanto à maneira que Paulo pregava. Vários traços notáveis transformam-no em um modelo singular para a pregação do evangelho.

PAULO FOI EDUCADO, PORÉM CONFRONTADOR

"Então, Paulo, levantando-se no meio do Areópago, disse: Senhores atenienses! Em tudo vos vejo acentuadamente religiosos" (At 17.22). A respeito desta passagem, Spurgeon afirmou:

> Paulo não disse: "Acentuadamente supersticiosos", pois isto teria causado, de modo desnecessário, raiva nos atenienses. Ele prosseguiu, declarando: "Esse que adorais sem conhecer é precisamente aquele que eu vos anuncio". O apóstolo não afirmou: "Aquele a quem vocês ignorantemente adoram". Ele era muito prudente e não usaria tal linguagem. Aquele era um grupo de homens cultos e sérios; por esta razão, Paulo almejou ganhá-los por meio de pregar-lhes de maneira delicada o evangelho.[3]

Conforme já salientamos, *existe* um sentido legítimo com o qual o apóstolo moldou seu estilo às pessoas que estava procurando ganhar. Para com os judeus, ele se fez judeu. Em Atenas, se tornou grego. Falou àqueles homens com grande respeito pela posição que ocupavam. Dirigiu-se a eles com a mesma deferência que teria utilizado se fosse cidadão da cidade sobre a qual presidiam.

"Porque, passando e observando os objetos de vosso culto, encontrei também um altar no qual está inscrito: AO DEUS DESCONHECIDO. Pois esse que adorais sem conhecer, é precisamente aquele que eu vos anuncio" (At 17.23). Observe a prudência de Paulo ao confrontá-los. Tendo percebido a existência de um altar a um deus desconhecido, Paulo usou aquilo para estabelecer como ponto forte a verdade que a religião deles era incapaz de lhes dar um conhecimento exato a respeito de *qualquer* deus, menos ainda do Deus verdadeiro. De forma gentil, Paulo sugeriu que a existência daquele altar era de fato um claro reconhecimento de que eles não conheciam a verdade acerca de Deus. O apóstolo considerou a inscrição naquele altar como um reconhecimento da ignorância espiritual dos atenienses.

Paulo emoldurou sua mensagem em terminologia diplomática, cortês e simpática ("Em tudo vos vejo acentuadamente religiosos"), mas foi direto ao assunto ("Pois esse que adorais sem conhecer é precisamente aquele que eu vos anuncio"). De forma ousada, Paulo deu a entender que declararia a verdade acerca do Deus que eles não conheciam. Nada de postura cuidadosa ou retórica cautelosa; ele simplesmente deixou a mensagem fluir. Essa maneira dogmática de abordar as pessoas não era mais típica no Areópago do que é hoje. De fato, talvez tenha sido um choque para aqueles homens que representavam as melhores mentes de Atenas. Mas Paulo não recuou, não perdeu a confiança, nem tentou amenizar a autoridade do evangelho. Falou com a mesma ousadia que teria mostrado em qualquer outro lugar.

O que era esse altar a um deus desconhecido? Na verdade, havia muitos desses em Atenas. Seiscentos anos antes da época de Paulo, Atenas havia sido assolada por uma terrível praga. Centenas adoeceram e estavam morrendo, e a cidade entrou em desespero. Um famoso poeta de Creta, chamado Epimênides, elaborou um plano para pacificar quaisquer deuses que estivessem causando a praga. Subiu ao Areópago e soltou um rebanho de ovelhas. O plano era deixar as ovelhas vagarem livremente pela cidade. E, quando estas se deitassem, seriam sacrificadas ao deus do templo mais próximo. A suposição era que os deuses irados atrairiam para si as ovelhas. Entretanto, quando as ovelhas foram soltas, muitas acabaram se deitando onde não havia qualquer templo por perto. Epimênides, portanto, decidiu sacrificar as ovelhas e erigir altares onde quer que elas houvessem deitado, somente para ter certeza de que nenhuma divindade desconhecida fosse esquecida. Visto que eram deuses sem nome, as pessoas erigiram altares e santuários "AO DEUS DESCONHECIDO". Sem dúvida, foi um desses altares que Paulo avistou.

Paulo afirmou com ousadia: "Conheço esse Deus desconhecido. Permitam-me contar a vocês como Ele é". Então, com grande autoridade, contou-lhes clara e minuciosamente quem Deus é.

PAULO SE IDENTIFICOU COM ELES SEM COMPROMETER A MENSAGEM

Paulo entrou direto no assunto, começando pela criação: "O Deus que fez o mundo e tudo o que nele existe, sendo ele Senhor do céu e da terra, não habita em santuários feitos por mãos humanas. Nem é servido por mãos humanas, como se de alguma coisa precisasse; pois ele mesmo é quem a todos dá vida, respiração e tudo mais" (At 17.24,25). Há um tesouro de verdades acerca de Deus nestas palavras, tesouro este que contradizia as crenças religiosas gregas. Paulo não estava procurando ofendê-los ou tentando evitar verdades que talvez eles não desejavam ouvir.

Todos os deuses dos atenienses habitavam em templos feitos por mãos humanas e eram entidades semelhantes aos homens, de modo algum parecidos com o transcendente e supremo Ser que Paulo estava descrevendo. Aqueles homens eram muito instruídos e, certamente, já tinham ouvido falar no Deus dos hebreus. Eles sabiam da exclusividade de Deus ("o SENHOR, nosso Deus, é o único SENHOR. Amarás, pois, o SENHOR, teu Deus, de todo o teu coração, de toda a tua alma e de toda a tua força" — Dt 6.4, 5). Estavam cientes de que o primeiro mandamento desse Deus era:

"Não terás outros deuses diante de mim" (Ex 20.3; Dt 5.7). Com certeza, logo que Paulo começou a falar, aqueles homens entenderam que ele estava falando do mesmo Deus que os hebreus adoravam e entenderam as implicações disso.

Paulo identificou Deus como *Criador*. "Deus que fez o mundo e tudo o que nele existe" (At 17.24). Ele é o *sustentador* de toda a vida: "Ele mesmo é quem a todos dá vida, respiração e tudo mais" (v. 25); é *soberano*: "Sendo ele Senhor do céu e da terra" (v. 24); "De um só fez toda raça humana para habitar sobre toda a face da terra, havendo fixado os tempos previamente estabelecidos e os limites de sua habitação" (v. 26); é *onipresente*: "Deus... não está longe de cada um de nós" (v. 27).

Além do mais, Paulo informou-lhes que Deus deseja que as pessoas "o busquem... se, porventura, tateando o possam achar" (v. 27). Paulo estava notificando àqueles filósofos que buscar a Deus é uma obrigação moral. Se, de fato, Ele é o Criador soberano e onipotente, desejoso de que O busquemos, então, *não* buscá-Lo é pecado. Esta verdade não passaria despercebida para aqueles filósofos. Eles sabiam que Paulo estava colocando diante deles um imperativo claro de que buscassem e cultuassem o Deus verdadeiro, a quem ele representava. Em outras palavras, Paulo estava dizendo: O Deus que eu proclamo a vocês é supremo sobre todo outro ser e digno de nossa lealdade e culto exclusivos. É melhor vocês O buscarem, até achá-Lo. Essa afirmação foi um golpe direto no sistema de sincretismo e politeísmo dos filósofos. Não poderia ter havido dúvidas em suas mentes quanto a *somarem o* Deus de Paulo aos deuses do panteão. Porém, Paulo estava argumentando com eles, a fim de que abandonassem a religião que seguiam e passassem a cultuar o eterno Criador de todas as coisas, o Deus que tornava todos os outros deuses insignificantes e obsoletos.

Observe a forma incomum com a qual Paulo sustenta sua defesa a favor do Deus verdadeiro. Ele cita a poesia grega: "Pois nele vivemos, e nos movemos, e existimos, como alguns dos vossos poetas têm dito: Porque dele também somos geração" (At 17.28). Tanto a primeira quanto a última frase são citações de poetas gregos. Epimênides — o *mesmo* poeta que erigiu altares ao deus desconhecido — declarou: "Nele vivemos, nos movemos e temos nosso ser". E foi provavelmente o poeta Aradus que disse: "Dele somos geração".

Estranhamente, quando Epimênides declarou: "Nele vivemos, e nos movemos e temos nosso ser", estava falando de Zeus. Por que o apóstolo deveria citar esse elogio feito a um ídolo, aplicando-o a Deus? Porque estava fazendo uma defesa da fé. O argumento de Paulo pode ser parafraseado da seguinte forma: "Seus próprios poetas, não tendo qualquer conhecimento do verdadeiro Deus, deram testemunho do inevitável fato que deveria haver um criador soberano, doador de vida e todo-poderoso. Zeus não satisfaz essa descrição. Mas o Deus que eu proclamo a vocês, a quem vocês ainda não conhecem, é o Todo-Poderoso". Paulo utiliza os poetas antigos apenas para salientar a verdade de Romanos 1.19, 20: "Porquanto o que de Deus se pode conhecer é manifesto entre eles, porque Deus lhes manifestou. Porque os atributos invisíveis de Deus, assim o seu eterno poder, como também a sua própria divindade, claramente se reconhecem, desde o princípio do mundo, sendo percebidos por meio das coisas que foram criadas". A mente racional exige uma causa eterna para os efeitos da criação. Portanto, muitos atributos de Deus são tão óbvios, que até mesmo poetas pagãos os compreendem, embora os atribuam ao deus errado.

É um argumento muito forte. Paulo estava aproveitando ao máximo a situação, declarando que o Deus verdadeiro, que eles não conheciam, é Criador, sustentador e soberano do universo, citando poetas gregos como prova de que um Criador soberano deve existir. Spurgeon disse: "Paulo demonstrou muita perspicácia ao citar, nesse ponto, a inscrição do altar e, igualmente, um dos poetas deles. Se estivesse se dirigindo a judeus, ele não teria citado um poeta grego ou feito referência a um altar pagão; o intenso amor de Paulo pelos seus ouvintes ensinou-o a fundir as peculiaridades deles para segurar-lhes a atenção".[4]

Mas Paulo não se contentou em *meramente* segurar a atenção dos gregos. Não estava procurando impressioná-los com seu intelecto ou obter a aprovação deles quanto à sua pessoa. Não estava tentando ganhar o respeito do mundo ou a sua aceitação como filósofo. Seu único objetivo era a conversão dessas pessoas a Cristo e, agora, estava chegando ao coração de sua mensagem.

PAULO FOI OUSADO E DIRETO

As próximas palavras de Paulo foram um tiro fatal no paganismo ateniense. "Sendo, pois, geração de Deus, não devemos pensar que a divindade é semelhante ao ouro, à prata, ou à pedra, trabalhados pela arte e imaginação do homem" (At 17.29). Em outras palavras, se Deus nos fez (como seus próprios poetas indicam), o próprio Deus deve ser maior do que qualquer imagem feita por mãos humanas. Este é um argumento muito importante. Era como se Paulo pegasse uma enorme marreta filosófica e esmagasse todos os ídolos deles. Se Deus é realmente o ser soberano e infinito, que até mesmo os poetas reconheceram que Ele deve ser, não podemos conhecê-Lo por meio de um altar, santuário ou qualquer outra imagem esculpida.

Paulo vai direto ao cerne da questão: "Ora, não levou Deus em conta os tempos da ignorância; agora, porém, notifica aos homens que todos, em toda parte, se arrependam; porquanto estabeleceu um dia em que há de julgar o mundo com justiça, por meio de um varão que destinou e acreditou diante de todos, ressuscitando-o dentre os mortos" (At 17.30, 31). Devemos notar que, como sempre, Paulo pregou o arrependimento. Ele não procurou se acomodar aos epicureus, prometendo-lhes uma vida maravilhosa e cheia de prazer; e não fez qualquer tentativa de ganhar os estóicos, fazendo com que o evangelho, tanto quanto possível, se mostrasse parecido com a filosofia deles. Paulo conclamou os dois grupos ao arrependimento, referindo-se aos áureos tempos da filosofia grega como "tempos da ignorância".

"Ignorância" (v. 30) e "desconhecido" (v. 23) procedem da mesma raiz grega. A expressão "não levou em conta" vem de uma palavra que significa "não interferir". Não significa que Deus fechou os olhos ou mostrou-Se indiferente à idolatria pecaminosa, mas que decidiu não intervir com juízo, banindo os atenienses da face da terra. Entretanto, como Paulo expôs claramente aos filósofos, Deus estabeleceu um dia no qual Ele julgará o mundo — incluindo Atenas — com justiça. O agente desse juízo será um Homem que Ele designou e do qual deu testemunho, ressuscitando O dentre os mortos. Nós conhecemos esse Homem, é claro. É Jesus Cristo, a quem Deus confiou todo julgamento (Jo 5.22).

Porém, a essa altura, Paulo foi interrompido e evidentemente, não chegou a mencionar o nome de Cristo. "Quando ouviram falar de ressurreição de mortos, uns escarneceram, e outros disseram: A respeito disso te ouviremos noutra ocasião. A essa altura, Paulo se retirou do meio deles" (vv. 32, 33). Os epicureus não acreditavam, sob hipótese alguma, na ressurreição, enquanto os estóicos criam na ressurreição do espírito, mas não na ressurreição do corpo. Talvez por sentirem-se ofendidos pela chamada de Paulo ao arrependimento, responderam coletivamente, escarnecendo de Paulo. Aliás, logo que o assunto da ressurreição lhes foi mencionado, os céticos começaram a zombar. É evidente que alguns já haviam escutado o suficiente para rejeitarem a mensagem de Paulo, mesmo sem ouvi-la até o fim. Outros disseram que o ouviriam em ocasião posterior. Então, Paulo simplesmente se retirou do meio deles.

Contudo, nem todos duvidaram ou postergaram. "Houve, porém, alguns homens que se agregaram a ele e creram; entre eles estava Dionísio, o areopagita, uma mulher chamada Dâmaris e, com eles, outros mais" (v. 34). Bastante da verdade havia penetrado no coração dessas pessoas ao ponto de seguirem a Paulo, para descobrirem mais. É óbvio que Paulo continuou seu sermão para aqueles que desejaram ouvir, e alguns deles se converteram. Um dos convertidos foi Dionísio, membro da corte do Areópago. Outra pessoa foi uma mulher chamada Dâmaris. Visto que nenhum título lhe é atribuído, supomos que era uma mulher comum. Logo, podemos constatar que este sermão alcançou as pessoas nos dois extremos da sociedade — filósofos e donas de casa, homens e mulheres, intelectuais e gente comum. Esse pequeno grupo de convertidos associou-se a Paulo, tornando-se os primeiros cristãos de Atenas.

O CRISTÃO NUMA SOCIEDADE SECULAR

Alguns podem pensar que Paulo não causou grande impacto em Atenas. Esse punhado de convertidos em Atenas parece, de alguma forma, menos espetacular do que os avivamentos que Paulo presenciou em Antioquia ou Tessalônica. Mas Paulo obteve um tremendo resultado naquela cidade em seu nível social mais elevado. Expôs seu tribunal mais importante ao conhecimento do Deus verdadeiro. Este evento resultou na implantação de uma igreja em Atenas e preparou o ministério do apóstolo para a vizinha cidade de Corinto. Paulo também abriu outras oportunidades para a pregação ("te ouviremos noutra ocasião"). Embora a reação dos membros do Areópago não tenha sido tão sensacional como as que o ensino de Paulo provocara em outros lugares, podemos estar certos de que o propósito de Deus foi ali cumprido e a Palavra não voltou vazia. A tríplice reação daquele dia — desprezo, curiosidade e conversão — é característica do que acontece sempre que o evangelho é fielmente pregado.

Paulo viajou para Corinto imediatamente após o ocorrido no Areópago. Anos mais tarde, ele escreveu: "Eu, irmãos, quando fui ter convosco, anunciando-vos o testemunho de Deus, não o fiz com ostentação de linguagem ou de sabedoria. Porque decidi nada saber entre vós, senão a Jesus Cristo e este crucificado" (1 Co 2.1, 2). Alguns intérpretes crêem que isso significava que Paulo renunciara à abordagem que havia empregado no Areópago. Esse ponto de vista quer tirar conclusões demais de 1 Coríntios 2. Em nenhum lugar, Paulo fornece indícios de que encarou seu ministério em Atenas como um fracasso. Rejeito a opinião que afirma ter sido um fracasso o sermão no Areópago. De tudo que lemos nas Escrituras, este sermão é totalmente consistente com a maneira que Paulo anunciou o evangelho em outros lugares. Contudo, podemos concluir o seguinte de 1 Coríntios 2, assim como do restante das epístolas pastorais: Paulo não acreditava que o segredo de seu ministério poderoso residia na citação de poetas gregos. Não o vemos aconselhando Timóteo e Tito a estudarem muito sobre a cultura secular, aprenderem a citar os livros clássicos ou estudarem filosofia, a fim de serem capazes de debater com a elite intelectual. Paulo simplesmente ordenou-lhes que pregassem a Palavra, a tempo e fora de tempo, estivessem preparados a enfrentar a hostilidade do mundo, ao se mostrarem fiéis na tarefa da pregação.

Atos 17 prova que, embora o apóstolo tenha ajustado seu estilo de falar, ele nunca adaptou sua mensagem. E, o que é mais importante, Paulo jamais adotou o espírito de sua época. Há alguns anos, Francis Schaeffer escreveu: "Acomodar-nos ao espírito reinante no mundo contemporâneo é a forma mais grotesca de mundanismo, no sentido mais pleno da palavra".[5] É precisamente isto o que muitos estão fazendo hoje; Paulo jamais o faria. Jamais se conformou e, mais importante ainda, nunca procurou conformar o Deus que ele proclamava aos gostos e expectativas de seu auditório. Paulo se contentava, assim como devemos nos contentar, em permitir que o poder do evangelho falasse por si mesmo.

8

A SOBERANIA DE DEUS NA SALVAÇÃO

Filhos de Deus, não importa o que não têm, vocês possuem um Deus em quem podem se gloriar intensamente. Tendo a Deus, vocês têm mais do que tudo, pois tudo procede dele. Se todas as coisas fossem destruídas, Ele poderia restaurá-las simplesmente através da sua vontade. Ele fala, e está feito; ordena, e nada resiste. Bem-aventurado é o homem que põe a sua confiança no Deus de Jacó e cuja esperança é Jeová. No Senhor Jeová temos justiça e força; confiemos nele para todo o sempre. Que se passem os tempos, estes não podem influenciar nosso Deus.

Charles Haddon Spurgeon[1]

Uma das coisas mais ridículas que já vi é o boneco de Jesus da série "Grandes Personagens de Ação da Bíblia", para crianças. O boneco de plástico veste-se de uma túnica e sandálias. Trata-se apenas de um entre vários personagens da série, fabricados por uma companhia sediada no Estado de Michigan. A série inclui João Bátista, Pedro, Davi e Golias, Daniel e os leões. Para as meninas, as alternativas são Maria, Rute e Ester. Ou ainda, pais criativos podem simplesmente comprar, da mesma companhia, as roupas da época e transformarem a boneca Barbie em uma "mulher de fé".

Para não perder a concorrência, um fabricante de bonecas da Flórida oferece, ao preço de US$ 29.95, "Jesus, O Boneco", um boneco de pano totalmente lavável. Concebido primordialmente para "ajudar as crianças a descobrirem Jesus", o brinquedo molengão supostamente também "pode fornecer alívio aos idosos e enfermos, aos que fazem parte dos programas de recuperação e àqueles que se encontram sob aflição emocional. Em outras palavras, a todos". Que tipo de "alívio" um Jesus-boneco, de pano, pode oferecer que o verdadeiro Jesus não oferece? De acordo com o fabricante, o Jesus verdadeiro não é suficientemente palpável: "É difícil abraçar o ar.

Há mais bonecos projetados para completar a linha, que o fabricante chama de "Primícias". Os próximos dois serão Maria e Deus. E, ao ser indagado sobre qual a aparência de um boneco de pano deus, o fabricante trouxe um protótipo, que tinha 60 cm de altura, barba e cabelos brancos e estava vestido com uma túnica longa nas cores do arco-íris, sendo completamente lavável, é claro.

Quando li a respeito do "boneco Jesus" e do "personagem de ação Jesus", estes me pareceram como metáforas adequadas à maneira que alguns cristãos professos imaginam o Senhor. Muitos pensam nele como alguém que pode ser manipulado do jeito que desejam, em lugar de verem-No como o plenamente soberano Jeová da Bíblia. A verdade é que, em geral, as pessoas preferem uma imagem tipo boneca de pano benigna, totalmente passiva, com barba branca, ao invés do Deus Todo-Poderoso revelado nas Escrituras.

A ABSOLUTA SOBERANIA DE DEUS

Não existe doutrina mais desprezada pela mente natural do que a verdade de que Deus é absolutamente soberano. O orgulho humano odeia a ideia de que Deus a tudo ordena, a tudo controla e reina sobre tudo. A mente natural, que arde em inimizade contra Deus, abomina o ensinamento bíblico de que nada ocorre senão o que está de acordo com os eternos decretos de Deus. Acima de tudo, a carne odeia a noção de que a salvação é uma obra inteiramente divina. Se Deus escolheu quem seria salvo e se a escolha dele foi realizada antes da fundação do mundo, os crentes não têm direito a nenhuma parcela de crédito em qualquer aspecto de sua salvação.

Mas é precisamente isto que as Escrituras ensinam. Até mesmo a fé é um dom gracioso de Deus a seus eleitos. Jesus declarou: "Ninguém poderá vir a Mim, se pelo Pai não lhe for concedido" (Jo 6.65). "Ninguém conhece o Pai senão o Filho e aquele a quem o Filho o quiser revelar" (Mt 11.27). Portanto, o salvo não tem qualquer coisa de que se gloriar (Ef 2.8, 9). "Do Senhor vem a salvação!" (Jn 2.9 - ARC).

A doutrina da eleição divina é explicitamente ensinada em toda a Escritura. Por exemplo, considerando apenas as epístolas do Novo Testamento, aprendemos que todos os crentes são "eleitos de Deus" (Tt 1.1). Fomos "predestinados segundo o propósito daquele *que faz todas as cousas conforme o conselho da sua vontade*" (Ef 1.11). Deus "nos escolheu, nele, antes da fundação do mundo... nos predestinou para ele, para a adoção de filhos, por meio de Jesus Cristo, segundo o beneplácito de sua vontade" (Ef 1.4,5). "Somos chamados segundo o seu propósito. Porquanto aos que de antemão conheceu, também os predestinou para serem conformes à imagem de seu Filho... aos que predestinou, a esses também chamou; e aos que chamou, a esses também justificou; e aos que justificou, a esses também glorificou" (Rm 8.28-30).

Ao escrever que somos "eleitos, segundo a presciência de Deus Pai (1 Pe 1.1, 2), Pedro não estava usando a palavra "presciência" para significar que Deus sabia de antemão quem haveria de crer e, por isso, escolheu a essas pessoas pela fé que previra nelas. Em vez disso, Pedro estava dizendo que Deus determinou, antes do princípio dos tempos, conhecê-las, amá-las e salvá-las; e escolheu-as sem levar em conta qualquer coisa boa ou ruim que pudessem fazer. Voltaremos a este ponto novamente, mas, por enquanto, repare que esses versículos afirmam claramente que a escolha soberana de Deus é feita "segundo o beneplácito de sua vontade" e "segundo o propósito daquele que faz todas as cousas conforme o conselho da sua vontade", ou seja, por nenhuma razão externa a Si mesmo. É claro que não escolheu certos pecadores para serem salvos por causa de algo digno neles ou por ter previsto que O escolheriam. Deus os escolheu tão somente porque foi do seu agrado fazê-lo. Ele declara: "Desde o princípio anuncio o que há de acontecer... digo: o meu conselho permanecerá de pé, farei toda a minha vontade" (Is 46.10). Deus não está sujeito às decisões dos outros. Seus propósitos em escolher uns e rejeitar outros estão escondidos nos secretos conselhos de sua vontade.

Além disso, todas as coisas existem no universo porque Deus o permitiu, decretou e chamou à existência. "No céu está o nosso Deus e tudo faz como lhe agrada" (Sl 115.3). "Tudo quanto aprouve ao SENHOR, ele o fez, nos céus e na terra, no mar e em todos os abismos" (Sl 135.6). Deus "faz todas as cousas conforme o conselho da sua vontade" (Ef 1.11). "Porque dele, e por meio dele, e para Ele são todas as cousas" (Rm 11.36). "Todavia, para nós, há um só Deus, o Pai, de quem são todas as cousas e para quem existimos; e um só Senhor, Jesus Cristo, pelo qual são todas as coisas, e nós também, por ele" (1 Co 8.6).

O que dizermos a respeito do pecado? Deus não é o autor do pecado, mas certamente o permitiu; faz parte de seu eterno decreto. Deus tem um propósito em permitir o pecado. Ele não pode ser responsabilizado pelo mal ou culpado por sua existência ("Não há santo como o SENHOR" — 1 Sm 2.2). Mas, com Certeza não foi pego de surpresa ou se encontrava impotente para deter o pecado quando este entrou no universo. Não conhecemos seus propósitos em permitir o pecado. Se não foi por outro motivo, Ele o permitiu a fim de aniquilar o mal para sempre. E Deus, às vezes, se utiliza do mal para realizar o bem (Gn 45.7, 8; 50.20; Rm 8.28). Como pode ser isto? As Escrituras não respondem todas as nossas perguntas. Mas, pela Palavra, sabemos que Deus é plenamente soberano, perfeitamente santo e absolutamente justo.

Sem dúvida, essas verdades são difíceis para a mente humana aceitar, mas as Escrituras são inequívocas. Deus controla todas as coisas ao ponto de escolher quem será salvo. Paulo assevera esta doutrina em termos inevitáveis, em Romanos 9, mostrando que Deus escolheu a Jacó e rejeitou a seu irmão gêmeo, Esaú, quando "ainda não eram os gêmeos nascidos, nem tinham praticado o bem ou o mal (para que o propósito de Deus, quanto à eleição, prevalecesse, não por obras, mas por aquele que chama)" (v. 11). Em alguns versículos adiante, Paulo acrescenta: "Terei misericórdia de quem me aprouver ter misericórdia e compadecer-me-ei de quem me aprouver ter compaixão. Assim, pois, não depende de quem quer ou de quem corre, mas de usar Deus a sua misericórdia" (vv. 15, 16).

Paulo se antecipou ao argumento contra a soberania divina: "Mas algum de vocês me dirá: Então, por que Deus ainda nos culpa? Pois quem resiste à sua vontade?" (Rm 9.19 - NVI). Em outras palavras, será que a soberania de Deus não anula a responsabilidade humana? Mas, ao invés de fornecer uma resposta filosófica ou um argumento profundamente místico, Paulo apenas repreendeu o cético: "Quem és tu, ó homem, para discutires com Deus! Porventura, pode o objeto perguntar a quem o fez: Por que me fizeste assim? Ou não tem o oleiro o direito sobre a massa, para do mesmo barro fazer um vaso para honra e outro, para desonra?" (Rm 9.20, 21).

As Escrituras afirmam tanto a soberania divina quanto a responsabilidade humana. Precisamos aceitar os dois lados da verdade, embora talvez não entendamos como um e outro se correlacionam. As pessoas são responsáveis pelo que fazem com o evangelho e por qualquer luz que recebem (Rm 2.19, 20); portanto, o castigo será justo se rejeitarem a luz. E aqueles que rejeitam o fazem voluntariamente. Jesus lamentou: "Contudo, não quereis vir a mim para terdes vida" (Jo 5.40). Ele disse aos incrédulos: "Se não crerdes que Eu Sou, morrereis em vossos pecados" (Jo 8.24). Em João 6, nosso Senhor uniu a soberania divina e a responsabilidade humana, ao dizer: "Todo aquele que o Pai me dá, esse virá a mim; e o que vem a mim, de modo nenhum o lançarei fora" (v. 37); "A vontade de meu Pai é que todo o homem que vir o Filho e nele crer tenha a vida eterna; e eu o ressuscitarei no último dia" (v. 40); "Ninguém pode vir a mim se o Pai, que me enviou, não o trouxer" (v. 44); "Em verdade, em verdade vos digo: quem crê em mim tem a vida eterna" (v. 47); "Ninguém poderá vir a mim, se, pelo Pai, não lhe for concedido" (v. 65). De que modo essas duas realidades podem ser verdadeiras simultaneamente é algo que não pode ser entendido pela mente humana, somente por Deus.

Acima de tudo, não devemos concluir que Deus é injusto por decidir conceder graça a alguns, mas não a todos. Deus jamais deve ser medido por aquilo que parece correto ao julgamento humano. Seremos tão néscios a ponto de supor que nós, criaturas caídas e pecaminosas, temos um padrão mais elevado, quanto ao que é certo, do que um Deus não caído, infinito e eternamente santo? Que tipo de orgulho é esse? No salmo 50.21, Deus afirma: "Pensavas que eu era teu igual". Mas Deus *não* é como nós, nem pode ser avaliado por padrões humanos. "Porque os meus pensamentos não são os vossos pensamentos, nem os vossos caminhos, os meus caminhos, diz o SENHOR, porque, assim como os céus são mais altos do que a terra, assim são os meus caminhos mais altos do que os vossos caminhos, e os meus pensamentos, mais altos do que os vossos pensamentos" (Is 55.8, 9).

Ultrapassamos os limites quando concluímos que algo feito por Deus não é justo. Em Romanos 11.33 e 34, o apóstolo escreve: "Ó profundidade da riqueza, tanto da sabedoria como do conhecimento de Deus! Quão insondáveis são os seus juízos, e quão inescrutáveis, os seus caminhos! Quem, pois, conheceu a mente do Senhor? Ou quem foi o seu conselheiro?"

SOBERANIA DIVINA VERSUS PRAGMATISMO

O que a soberania de Deus tem a ver com o assunto deste livro? Tudo. A razão específica pela qual muitas igrejas contemporâneas abraçam a metodologia pragmática é por que lhes falta qualquer noção da soberania de Deus na salvação dos eleitos. Perderam a confiança no poder de Deus em usar a pregação do evangelho a fim de alcançar incrédulos endurecidos de coração. É por isso que abordam o evangelismo como uma questão de *marketing* e moldam a sua metodologia de acordo com este.

Há mais de trinta anos, J. I. Packer escreveu:

> Se esquecermos que, ao ser pregado o evangelho, é prerrogativa de Deus conceder resultados, começaremos a pensar que é nossa responsabilidade assegurá-los. E, se esquecermos que somente Deus pode conceder a fé, começaremos a pensar que, em última análise, o fazer convertidos depende não de Deus, mas de nós, e que o fator decisivo é a maneira pela qual evangeliza-

mos. Essa linha de raciocínio, seguida com constância, acabará nos afastando do caminho.

Vamos analisar esta questão. Se julgássemos ser nossa tarefa, e não de Cristo, produzir convertidos — evangelizar, não apenas fielmente, mas de forma bem-sucedida — nossa forma de abordar o evangelismo se tornaria pragmática e calculista. Concluiríamos que nosso equipamento básico, para a evangelização pessoal e pública, deveria ter uma característica dupla. Precisaríamos não apenas de uma boa compreensão do significado e da aplicação do evangelho, mas também de uma técnica irresistível para induzir os resultados. Portanto, deveríamos considerar como responsabilidade nossa tentar desenvolver tal técnica. E deveríamos avaliar todo o evangelismo, nosso e dos outros, pelo critério não apenas da mensagem pregada, mas também dos resultados visíveis. Se nossos próprios esforços não estivessem produzindo frutos, precisaríamos concluir que nossa técnica ainda necessitaria de aprimoramento. E, se estivesse produzindo frutos, concluiríamos que isso justificaria a técnica que estivéssemos usando. Deveríamos considerar o evangelismo como uma atividade envolvendo uma batalha de vontades, entre nós e aqueles a quem estamos pregando, uma batalha onde a vitória dependeria de lançarmos uma carga de artilharia pesada com efeitos calculados.[2]

Packer estava nos alertando exatamente contra o tipo de pensamento que deu origem à igreja "amigável" e sua filosofia pragmática norteada por *marketing*.

Na verdade, a forma pragmática de abordar o ministério não é uma coisa nova. Tem raízes profundas na história da igreja norte-americana. A maior contribuição para isso não foi feita por Harry Emerson Fosdick, Norman Vincent Peale, Robert Schuller ou qualquer outro defensor contemporâneo do pragmatismo. Eles e outros seguiram a influência de outro homem, Charles G. Finney, um evangelista da primeira metade do século XIX.

Charles Finney errou ao rejeitar o ponto de vista ortodoxo da eleição divina, como sendo "um exercício de soberania arbitrária".³ Rejeitou a doutrina da conversão como uma obra inteiramente de Deus. Em vez disso, ensinou que a fé é fundamentalmente uma decisão humana e que a salvação é assegurada pela ação do próprio pecador em voltar-se para Deus.

Embora o fundamental erro teológico de Finney tenha sido a rejeição da soberania de Deus, isso conduziu, inevitavelmente, a outros erros em seus ensinos. Ele concluiu que as pessoas são pecadoras por *escolha*, não por natureza. Finney acreditava que o propósito do evangelismo era convencer as pessoas a *escolherem* diferenciadamente — ou, como muitos dizem hoje, "fazerem uma decisão por Cristo". Portanto, a escolha do pecador, não a de Deus, tornou-se o fator determinante na conversão. O meio de sair das trevas para a luz era, na opinião de Finney, nada mais do que um simples ato da vontade humana. A tarefa do pregador consistia em assegurar uma decisão de fé, usando quaisquer meios que se mostrassem úteis. Finney introduziu "novos procedimentos" (metodologia não convencional) em seu ministério, frequentemente utilizando técnicas cujo único propósito era comover e despertar o interesse do apático frequentador de igreja. Ele estava disposto a implementar praticamente quaisquer meios que extraíssem de seus auditórios a resposta desejada.

Desta forma, a maneira de Charles Finney abordar o ministério prenunciou e lançou os alicerces para o pragmatismo moderno. Seus ensinos e métodos têm sido responsáveis pelas grandes mudanças ocorridas no evangelismo norte-americano deste último século e meio. Finney poderia ser chamado de "o pai do pragmatismo evangélico". O ministério moderno, norteado por *marketing*, é apenas uma culminação do movimento que Finney iniciou (ver Apêndice 2). Seria de se esperar que os que rejeitam a doutrina bíblica da soberania de Deus fossem seguidores de Finney, porém não esperaríamos que pudessem segui-lo os que afirmam sustentar tal doutrina. O pragmatismo destes torna-se uma negação de sua teologia, uma espécie de esquizofrenia espiritual.

A SALVAÇÃO VEM DO SENHOR

Spurgeon lutou em *A Controvérsia do Declínio* vários anos depois do apogeu de Finney. Mas ainda se percebia a influência de Finney, até mesmo em Londres.[4] A teologia da Reforma estava em acentuado declínio; a metodologia pragmática, em alta. Spurgeon era, frequentemente, uma voz solitária, em especial quanto à doutrina da soberania de Deus. Um dos contemporâneos de Spurgeon, R. W. Dale, em 1881 escreveu que "o senhor Spurgeon permanece sozinho entre os líderes modernos da Não conformidade Evangélica, em sua fidelidade ao antigo credo calvinista".[5] Quase todos os outros evangélicos influentes na Inglaterra haviam abandonado sua confiança na soberania divina.

Spurgeon percebeu, com nitidez, como essa desastrosa perda de confiança poderia levar as igrejas ao declínio. Ele concordava plenamente com uma carta publicada e dirigida ao editor de *A Era Cristã*, escrita pelo Dr. David Brown, diretor da Faculdade Free Church, em Aberdeen: "Todas as nossas igrejas estão corroídas pela malévola tendência de se minimizar todas as características do evangelho que o homem natural não seja capaz de aceitar. E, não é de admirar, pois parece ser o objetivo da igreja atrair a mente do homem natural. Onde isto acontece, a espiritualidade do púlpito é suprimida, e o próprio Espírito não se encontra ali".[6]

Spurgeon considerava a soberania divina como "a chave para a verdade de Deus"?[7] Reputava essa doutrina como o cerne do próprio evangelho: "Tenho minha própria opinião pessoal de que não existe tal coisa como proclamar a Cristo, e Ele crucificado, a menos que preguemos o que em nossos dias está sendo chamado de calvinismo... Não creio que estaremos anunciando o evangelho, se não pregarmos a justificação pela fé, independentemente das obras, ou a soberania de Deus em sua dispensação de graça".[8]

Spurgeon citou Jonas 2.9 — "A salvação vem do SENHOR":

> Este versículo é apenas uma síntese do calvinismo; é a soma e a substância do mesmo. Se alguém me perguntasse o que

significa o termo "calvinista", responderia: "Calvinista é alguém que diz: *A salvação vem do* SENHOR". Não consigo encontrar nas Escrituras outra doutrina além desta. É a essência da Bíblia. "Só *ele* é a minha rocha e a minha salvação." Fale-me de qualquer coisa contrária a essa verdade, e será uma heresia; mostre-me uma heresia, e eu descobrirei sua essência nisto: ela se apartou desta grande verdade — rocha que é fundamental — "Deus é a minha rocha e a minha salvação". Qual é a heresia de Roma, senão acrescentar algo aos perfeitos méritos de Jesus Cristo, ou seja, trazer obras da carne, para ajudarem na justificação? E qual é a heresia do arminianismo, senão acrescentar alguma coisa à obra do Redentor? Toda heresia, analisada com profundidade, descobrir-se-á aqui.[9]

AS ESCRITURAS E A SOBERANIA DE DEUS

A salvação é uma obra inteiramente do Senhor? Ou, teria Ele já feito tudo que poderia e, agora, espera pela decisão dos pecadores? As Escrituras são claras. Se a salvação dependesse da iniciativa do pecador, ninguém jamais seria salvo. "Não há quem entenda, não há quem busque a Deus" (Rm 3.11). "Ninguém pode vir a mim se o Pai, que me enviou, não o trouxer" (Jo 6.44). O próprio Deus inspira a fé naqueles a quem Ele destinou à vida eterna (At 13.48). Após, esse inspirar, a busca começa, como em Isaías 55.6, 7: "Buscai o SENHOR enquanto se pode achar, invocai-o enquanto está perto. Deixe o perverso o seu caminho, o iníquo, os seus pensamentos; converta-se ao SENHOR, que se compadecerá dele, e volte-se para o nosso Deus, porque é rico em perdoar". Esse texto é seguido por uma afirmação da soberania de Deus, nas palavras clássicas do versículo 11: "Assim será a palavra que sair da minha boca: não voltará para mim vazia, mas fará o que me apraz e prosperará naquilo para que a designei". E, se tal paradoxo é confuso, os versos 8 e 9 talvez ajudem a explicá-lo: "Porque os meus pensamentos não são os vossos pensamentos, nem os vossos caminhos, os meus caminhos, diz o SENHOR, porque, assim como os céus são mais altos do que a terra, assim são os meus caminhos mais altos do que os vossos caminhos, e os meus pensamentos, mais altos que os vossos pensamentos".

Deus ordena a todos que se arrependam (At 17.30) — mas, em última análise, é Ele mesmo que precisa outorgar o arrependimento (At 5.31; 11.18: 2 Tm 2.25). Embora Deus exija uma resposta de fé, é imperativo *que Ele* mesmo, graciosamente, incline e habilite a resposta nos corações de seus eleitos (At 18.27). O coração humano é tão depravado que, se fôssemos deixados sozinhos, nenhum de nós jamais haveria de crer. Se, por nós mesmos pudéssemos gerar a fé, certamente teríamos algo de que nos gloriar. Mas as Escrituras afirmam: "Pela graça sois salvos, mediante a fé; e isto não vem de vós, é dom de Deus; não de obras, para que ninguém se glorie. Pois somos feitura dele, criados em Cristo Jesus para boas obras, as quais Deus de antemão preparou para que andássemos nelas" (Ef 2.8-10).

Essas verdades não estão escondidas em passagens isoladas das Escrituras, mas, conforme sugeriu Spurgeon, são "a essência da Bíblia", confirmadas em todo o texto sagrado. Desejo, entretanto, considerar uma breve passagem das Escrituras que é muito clara em falar a respeito da soberania de Deus na salvação:

> Pedro, apóstolo de Jesus Cristo, aos eleitos que são forasteiros da Dispersão no Ponto, Galácia, Capadócia, Ásia e Bitínia, eleitos segundo a presciência de Deus Pai, em santificação do Espírito, para a obediência e a aspersão do sangue de Jesus Cristo, graça e paz vos sejam multiplicadas. Bendito o Deus e Pai de nosso Senhor Jesus Cristo, que segundo a sua muita misericórdia, nos regenerou para uma viva esperança, mediante a ressurreição de Jesus Cristo dentre os mortos, para uma herança incorruptível, sem mácula, imarcescível, reservada nos céus para vós outros que sois guardados pelo poder de Deus, mediante a fé, para a salvação preparada para revelar-se no último tempo (1 Pe 1.1-5).

ESCOLHIDOS POR DEUS

É claro que esse trecho constitui apenas a saudação desta carta. Ainda assim, logo no início da carta, Pedro dá um salto teológico de profundas proporções. Muitos pregadores, até mesmo alguns que dizem crer na doutrina da eleição, evitam mencioná-la em qualquer de seus ensinamentos em público, visto que este assunto frequentemente é mal--compreendido e sofre abusos. Mas Pedro começa sua primeira epístola com uma nítida afirmação desta doutrina. Ele se aprofunda no cerne da questão antes mesmo de acabar sua primeira frase.

Lembre-se que Pedro estava escrevendo a crentes perseguidos, de todos os níveis de maturidade, espalhados por toda a Ásia Menor. Em meio à perseguição, quando poderiam estar questionando a soberania de Deus e o seu cuidado por eles, Pedro estava pronto a recordar-lhes que eram os eleitos de Deus. A palavra grega traduzida por "eleitos" é *eklektos*, do verbo *kaleõ* (chamar) aglutinado à preposição *ek* (fora). Literalmente significa "os chamados para fora". Frequentemente este termo é usado no Novo Testamento como sinônimo para cristãos (por exemplo, Cl 3.12; 2 Tm 2.10; Tt 1.1).

A expressão "os chamados para fora" enfatiza que nós salvos somos redimidos não por nossa escolha, mas de Deus. Jesus disse a seus discípulos: "Não fostes vós que me escolhestes... mas eu vos escolhi" (Jo 15.16). Em outras palavras, se você é um cristão, em última análise é porque você foi escolhido por Deus mesmo, e não por causa de algo que você tenha feito para ganhar entrada no reino de Deus. Como Spurgeon escreveu:

> Quando eu estava vindo a Cristo, pensei estar fazendo tudo por mim mesmo, embora tenha buscado ao Senhor fervorosamente, não imaginava que Ele estava buscando a mim... Então me veio o pensamento: *como é que você se tornou um cristão?* Busquei ao Senhor. *Mas como é que você chegou a buscá-Lo?* Naquele instante, a verdade reluziu em minha mente — eu não O teria buscado, a menos que tivesse existido alguma influência prévia em meu coração, a fim de *me levar a procurá-Lo...* vi que Deus estava por trás de tudo

e que Ele era o Autor da minha fé; foi assim que toda a doutrina da graça se revelou a mim... Desejo constantemente fazer a seguinte confissão: "Atribuo minha transformação inteiramente a Deus".[10]

Em 1 Pedro 2.9, o apóstolo reafirma o tema da soberana eleição de Deus utilizando os seguintes termos: "Vós, porém, sois raça eleita, sacerdócio real, nação santa, povo de propriedade exclusiva de Deus, a fim de proclamardes as virtudes daquele vos chamou das trevas para a sua maravilhosa luz". Estaria Deus tentando salvar o mundo inteiro? Não. Ele está constituindo um povo para o seu nome (cf. At 15.14). Em João 17.9, Jesus ora em favor dos eleitos: "É por eles que eu rogo. Não rogo pelo mundo, mas por aqueles que me deste, porque são teus".

Antes da criação do mundo, no infinito da eternidade passada, o Pai escolheu um povo para o seu nome. Efésios 1.4, 5 diz:

> Assim como nos escolheu nele antes da criação do mundo, para sermos santos e irrepreensíveis perante ele; e em amor nos predestinou para ele, para a adoção de filhos, por meio de Jesus Cristo, segundo o beneplácito da sua vontade".

Nós, salvos, estávamos na mente de Deus antes do princípio do tempo. Quando o mundo ainda não existia fomos escolhidos. Sempre fomos escolhidos. É um pensamento insondável, mas intensamente empolgante.

Deus "nos salvou e nos chamou com santa vocação; não segundo as nossas obras, mas conforme sua própria determinação e graça que nos foi dada em Cristo Jesus, *antes dos tempos eternos*" (2 Tm 1.9). É por esta razão que nossos nomes podem estar "escritos no livro da vida do Cordeiro que foi morto desde a fundação do mundo" (Ap 13.8). O apóstolo Paulo deixou claro que pregava como "apóstolo de Jesus Cristo para levar os eleitos de Deus à fé" (Tt 1.1 - NVI). Ele sabia que, ao pregar o evangelho, Deus salvaria os eleitos através da verdade proclamada (cf. At 18.9-11). Sua tarefa era pregar a verdade salvadora, de modo que o Espírito de Deus a usasse para ativar a fé nos eleitos.

Se você tem dificuldades em compreender essas verdades, não está sozinho. São difíceis de aceitar, impossíveis de compreender e, até mesmo, repugnantes à nossa sensibilidade humana. A mente humana caída tende a pensar que é injusto da parte de Deus escolher alguns mas não todos, como se tivéssemos direito de exigir a graça divina. *"Isso não é justo!"*, é a resposta costumeira. Porém, o objetivo disto não é ser justo. Não deveríamos desejar que isto fosse justo, pois implicaria que todos seriam eternamente condenados. Deus salva graciosamente a muitos, os quais merecem apenas a sua ira. Se Ele resolve demonstrar sua ira nos outros, isto não corrompe a sua justiça (Rm 9.21-23).

Entretanto, não é incomum as pessoas reagirem à soberania de Deus tomando-se iradas. O quarto capítulo de Lucas descreve um incidente quando Jesus falou sobre a doutrina da eleição, e a multidão se tornou hostil. Ele estava ensinando na sinagoga de Nazaré, logo após iniciar seu ministério público. A princípio, "todos falavam bem dele, e admiravam-se das palavras de graça que saíam de seus lábios" (Lc 4.22 - NVI). Haviam sido informados sobre os grandes milagres que Ele realizara em Cafarnaum e queriam ver milagres semelhantes em Nazaré. Estavam maravilhados, e obviamente um tanto céticos, quanto ao fato de que alguém de sua própria comunidade tivesse poder para demonstrar tais sinais e maravilhas.

Mas não fazia parte do plano soberano de Deus que Ele operasse milagres em Nazaré. Prevendo o que o povo queria, Jesus lhes disse:

> Sem dúvida, citar-me-eis este provérbio: Médico, cura-te a ti mesmo; tudo o que ouvimos ter-se dado em Cafarnaum, faze-o também aqui na tua terra. E prosseguiu: De fato, vos afirmo que nenhum profeta é bem recebido na sua própria terra. Na verdade, vos digo que muitas viúvas havia em Israel no tempo de Elias, quando o céu se fechou por três anos e seis meses, reinando grande fome em toda a terra; e a nenhuma delas foi Elias enviado, senão uma viúva de Sarepta de Sidom. Havia também muitos leprosos em Israel no tempo do profeta Eliseu, e nenhum deles foi purificado, senão Naamã, o sírio (Lc 4.23-27).

Em outras palavras, Deus é soberano com relação a como, quando e onde manifesta sua graça. Jesus não apresentaria um show de milagres porque estavam pedindo.

Qual foi a reação da multidão? Aqueles que, momentos antes, pareciam tão gratos, "ouvindo estas cousas, se encheram de ira. E, levantando-se, expulsaram-no da cidade e o levaram até ao cume do monte da colina sobre o qual estava edificada, para, de lá, o precipitarem abaixo" (Lc 4.28, 29). Não queriam ouvir a verdade, pois, odiavam-na. Então, extravasaram seu ódio contra o Senhor. "Jesus, porém, passando por entre eles, retirou-se" (v. 30). O milagre que desejavam ver aconteceu sem que ao menos o percebessem: Jesus passou por entre eles e, sobrenaturalmente, escapou da turba.

A escolha soberana é uma daquelas verdades que provam ser a Bíblia a Palavra de Deus. Não é uma verdade que a razão humana poderia ou acabaria inventando. A única razão pela qual alguém crê é porque a doutrina da escolha soberana está cristalinamente revelada na Palavra de Deus. Não podemos compreendê-la com nossas faculdades limitadas; precisamos tão somente recebê-la pela fé. E temos de recebê-la. De outro modo, não estaremos atribuindo a Deus a glória que Lhe é devida como o Senhor soberano, onisciente e perfeitamente justo, que nos escolheu. Pelo contrário, em última análise, estaremos recebendo, para nós mesmos, os méritos por aquilo que, na realidade, é uma obra de Deus em nós.

Forasteiros

Considere outra expressão que Pedro usou para descrever seus leitores: "forasteiros" (1 Pe 1.1). Ele estava escrevendo a judeus crentes que, por causa de uma série de terríveis perseguições, haviam sido dispersos por toda Ásia Menor. Mas o que tinha em mente era muito mais do que o *status* deles como estrangeiros em uma nação terrena. Estava relembrando-lhes que, como escolhidos de Deus, eram "estrangeiros e peregrinos sobre a terra" (Hb 11.13), forasteiros neste mundo.

Na qualidade de cristãos, pertencemos ao reino dos céus, não a este mundo. Não devemos amar o mundo (1 Jo 2.15). Não devemos ser amigos do mundo (Tg 4.4). Estamos aqui como embaixadores de Cristo (2 Co 5.20). Somos estrangeiros que vivem por um padrão mais elevado. Estamos no mundo, mas não somos *do* mundo (cf. Jo 17.11, 14, 16).

Pedro desejava que os crentes dispersos e perseguidos compreendessem que, embora o mundo os houvesse rejeitado, o próprio Deus os havia escolhido. Pedro sabia que haveria de encorajá-los ao torná-los cientes de que, ao mesmo tempo em que eram forasteiros e exilados neste mundo, eram os cidadãos escolhidos do reino de Deus.

Conhecidos de Antemão Desde a Eternidade

Examinemos a frase "segundo a presciência de Deus Pai" (1 Pe 1.2). A linguagem é semelhante àquela usada por Paulo em Romanos 8.29: "Aos que de antemão conheceu, também os predestinou..." Deus escolheu de acordo com sua presciência. Como já observamos antes, isto não significa que Deus, assentado na eternidade passada, olhou através do tempo para ver o que faria, então escolheu aqueles que Ele antecipadamente viu que decidiriam crer. Isto tornaria as pessoas soberanas e Deus estaria sujeito à escolha delas. Afinal de contas, o que Pedro está esclarecendo é que Deus nos escolheu, e não que nós O escolhemos.

A palavra "presciência" vem da palavra grega *prognōsis*. Mais adiante, no mesmo capítulo, Pedro emprega uma forma diferente desta mesma palavra. O versículo 20 diz que o próprio Cristo foi "conhecido, com efeito, antes da fundação do mundo". Poderia o termo "conhecido", nesse versículo, referir-se simplesmente à previsão onisciente de Deus? É claro que não. Deus não olhou para o futuro para ver o que Cristo faria. Nesse contexto, este termo significa claramente que Deus, o Pai, conhecia o próprio Cristo de modo íntimo e pessoal, antes da fundação do mundo.

Pedro também utilizou a palavra "presciência" em seu sermão no dia de Pentecostes. Falando sobre Jesus, ele afirmou: "Sendo este homem entregue pelo determinado desígnio e presciência de Deus, vós o matastes, crucificando-o por mãos de iníquos" (At 2.23). Pedro não estava sugerindo que Deus previu a crucificação e resolveu tirar dela o máximo de proveito. Não, a crucificação foi seu "determinado desígnio". Deus a conhecia de antemão porque a determinou. Ele a planejou e predeterminou. A crucificação foi o centro de seu plano eterno para a redenção. Aqui, "presciência" traz consigo a ideia de preordenação deliberada.

Aliás, considere a verdade correspondente: "Vós, o matastes, crucificando-o por mãos de iníquos". Aquelas pessoas que haviam clamado "crucificai-O" não estavam absolvidas de sua terrível responsabilidade apenas por que suas ações faziam parte do eterno plano de Deus. "*Vós o matastes*", Pedro lhes disse. Eram culpados e responsáveis por suas ações, embora estas estivessem em perfeito acordo com o eterno plano de Deus. A soberania divina não invalida a responsabilidade humana. O fato de haver Deus predeterminado e previsto a morte de Cristo não absolveu aqueles que, de fato, O mataram, nem os poupou da culpa condenatória.

Então, como devemos entender o termo *presciência*'? Já vimos que pode significar conhecimento íntimo e pessoal, e também, uma escolha deliberada. Combine essas duas ideias e terá o significado deste termo.

Esse tipo de presciência era um conceito familiar aos leitores judeus a quem Pedro escreveu. Expressões semelhantes foram empregadas no Antigo Testamento para falar do eterno amor de Deus por seus eleitos. Por exemplo, Deus anunciou a Jeremias: "Antes que eu te formasse no ventre materno, eu te conheci, e, antes que saísses da madre, te consagrei, e te constituí profeta às nações" (Jr 1.5). Em Amós, Deus diz a Israel: "De todas as famílias da terra, só a vós vos tenho conhecido" (Am 3.2 - Tradução Brasileira). A Moisés ele declarou: "Achaste graça aos meus olhos, e eu te conheço pelo teu nome" (Êx 33.17). Todas essas passagens falam de um relacionamento íntimo. A palavra hebraica *yada* ("conhecer") carregava essa conotação de modo tão forte, que foi constantemente empregada como um eufemismo para relações sexuais: "*Conheceu* Adão a Eva, sua mulher e ela concebeu" (Gn 4.1 - ARC).

O Novo Testamento também utiliza a palavra *conhecer* para descrever o relacionamento pessoal e íntimo do Senhor com seus eleitos. Jesus disse: "As minhas ovelhas ouvem a minha voz; eu as conheço, e elas me seguem" (Jo 10.27). Os que não desfrutam desse relacionamento estão condenados. A esses Ele dirá no dia do juízo: "Nunca vos *conheci*; apartai-vos de Mim" (Mt 7.23).

Ao afirmarem as Escrituras que a eleição realizada por Deus é de acordo com a sua presciência, isso expressa que Ele conhecia seus escolhidos intimamente desde antes da fundação do mundo. Deus predeterminou, em seu plano eterno, colocar seu amor sobre certas pessoas, e estas foram as que Ele escolheu. Em outras palavras, Ele estabeleceu seu relacionamento de amor com tais pessoas antes que o tempo existisse; é neste sentido que Deus as conheceu de antemão, desde a eternidade. O autor de Hebreus chama esse plano de "eterna aliança" (Hb 13.20). Paulo relatou a Tito que todo esse plano salvífico foi prometido por Deus "antes dos tempos eternos", uma frase que significa antes que o tempo existisse (Tt 1.2).

DESIGNADOS PARA A SANTIFICAÇÃO

Eleição não é a mesma coisa que salvação. Os crentes são *escolhidos* desde a eternidade passada. Mas, em uma ocasião específica no tempo, passam da morte para a vida. Todos os eleitos certamente serão salvos, mas Deus não os salva independentemente dos meios que Ele mesmo escolheu: a Bíblia, a convicção de pecado, o arrependimento, a fé e a santificação. Os eleitos de Deus precisam crer para serem salvos. É desta forma que o decreto divino e eterno se torna um fato na história.

Pedro salienta essa verdade através da frase "eleitos... em santificação do Espírito" (1 Pe 1.2). Neste versículo, ele faz uso do termo *santificação* não em seu sentido técnico, doutrinário, mas como uma expressão ampla que inclui cada aspecto experiencial da salvação — arrependimento, fé, regeneração, obediência, santificação e tudo o que o Espírito Santo produz nos eleitos.

Observe que é "a santificação do *Espírito*". É obra do Espírito separar-nos do pecado, consagrar-nos e nos tornar santos. Ele está nos conformando à imagem de Cristo. Em 2 Tessalonicenses 2.13, o apóstolo Paulo utiliza linguagem semelhante: "Deus nos escolheu desde o princípio para a salvação pela santificação do Espírito e fé na verdade". Em outras palavras, todos os três membros da Trindade estão envolvidos no processo. Deus planejou nossa salvação. O Espírito santo realiza nossa salvação.

Santificação não significa perfeição; significa separação. Refere-se ao ato de ser separado do pecado, e para Deus. Todo cristão é santificado. Por isso Paulo pôde escrever à problemática igreja em Corinto: "Mas fostes santificados, mas fostes justificados em o nome do Senhor Jesus Cristo e no Espírito do nosso Deus" (1 Co 6.11). No presente, a separação do pecado constitui a direção de nosso viver e, em algum dia, significará a *perfeição* de nossas vidas.

A santificação é tanto um acontecimento quanto um processo que dura por toda a vida. Já fomos e ainda estamos constantemente *sendo* separados do pecado e conformados à semelhança de Cristo. Não atingiremos a santificação ou perfeição final antes que a morte ou a segunda vinda de Cristo nos coloquem face a face com Ele. "Quando Ele se manifestar, seremos semelhantes a ele, porque haveremos de vê-lo como Ele é" (1 Jo 3.2). E nenhum crente escapa desse processo (cf. Jo 6.39, 40 e Rm 8.30-39).

Conforme sugere a linguagem de Pedro, a santificação está tão intimamente ligada à eleição, que as duas são inseparáveis. Desta forma, ele assevera que nenhum verdadeiramente escolhido de Deus pode esquivar-se do processo de santificação. Somos predestinados para sermos "conformes à imagem de seu Filho" (Rm 8.29). Seria uma contradição dizer que Deus escolheu uma pessoa para estar em Cristo, mas que não começou a tornar essa pessoa santa. Contudo, hoje em dia, milhares professam ser cristãos, mas nunca experimentaram qualquer mudança em suas vidas. É melhor que essas pessoas "empenhem-se ainda mais para consolidar a sua vocação e eleição" (2 Pe 1.10 - NIV).

A eleição soberana, da parte de Deus, abrange cada aspecto de nossa salvação, do início ao fim. Ele é o autor e o consumador de nossa fé (Hb 12.2). Salvar-nos é obra totalmente *dele,* incluindo a presciência, a eleição, a regeneração (Tg 1.18), o arrependimento (At 11.18), a fé (Jo 6.44; Rm 12.3), a justificação (Rm 3.24) e a santificação (Hb 2.11) — tudo desde a nossa predestinação até a nossa glorificação final (Rm 8.30). Os eleitos são escolhidos por Deus não apenas para o céu, mas para cada fase de sua obra salvadora. Não ousamos encarar a santificação como algo opcional. "Segui a santificação, sem a qual ninguém verá o Senhor" (Hb 12.14).

ORDENADOS PARA A OBEDIÊNCIA

Pedro vai mais além ao desenvolver esse conceito. Vocês foram escolhidos, diz ele, "para a obediência... de Jesus Cristo". Voltamos novamente a Efésios 2.10: "Pois somos feitura dele, criados em Cristo Jesus para boas obras, as quais Deus de antemão preparou para que andássemos nelas". Portanto, até mesmo as nossas boas obras foram preordenadas por um Deus soberano.

Jesus declarou: "Não fostes vós que me escolhestes a mim; pelo contrário, eu vos escolhi a vós outros e vos designei para que vades e deis fruto" (Jo 15.16).

As boas obras certamente não são a *causa* de nossa eleição. Sem dúvida, elas não são o *fundamento* para Deus nos justificar. Não são, de forma alguma, o *alicerce* da salvação. Mas são a *evidência* inevitável da mesma. Se verdadeiramente somos "feitura dele", se Deus nos escolheu e soberanamente preparou boas obras para que andássemos nelas, então não existe a possibilidade de os eleitos de Deus viverem uma vida terrena destituída da obediência a Jesus. Supor tal possibilidade constitui um ataque à soberania e onipotência daquele que nos escolheu para que obedecêssemos a Jesus Cristo.

ASPERGIDOS COM SEU SANGUE

Pedro continua: "Eleitos... para a obediência *e a aspersão do sangue* de Jesus Cristo" (v. 2). A que isso se refere?

No Antigo Testamento, o sangue dos sacrifícios era frequentemente aspergido sobre objetos inanimados. Na Páscoa, era aspergido sobre os portais e o dintel. Juntamente com algumas ofertas pelo pecado, era aspergido sobre o altar e em volta do tabernáculo. Hebreus 9.22 afirma:

"Quase todas as cousas, segundo a lei, se purificam com sangue".

Raramente, entretanto, *pessoas* eram aspergidas com sangue no Antigo Testamento. Aliás, o sangue era aplicado diretamente sobre as pessoas apenas em duas ocasiões, conforme a lei levítica: uma, na purificação simbólica do leproso (Lv 14.7, 14); a outra, quando os levitas eram consagrados ao sacerdócio (Êx 29.20, 21; Lv 8.24, 30).

Todavia, 1 Pedro 2 não está falando sobre a purificação de leprosos ou sobre a consagração de sacerdotes. Portanto, temos que nos voltar para o outro acontecimento das Escrituras onde pessoas foram aspergidas com sangue. Isto aconteceu somente uma vez, quando Moisés aspergiu os israelitas (Êx 24.8).

O sangue que Moisés aspergiu sobre os israelitas foi chamado de "sangue da aliança". Após Moisés haver anunciado ao povo a Palavra de Deus, eles responderam várias vezes afirmando que a obedeceriam. Essa era a aliança. O sangue aspergido simbolizava a obediência deles. Era o sinal exterior da promessa de que obedeceriam. Moisés edificou um altar e sacrificou dois novilhos. A metade do sangue daqueles animais foi aspergida sobre o altar, simbolizando a promessa de Deus em salvar e abençoar. O restante Moisés aspergiu sobre o povo, dizendo: "Eis aqui o sangue da aliança que o Senhor fez convosco a respeito de todas estas palavras" (Êx 24.8). Isto simbolizou a promessa de obediência do povo. O sangue era necessário como selo da aliança: "Pelo que nem a primeira aliança foi sancionada sem sangue; porque havendo Moisés proclamado todos os mandamentos segundo a lei a todo o povo, tomou o sangue dos bezerros e dos bodes, com água e lã tinta de escarlata, e hissopo e aspergiu não só o próprio livro, como também sobre todo o povo" (Hb 9.18, 19).

É este aspergir simbólico do sangue de Jesus Cristo sobre os crentes que Pedro tem em mente, nestes versículos. "Eleitos... para a obediência e a aspersão do sangue de Jesus Cristo" significa que os eleitos, ao serem salvos, penhoraram obediência ao Senhor que já lhes providenciara salvação e bênção. Pedro está dizendo que Deus nos trouxe à sua aliança quando nos escolheu, antes da fundação do mundo.

Você percebe quão abrangentemente a soberania de Deus envolve a nossa salvação? *Ele* nos escolheu antes de haver tempo, nos amou com amor eterno (Jr 31.3) e nos salvou. *Ele* nos designou para a santificação, nos ordenou para a obediência e estabeleceu sua aliança conosco. Somos verdadeiramente feitura *dele* (Ef 2.10).

APLICANDO A DOUTRINA DA SOBERANIA DIVINA

Com frequência, a doutrina da soberania de Deus é mal compreendida, aplicada erroneamente e sofre abusos. Muitos cristãos entendem que ela é muito profunda, confusa, difícil de entender ou ofensiva. Porém, ao invés de fugirmos dela; devemos correr *para* ela. Não precisamos temê-la, mas, antes, regozijarmo-nos nela. Esta doutrina esmaga o orgulho humano, exalta a Deus e revigora a fé do crente. O que poderia ser mais encorajador do que saber que Deus está soberanamente no controle de toda sua criação? O universo não está sujeito ao acaso. Não há possibilidade do plano de Deus falhar. "*Sabemos* que todas as cousas cooperam para o bem... daqueles que são chamados segundo o seu propósito" (Rm 8.28). Essa é a promessa mais conhecida e querida de toda Bíblia e se fundamenta na doutrina da soberania de Deus.

Além disso, a doutrina da soberania de Deus deve ser uma motivação ao evangelismo. Sabemos que, ao pregarmos ou testemunharmos, Deus tem seus eleitos que *haverão* de responder positivamente; isso deveria nos encorajar a sermos fiéis. A eleição não é desculpa para a inatividade. Aqueles que imaginam poder ficar ociosos, deixando que Deus, de alguma forma mística, salve seus eleitos, não entendem as Escrituras. Sem evangelismo, os eleitos não serão salvos. "Como, porém, invocarão aquele em quem não creram? E como crerão naquele de quem nada ouviram? E como ouvirão, se não há quem pregue?" (Rm 10.14).

É por esta razão que devemos proclamar o evangelho a cada pessoa (Mc 16.15; Lc 24.47). E podemos fazê-lo na confiança de que *todo aquele* que nele crê não perecerá, mas terá a vida eterna (Jo 3.16).

Como parte integral do tema deste livro, nossa confiança na soberania de Deus nos levará a determinar *como* haveremos de pregar. Nossos métodos de ministério serão revolucionados se estivermos dispostos a examiná-los à luz da soberania de Deus. J. I. Packer discute estas questões com profunda percepção e sabedoria em seu excelente livro, *Evangelização e Soberania de Deus*. Packer inclui uma valiosa seção intitulada "Através de Quais Meios Deve o Evangelismo ser Praticado?", na qual ele escreve:

> Existe apenas um *método* de evangelismo, a saber, a explicação fiel e a aplicação da mensagem do evangelho. Disto concluímos — e este é o princípio-chave que estamos buscando — que o teste para qualquer estratégia, técnica ou estilo de ação evangelística proposta deve ser o seguinte: Será isto em tudo fiel à Palavra? Foi idealizado tendo em vista ser um meio de explicação fiel e completa do evangelho e de aplicação profunda e exata do mesmo? À medida em que for assim planejado, é legítimo e correto; mas à medida em que tender a encobrir e obscurecer as realidades da mensagem e a neutralizar a sua aplicação é perversa e errada."

Packer sugere uma série de perguntas que poderíamos fazer acerca de cada nova forma de ministério: "Esta maneira de apresentar a Cristo foi planejada com o objetivo de imprimir nas pessoas a ideia de que o evangelho é uma *palavra vinda de Deus*? Possui características de engenhosidade humana e de senso teatral? Tende a exaltar o homem? Foi elaborada com a finalidade de promover ou impedir a obra da Palavra na *mente* dos homens? Esclarecerá o significado da mensagem ou a deixará enigmática e obscura? Foi planejada para comunicar às pessoas a *doutrina* do evangelho, e não apenas parte dele? Foi idealizada para transmitir às pessoas a *aplicação* do evangelho? Deixará as pessoas inconscientes de que têm uma obrigação imediata de responder a Cristo? Essa maneira de apresentar a Cristo comunica a verdade do evangelho de uma forma adequadamente *séria*"! É calculada a fazer com que os ouvintes percebam que estão diante de uma questão de vida ou morte?... Ajudará as pessoas a compreenderem que cair nas mãos de Deus é algo terrível? Ou é tão superficial, aconchegante e festiva, que torna difícil aos ouvintes entenderem que o evangelho é um assunto que traz algum tipo de consequência...?"[12]

Fé na absoluta soberania de Deus libertaria a igreja do declínio do pragmatismo e do mundanismo. Conduziria a igreja de volta à pregação bíblica. Se os pregadores confiassem tão somente no poder de Deus e em sua Palavra, não sentiriam necessidade de podar, adequar e amenizar a mensagem. Não imaginariam que podem utilizar meios artificiais e, por meio destes, induzir mais pessoas à salvação. Não considerariam o evangelismo como uma questão de *marketing*, mas como, de fato, deve ser considerado — a proclamação da revelação divina como único meio pelo qual Deus chama para Si mesmo os seus eleitos. Dependeriam mais do evangelho, "o poder de Deus para a salvação", e abandonariam os artifícios mundanos que, a cada dia, estão impelindo a igreja mais rápida e profundamente ao declínio.

Ouça a inspirada Palavra de Deus:

Pois fostes regenerados não de semente corruptível, mas de incorruptível, mediante a *palavra de Deus, a qual vive e é permanente*. Pois toda a carne é como a erva, e toda a sua glória, como a flor da erva; seca-se a erva, e cai a sua flor; a palavra do Senhor, porém, permanece eternamente. Ora, esta é a palavra que vos foi evangelizada" (1 Pe 1.23-25).

9

EDIFICAREI A MINHA IGREJA

Que nenhum homem sonhe que algum capricho surgiu, de súbito, em nossa mente e que temos escrito impetuosamente; esperamos muito, talvez demais, e fomos tardios no falar. Tampouco ninguém suponha que nossas afirmações estão fundamentadas em alguns fatos isolados... Não temos outro motivo, senão o progresso geral da causa da verdade e a glória de Deus.

Charles Haddon Spurgeon[1]

Há vários anos, um jornalista que estava escrevendo um artigo sobre grandes igrejas veio me entrevistar a respeito da Grace Community Church. A certa altura, já no final de nossa conversa, ele indagou: "O senhor foi sempre impelido por um desejo de edificar uma grande igreja?"

Foi uma pergunta inesperada, mas respondi imediatamente: "Não tenho desejo algum de edificar a igreja. Não tenho."

Ele me olhou com perplexidade e replicou: "Não estou entendendo".

Disse-lhe: "Jesus Cristo afirmou *que Ele* mesmo edificaria a sua igreja; não pretendo competir com Ele".

Eu não estava brincando. Essa é, precisamente, a minha perspectiva com relação à igreja. Frequentemente, em conferências de pastores e seminários de liderança, tenho sido questionado sobre qual o segredo para se edificar uma grande igreja. Preciso admitir que, se alguém deseja ser fiel a Cristo e a sua Palavra, não há técnica ou sistema que garanta o surgimento de uma grande igreja. Crescimento no campo espiritual é como crescimento no mundo físico. Pode ser nutrido e incentivado. Podemos fazer coisas que assegurem um crescimento *sadio*, mas não somos capazes de *engenhar* o verdadeiro crescimento. Nada pode fazer com que um arbusto miniatura cresça e se transforme em uma imensa sequoia. Se fosse descoberta alguma técnica genética que fizesse isto acontecer, o resultado seria uma monstruosidade. O mesmo acontece no campo espiritual. "Se o Senhor não edificar a casa, em vão trabalham os que a edificam" (Sl 127.1).

Preciso creditar o crescimento numérico e espiritual de nossa igreja à vontade de nosso Deus soberano. Não há técnicas modernas de *marketing* ou métodos modernos que possam explicá-lo. E também não estamos dispostos a depender de tais recursos. Não desejamos um crescimento fabricado por fórmulas, programas e artifícios humanos. Estamos contentes em nos concentrarmos em um ousado ministério bíblico, deixando que o Senhor acrescente pessoas à sua igreja (At 2.47). Nossa tarefa consiste em sermos fiéis naquilo que ele determinou que fizéssemos.

Voltamos novamente ao princípio da onipotência e soberania de Deus. Não devemos esquecer que edificar a igreja é obra *dele*. A nossa é: "Ide por todo o mundo e pregai o evangelho a toda criatura" (Mc 16.15). Uma vez que comecemos a nos considerar arquitetos e construtores da igreja, usurpamos o papel que, por direito, pertence a Deus e, então, redefinimos nossos objetivos em termos de sucesso, números, tamanho e outros padrões artificiais. Uma igreja edificada apenas sobre esse tipo de filosofia parecerá florescer por algum tempo, mas está condenada ao fracasso espiritual.

O texto bíblico fundamental para esta verdade é Mateus 16.18-20. Jesus declarou a Pedro: "Tu és Pedro, e sobre esta pedra edificarei a minha igreja, e as portas do inferno não prevalecerão contra ela. Dar-te-ei as chaves do reino dos céus; o que ligares na lerra terá sido ligado nos céus, e o que desligares na terra terá sido desligado nos céus".

Durante séculos, essa passagem tem sido uma fonte de controvérsia entre a Igreja Católica Romana e a igreja evangélica. Traz algumas dificuldades para o intérprete. Mas, em seu cerne, contém verdade simples, profunda, rica e gloriosa acerca da igreja que Cristo está edificando. E serve como um clímax adequado para o nosso estudo.

O ALICERCE DA IGREJA — "SOBRE ESTA PEDRA"

Estabeleçamos o contexto da passagem. Jesus proferiu estas palavras imediatamente após a grande confissão de Pedro: "Tu és o Cristo, o Filho do Deus vivo" (Mt 16.16). Ao que o Senhor respondeu: "Bem-aventurado és, Simão Barjonas, porque não foi carne e sangue quem to revelou, mas meu Pai, que está nos céus" (v. 17), enfatizando, assim, a soberania de Deus em trazer Pedro à verdade e à fé.

As palavras seguintes ditas por Jesus suscitam a questão que tem instigado tanta controvérsia entre católicos e evangélicos: "Tu és Pedro, e sobre esta pedra edificarei a minha igreja". Com base nessa declaração, a Igreja Católica Romana ensina que a igreja é edificada sobre Pedro, tornando-o, assim, o primeiro papa, estabelecendo a sucessão papal e transformando o papado no coração e alma da autoridade divina na terra.

A maioria dos evangélicos, por outro lado, entende a frase "sobre esta pedra" como um trocadilho. O nome *Pedro* (literalmente, "pedra pequena") *contrasta* com "esta pedra" (literalmente, "pedra grande"). A "pedra", eles crêem, refere-se à confissão de Pedro, mas não ao próprio Pedro. Parafraseariam assim o significado da afirmação de Jesus: "Você é uma pedra pequena, mas eu edificarei a minha igreja na rocha sólida da verdade que você acabou de confessar". Também salientam que as Escrituras ensinam claramente que Cristo é o cabeça da igreja (Ef 5.23; Cl 1.18) e que a Bíblia não fala coisa alguma a respeito de um substituto terreno que, no lugar de Cristo, dirige a igreja.

Esse ponto de vista é uma interpretação viável e mais coerente com a verdade bíblica do que a interpretação da igreja católica. Nesta passagem, Jesus certamente não estava fazendo de Pedro um papa (ou estabelecendo uma linha de sucessão papal). Afinal, logo a seguir, lemos a respeito do Senhor repreendendo a Pedro e chamando-o de "Satanás" (Mt 16.23).

Entretanto, uma interpretação mais natural dessa frase é a de que Jesus estava falando com Pedro como o líder e representante dos apóstolos. As Escrituras *afirmam* que a igreja é edificada "sobre o fundamento dos apóstolos e profetas, sendo ele mesmo, Jesus Cristo, a pedra angular" (Ef 2.20); portanto, existe um sentido bíblico no qual Pedro e todos os apóstolos se constituíram no alicerce sobre o qual a igreja está edificada. A igreja que Cristo está edificando é erigida sobre o alicerce seguro da doutrina e do ministério apostólico. Lucas registra que a igreja primitiva "perseverava na doutrina dos apóstolos" (At 2.42), e, edificando sobre esse fundamento, "acrescentava-lhes o Senhor, dia a dia os que iam sendo salvos" (v. 47). No restante do livro de Atos, o ensino e ministério apostólicos continuaram sendo o alicerce sobre o qual cada congregação local era edificada (por exemplo, At 4.31, 32; 8.12, 35-40; 10.34-48; 12.24-25; 13.44-49).

A igreja é um edifício de "pedras vivas", edificadas como casa espiritual para serem sacerdócio santo, a fim de oferecerem "sacrifícios espirituais agradáveis a Deus por intermédio de Jesus Cristo" (1 Pe 2.5). Em outras palavras, cada cristão é uma pedra na estrutura. Pedro e os apóstolos eram as pedras do alicerce. O próprio Cristo, e não Pedro, é a pedra angular.

A Certeza da Igreja — "*Edificarei* a Minha Igreja"

A afirmativa de Jesus: "Edificarei a minha igreja" é a chave da passagem (Mt 16.18). Todo o restante desta passagem amplia essas palavras, que são absolutamente pertinentes ao nosso tema.

Antes de qualquer outra coisa, era uma promessa que visava encorajar os discípulos. Estes caminhavam com Jesus através das poeirentas estradas de Cesárea de Filipos, longe de Jerusalém, no extremo norte de Israel, próximo às montanhas do Líbano. Era como se estivessem no exílio. Jesus havia sido rejeitado por Israel, tanto na Judéia (região sul) como na Galiléia (região norte). Os líderes religiosos e políticos tinham Jesus em mira e haviam determinado matá-Lo. O povo anelava por um Messias político, militar e econômico, para livrá-los do jugo romano, mas Jesus havia frustrado as suas esperanças. A multidão que antes O seguia havia retornado para trás, logo que os ensinos de Jesus a desafiaram (Jo 6.66). E os peritos em assuntos messiânicos, os escribas e fariseus, eram os mais perversos e odiosos dentre todos os que estavam contra Ele.

Quem poderia culpar os discípulos por estarem desanimados? Todo aquele conceito de reino que os discípulos haviam compreendido parecia agora tão distante. A sua gloriosa expectativa messiânica — com Jesus em seu trono terreno, seu domínio centralizado em Israel e seu reino se estendendo por toda a terra — não parecia estar acontecendo. Pelo contrário, eles não passavam de um bando de "joão-ninguém", mal-equipados, rejeitados e aparentemente não sabendo para onde iam. Haviam se retirado para um lugar obscuro, em uma comunidade amplamente habitada por gentios, a fim de encontrarem descanso, privacidade e segurança. Os discípulos deviam estar perguntando a si mesmos se o programa ainda era o mesmo. Com certeza, tudo levava a crer que as coisas estavam acontecendo bem ao contrário de seus planos.

Como se isso não fosse suficientemente desfavorável, "começou Jesus Cristo a mostrar a seus discípulos que era necessário seguir para Jerusalém e sofrer muitas cousas dos anciãos, dos principais sacerdotes e dos escribas, ser morto e ressuscitado no terceiro dia" (Mt 16.21). Pedro sentiu-se tão ultrajado com essa ideia, que, chamando Jesus à parte, começou a reprová-Lo, dizendo: "Tem compaixão de ti, Senhor, isso de modo algum acontecerá!" (v. 22).

A confiança deles havia sido estilhaçada. A sua esperança estava minguando. Sinais desastrosos os ameaçavam. Eles deviam estar confusos e preocupados. Foi nesse contexto que Jesus voltou a assegurar-lhes: "*Edificarei* a minha igreja". Ele desejava que os apóstolos percebessem que isso tudo não era uma alteração no plano original. Nada estava perdido. O programa não havia mudado.

Estas palavras oferecem consolo para os nossos dias. Não importa quão sitiada, perseguida, martirizada, rejeitada, caluniada, pobre ou desprezível a igreja pareça, o Senhor não abandonará os seus eleitos. Quando o povo de Deus parecer fraco, considere novamente: Jesus *ainda* estará edificando sua igreja. O plano original ainda está em andamento. Os tempos modernos não constituem uma ameaça aos soberanos propósitos de Deus. As circunstâncias turbulentas do nosso mundo contemporâneo não alteram o plano dele. E não importa quão corrupta e mundana a igreja visível tenha sido ou se tornará, Jesus Cristo ainda está edificando *sua* igreja sobre o firme e original alicerce do ensino e ministério apostólico.

Ao dizer: "Edificarei a minha igreja", Jesus fornece-nos a garantia mais forte possível do sucesso final da igreja. Se dependesse apenas do povo de Deus, o edifício já teria ruído há muito tempo. A história da igreja está cheia de provas do fracasso humano, da corrupção mundana, de infidelidade, de desvio doutrinário, de comprometimento e de fraqueza. Contudo, o Senhor continua a edificar a sua igreja. Não importa o que a igreja pareça ser em seu lado exterior, em seu cerne existe um corpo que o próprio Cristo está edificando, constituído pelos eleitos de Deus, corpo este que cresce sadio e fiel. Até mesmo nos tempos mais áridos, sempre existe "um remanescente segundo a eleição da graça" (Rm 11.5).

Paulo, ao final de sua vida e ministério, escreveu: "Todos os da Ásia me abandonaram" (2 Tm 1.15); e: "Na minha primeira defesa, ninguém foi a meu favor; antes, todos me abandonaram" (4.16). O apóstolo João, ao final de sua vida, estava exilado na ilha de Patmos, quando o Senhor lhe deu a tarefa de escrever as cartas às sete igrejas da Ásia Menor (Ap 2-3). Cinco das sete igrejas tinham problemas graves que ameaçavam a própria existência das mesmas.

Porém, Cristo continua a edificar a *sua* igreja; Ele pessoalmente protege a pureza do remanescente crente. Efésios 5.25-27 afirma: "Cristo amou a igreja e a si mesmo se entregou por ela, para que a santificasse, tendo-a purificado por meio da lavagem de água pela palavra, para a apresentar a si mesmo igreja gloriosa, sem mácula, nem ruga, nem cousa semelhante, porém santa e sem defeito". A igreja que Cristo está edificando será, por fim, santa e inculpável. Ele apresentará a Si mesmo uma igreja gloriosa. Em outras palavras, a igreja foi planejada para ser um veículo através do qual Cristo manifestará a sua glória eternamente.

Esta é a razão por que precisamos nos opor à sabedoria humana. Mas é por isso, também, que o mundanismo, a carnalidade, a inépcia, a indiferença e a apostasia não são capazes de parar a igreja que Cristo está edificando. Podem deter uma congregação, mas a igreja continuará. Cristo *certamente* edificará a sua igreja. Se Ele é por nós, quem será contra nós?

A INTIMIDADE DA IGREJA — "EDIFICAREI A *MINHA* IGREJA"

As palavras de Jesus referem-se a uma intimidade sagrada. Edificar a igreja não é um empreendimento impessoal para Ele. A igreja é a preciosa possessão de Jesus. Atos 20.28 fala da "igreja de Deus, a qual Ele comprou com o seu próprio sangue".

As Escrituras falam da igreja como o corpo de Cristo (Cl 1.24). Estamos inseparavelmente ligados a Ele, em santa união. Você se recorda quando Saulo de Tarso perseguia a igreja? Cristo o capturou na estrada de Damasco e perguntou: "Saulo, Saulo, porque *me* persegues? (At 9.4). Aqueles que atacam a igreja atacam o próprio Cristo. "Mas aquele que se une ao Senhor é um espírito com ele" (1 Co 6.17).

Existe um paralelo desta verdade no Antigo Testamento. Zacarias anunciou à nação de Israel: "Porque aquele que tocar em vós toca na menina do seu olho" (Zc 2.8). "A menina do seu olho" refere-se à pupila. Deus estava dizendo que perseguir a Israel é como que enfiar o dedo em seu olho. Esse é precisamente o mesmo tipo de relacionamento que Cristo tem com sua igreja. Ele fica seriamente irritado quando alguém ofende seus eleitos (cf. Mt 18.6, 10).

A INVENCIBILIDADE DA IGREJA — "AS PORTAS DO HADES NÃO PODERÃO VENCÊ-LA"

A igreja que Cristo está edificando é invencível. "As portas do hades não poderão vencê-la" (Mt 16.18 - NIV). A imagem retórica desta passagem é frequentemente mal compreendida. Jesus não estava sugerindo que a igreja seria inacessível aos ataques do hades. A palavra "portas" não sugere uma investida ofensiva. Portas não são armas; são obstáculos. Jesus estava retratando o inferno como uma prisão, sugerindo que suas portas seriam incapazes de conter ou aprisionar a igreja.

"Hades" é a habitação dos mortos. É a palavra grega equivalente à hebraica *sheol* (cf. Sl 6.5). A versão Revista e Atualizada traduz assim esta frase: "As portas do inferno não prevalecerão contra ela", mas isso é enganoso. Jesus não estava se referindo ao eterno tormento do inferno eterno; estava afirmando que o sepulcro não poderia reter os eleitos. As portas da morte não foram capazes de deter a Jesus e não podem manter cativo o cristão. "Onde está, ó morte, a tua vitória? Onde está, ó morte, o teu aguilhão?" (1 Co 15.55).

Na realidade, as portas do hades não prevalecerão contra ela é uma promessa de ressurreição. A linguagem de morte e ressurreição estava se tornando um tema comum nos ensinamentos de Jesus. Ele sabia que seus discípulos enfrentariam dias traiçoeiros e que todos (exceto João) acabariam dando suas vidas terrenas como mártires em nome de Jesus. Ele estava prestes a dizer-lhes: "Quem quiser salvar a sua vida perdê-la-á; quem perder a vida por minha causa achá-la-á" (Mt 16.25). Porém, antes, Jesus asseverou-lhes que o sepulcro não poderia reter seus eleitos.

Este assunto permeia todo o Novo Testamento. Visto que Cristo venceu a morte, os crentes não precisam temê-la. "Havendo Cristo ressuscitado dentre os mortos, já não morre; a morte já não tem domínio sobre ele" (Rm 6.9); tampouco a morte tem domínio sobre aqueles que, pela fé, estão unidos a Cristo. Jesus prometeu: "Porque eu vivo, vós também vivereis" (Jo 14.19). Na visão do Apocalipse, Jesus declarou: "Não temas; eu sou o primeiro e o último e aquele que vive; estive morto, mas eis que estou vivo pelos séculos dos séculos e tenho as chaves da morte e do inferno". Jesus destruiu "aquele que tem o poder da morte, a saber, o diabo", e livrou "todos que, pelo pavor da morte, estavam sujeitos à escravidão por toda a vida" (Hb 2.14-15). Jesus tomou as chaves da morte e do hades; agora o sepulcro não pode reter os eleitos dele.

Aqueles discípulos em breve estariam no ardor da batalha, e o Espírito Santo haveria de lhes trazer à memória esta promessa, que lhes deve ter fornecido um grande consolo e um novo vigor. Eles eram, em última análise, invencíveis. Seriam perseguidos e morreriam por sua fé, mas já tinham a garantia de saírem como vitoriosos. As portas do hades não prevaleceriam contra eles.

A AUTORIDADE DA IGREJA — "DAR-TE-EI AS CHAVES DO REINO DOS CÉUS"

Então, Jesus disse a Pedro: "Dar-te-ei as chaves do reino dos céus; o que ligares na terra terá sido ligado no céus, e o que desligares na terra terá sido desligado nos céus" (Mt 16.19).

A interpretação desse texto também tem sido, ao longo dos anos, assunto de discórdia entre evangélicos e católicos. A teologia católica ensina que, nesta promessa, Cristo instituiu o rito da absolvição.

Sem dúvida, nessa afirmativa Jesus *parece* estar outorgando a Pedro um tremendo montante de autoridade celestial. Mas, antes de admitir que isto tornou Pedro o primeiro papa, note que, depois de sua ressurreição, Jesus concedeu autoridade semelhante a *todos* os apóstolos: "Se de alguns perdoardes os pecados são-lhes perdoados; se lhos retiverdes, são retidos" (Jo 20.23). Novamente, parece que em Mateus 16 nosso Senhor estava falando a Pedro como representante de todos os apóstolos.

Mas observe que em Mateus 18.15-20, Jesus fez uma afirmação semelhante a respeito de "ligar e desligar", no contexto de suas instruções aos discípulos quanto à disciplina na igreja, afirmação esta que consideramos rapidamente no capítulo 2. Você recordará que Jesus instruiu aos discípulos que, se um crente em pecado não quer arrepender-se, após uma confrontação em particular, após um segundo alerta com a presença de uma ou duas testemunhas e após uma reprimenda pública pela congregação inteira, este crente deverá ser tratado "como gentio e publicano" (Mt 18.17). Depois Jesus lhes disse: "Tudo o que ligardes na terra terá sido ligado nos céus, e tudo o que desligardes na terra terá sido desligado nos céus" (v. 18).

Algumas verdades precisam ser consideradas nessa passagem. Primeira: ela não se aplica somente a Pedro; nem mesmo se limita aos apóstolos. São instruções a todos os crentes.

Segunda: "ligar e desligar" nada tem a ver com a maneira como lidamos com espíritos malignos. Mateus 18.19 ("dois dentre vós concordarem... isto lhes será feito") não é uma instrução acerca de como obter respostas à oração. Jesus estava dando instruções sobre como lidar com o pecado na assembleia dos redimidos. O que está "ligado" é o pecado da pessoa impenitente; o que é "desligado" é a culpa da pessoa, quando esta se arrepende. Qualquer crente pode ratificar essas condições com base em como alguém reage à chamada ao arrependimento. A questão sobre a qual "dois dentre vós concordarem" refere-se a como lidar com o membro do rebanho que está em pecado. Jesus estava ensinando que a autoridade para lidar com o pecado é outorgada a *qualquer* assembleia, até mesmo uma pequena assembleia constituída de dois ou três reunidos em nome de Jesus (Mt 18.20).

Terceira: a fonte dessa autoridade é Cristo, não um substituto terreno — "Ali estou no meio deles" (v. 20). Jesus pessoalmente exerce o seu governar através da comunhão de crentes agindo de acordo com os princípios estabelecidos por Ele.

Quarta: nesta instrução de Jesus, nada implica em autoridade à parte da Palavra de Deus. Jesus não estava autorizando um governante a promulgar editos *ex cathedra*. Não estava concedendo a ninguém autoridade para, literalmente, amarrar e desamarrar os outros. Certamente, não estava fazendo de Pedro o cabeça da igreja. A autoridade da qual Ele falou pertence a cada crente. Esta autoridade repousa no fato que temos a palavra celestial a respeito de "todas as cousas que conduzem à vida e à piedade, pelo conhecimento completo daquele que nos chamou para a sua própria glória e virtude" (2 Pe 1.3). Jesus estava comissionando Pedro e os outros discípulos a tornarem a mensagem do reino — a Palavra de Deus — a autoridade definitiva nas vidas das pessoas. Desta forma, deu-lhes as chaves do reino.

As chaves do reino são uma herança sagrada de Cristo à sua igreja. Aquelas chaves simbolizam a custódia da própria entrada ao reino. Ele colocou a igreja no mundo e ordenou que proclamemos o evangelho, de modo que permaneçamos como um farol que aponta o caminho para o reino. Se comprometermos a Palavra de Deus ou camuflarmos o evangelho, deixamos de ser esse farol e perdemos a única autoridade que temos para usar as chaves do reino.

Entretanto, quando se mostra fiel a Deus e a sua Palavra, a igreja sanciona, na terra, as decisões do céu. Podemos falar com autoridade a um mundo incrédulo. Estando nós em harmonia com os céus, o assunto se estabelece com a mais elevada autoridade. Mas, se comprometemos a Palavra de Deus, perdemos nossa base de autoridade. Esta é a razão por que é crucial que a igreja mantenha com seriedade seu relacionamento com Deus, manejando com integridade a Palavra de Deus e separando-se do mundo. É isto o que queremos dizer ao orarmos: "faça-se a tua vontade, assim na terra como no céu" (Mt 6.10).

MARCAS DE UMA IGREJA EFICAZ

Deveria ficar claro que a igreja é uma obra sobrenatural. O próprio Cristo — não o *"know-how"* de *marketing*, a engenhosidade humana ou técnicas de crescimento de igreja — acrescenta almas à igreja e produz o crescimento genuíno, abençoando a igreja com saúde e vitalidade.

O crescimento numérico sozinho não é a garantia de uma igreja saudável. Com certeza, o crescimento é um dos sinais de vida, mas, conforme já vimos, números não são prova da bênção de Deus ou do vigor espiritual da igreja.

Quais, então, são os sinais de uma igreja sadia? Quais são os objetivos dignos que uma igreja deve perseguir, enquanto procuramos deixar que o

Senhor edifique a igreja à sua maneira? Concluindo, desejo apenas sugerir algumas marcas de uma igreja sadia. Em outro livro,[2] expliquei o assunto mais detalhadamente, mas talvez este breve resumo seja proveitoso àqueles que estão procurando algo, além de princípios de *marketing*, que possa ajudar uma igreja que luta para estar no rumo certo. Estes, creio, são princípios básicos que constituem um modelo para a igreja que Cristo edifica:

LIDERANÇA PIEDOSA

Jesus investiu seu ministério terreno primordialmente na vida de onze homens, que se tornariam o núcleo da liderança da igreja primitiva. Liderança é fundamental, e o requisito principal para os líderes da igreja é que sejam capacitados professores da Palavra de Deus e sejam irrepreensíveis.

Eu me aventuraria a dizer que a maior deficiência de nossas igrejas hoje reside neste aspecto da liderança. Muitas igrejas ignoram os requisitos espirituais exigidos dos líderes e escolhem aqueles que, por natureza, parecem ser fortes líderes naturais ou motivadores, aqueles que são bem-sucedidos nos negócios, têm dinheiro ou exercem influência. Entretanto, líderes de igreja devem ser, antes de tudo, ensinadores piedosos, "apegados à palavra fiel, que é segundo a doutrina", tendo "poder tanto para exortar pelo reto ensino como para convencer os que o contradizem" (Tt 1.9).

Em 1 Timóteo 3.1-7 e Tito 1.5-9 Paulo traça o perfil do tipo de pessoa que deve estar liderando a igreja. Colocando as duas passagens juntas, temos uma lista pormenorizada de qualidades espirituais que pastores e líderes (presbíteros) têm de possuir. Eles devem ser irrepreensíveis, dedicados à sua esposa, sóbrios, prudentes, gentis, não egocêntricos ou obstinados, não geniosos ou briguentos, não-contenciosos, livres do amor ao dinheiro, bons administradores de suas famílias, homens de boa reputação entre os incrédulos, crentes maduros e não recém-convertidos. A partir dessa plataforma de exemplos piedosos, estes líderes ensinam as Escrituras e conduzem o seu povo à semelhança de Cristo.

Parecem estes ser padrões extremamente elevados? Contudo, são as qualificações que as Escrituras estipulam. Igrejas que ignoram essas diretrizes opõem-se ao plano de Deus e privam-se da bênção de Deus. Comprometer-se na questão da liderança, como diria Charles Spurgeon, é "o ato mais suicida que uma igreja pode cometer".³

Sem dúvida, um dos desastres mais trágicos no evangelicalismo contemporâneo é a facilidade com que certos homens podem ser reconduzidos à liderança, após desqualificarem-se espiritual e moralmente. Não é incomum encontrarmos líderes cristãos que escandalizaram a igreja através de grotescos tombos morais e retomam à liderança antes mesmo que desvaneça a publicidade do caso. Isto é um comprometimento fatal do padrão bíblico. É um dos mais perniciosos resultados do pragmatismo moderno.

Porventura, estou dizendo que não deve haver restauração para um líder que fracassa moralmente e se arrepende de forma genuína? É lógico que deve haver restauração à comunhão, mas não à função de líder ou pastor. As igrejas não podem abandonar o padrão bíblico, a fim de acomodarem-se ao pecado de seus líderes. As exigências bíblicas para os líderes foram *propositadamente* estabelecidas em um nível alto, porque a liderança precisa ser o exemplo. Os que escandalizam a igreja não são irrepreensíveis. Estão desqualificados para a liderança, enquanto permanece a reprimenda. Em casos de escândalos sexuais ou infidelidade conjugal, talvez signifique uma desqualificação permanente (Pv 6.32, 33). O apóstolo Paulo reconheceu esta possibilidade, pois escreveu: "Esmurro o meu corpo e o reduzo à escravidão, para que, tendo pregado a outros, não venha eu mesmo a ser desqualificado" (1 Co 9.27).

Se os líderes de uma igreja fracassam na questão da santidade pessoal, a própria igreja fica desacreditada, não importando quão ortodoxa seja a sua confissão de fé. Os que ignoram os requisitos bíblicos para a liderança da igreja estão construindo uma estrutura com material imprestável, incompatível com o verdadeiro alicerce (cf. 1 Co 3.10, 11). Não importa quão veementemente clamamos por verdade e justiça, se as vidas de nossos líderes não ratificam isso, muitos haverão de rejeitar tal ensino, considerando-o como hipócrita, ou simplesmente concluirão que a piedade genuína é opcional.

OBJETIVOS BÍBLICOS

Certamente não é errado uma igreja estipular alvos. Aliás, uma igreja precisa de alguns alvos funcionais; caso contrário, não terá direção.

Mas nossos alvos para a igreja têm de *ser bíblicos*. Alvos errados nos colocam na direção errada, e isso é tão pernicioso, ou, talvez, até pior, quanto *não* ter qualquer direção. Quais são os alvos bíblicos? Incluem adoração, comunhão, crescimento espiritual e evangelismo. Estes seriam os primordiais. Alvos mais específicos, tais como o fortalecimento das famílias, oferecer aconselhamento bíblico, prover educação cristã para as crianças e objetivos semelhantes, precisam ser vistos à luz de como eles contribuem para atingir os alvos primordiais, precisando manterem-se submissos a estes. Uma igreja, por exemplo, poderá desenvolver um notável ministério de música ou ter uma escola cristã de primeiro grau. Se realiza tais ministérios apenas para aumentar a frequência na igreja ou ganhar dinheiro, esses não são alvos dignos. Mas, se encararmos esses ministérios como meios para fortalecer espiritualmente a família da igreja ou expandir o alcance do evangelho, então teremos um objetivo digno. Se pudermos avaliar cada ministério da igreja à luz de como ele promove os alvos primordiais, essa perspectiva manterá a igreja no rumo certo.

DISCIPULADO

A igreja não é uma arena onde um ministro profissional é aplaudido e incentivado por leigos que são apenas expectadores. A igreja deveria estar discipulando e treinando os cristãos para o ministério. Os membros da igreja, e não apenas a equipe ministerial remunerada, deveriam estar ministrando. Isto é salientado em Efésios 4.11, 12. Apóstolos, profetas, evangelistas e pastores-mestres são dados a igreja, a fim de equipar *os santos,* para que estes realizem a obra do ministério.

E tudo isso é resultado do discipulado. Discipulado é o ministério de desenvolver amizades espirituais profundas, centradas no ensino de verdades bíblicas, aplicando as Escrituras à vida e, deste modo, aprendendo a resolver os problemas biblicamente. Isso precisa ser ratificado por meio de um exemplo piedoso, não apenas ministrado através de preceitos acadêmicos.

Portanto, o discipulado requer tempo e envolvimento pessoal com os crentes. O ministério terreno de Jesus aos seus próprios discípulos é o modelo bíblico. A igreja precisa prover um ambiente que incentive esse tipo de discipulado em todos os níveis, do pastor aos recém-convertidos.

EVANGELISMO

A igreja edificada por Jesus Cristo terá uma forte ênfase em evangelismo, começando com a comunidade onde está inserida e estendendo-se aos confins da terra. A igreja primitiva alvoroçou o mundo (At 17.6). Os líderes judeus disseram aos apóstolos: "Enchestes Jerusalém de vossa doutrina" (At 5.8). Em pouco tempo a mensagem deles penetrou em toda a comunidade.

Muitos crentes pensam que, se vão à igreja dirigindo um carro que tem um adesivo com um versículo bíblico, cumprem sua responsabilidade de testemunhar! Igrejas eficazes enfatizam a importância do evangelismo constante e pessoal à comunidade, em todas as faixas etárias.

A igreja onde exerço meu ministério foi apelidada, em alguns círculos, de não-evangelística. Contudo, temos um culto com batismos de novos convertidos quase todo domingo à noite. Quando são batizados, eles dão seu testemunho diante de toda congregação. Você sabe o que traz o maior número de pessoas a um conhecimento salvífico de Cristo? O contato pessoal delas com cristãos fiéis. Os crentes de nossa igreja testemunham a seus vizinhos, colegas de trabalho, amigos na escola, pessoas no supermercado, seus médicos, advogados e a todos com quem se encontram. E, com o passar dos anos, o Senhor tem abençoado essa atividade de evangelismo pessoal, trazendo mais pessoas a Cristo através desse evangelismo do que através de qualquer culto, programa ou evento que tenhamos patrocinado.

Se uma igreja deixar de colocar ênfase sobre o evangelismo, estará fadada à estagnação, ao declínio e, por fim, ao fracasso. O meio que Cristo usa para edificar sua igreja é o testemunho fiel dos cristãos, em favor dEle.

INTERESSE UNS PELOS OUTROS

Na igreja que Cristo está edificando, os crentes se envolvem nas vidas uns dos outros. A igreja não é um teatro onde as pessoas vão para ver o que está acontecendo. As pessoas não devem entrar, sentar e voltar para casa sem ter qualquer tipo de envolvimento na comunhão. Não devemos incentivar o anonimato e o não-envolvimento. Em vez disso, somos exortados: "Consideremo-nos uns aos outros para incentivar-nos ao amor e às boas obras"; e: "Não deixemos de nos reunir como igreja, segundo o costume de alguns, mas encorajemo-nos uns aos outros" (Hb 10.24, 25 — NIV).

"Uns aos outros" é uma expressão que se repete nas instruções à igreja, no Novo Testamento. Eis uma lista de algumas dessas instruções:

> "Amai-vos cordialmente uns aos outros com amor fraternal, preferindo-vos em honra uns aos outros" (Rm 12.10).

> "Tende o mesmo sentimento [humildade] uns para com os outros" (Rm 12.16).

> "Não nos julguemos mais uns aos outros; pelo contrário, tomai o propósito de não pordes tropeço ou escândalo ao vosso irmão (Rm 14.13).

> "Deus... vos conceda o mesmo sentir de uns para com os outros, segundo Cristo Jesus" (Rm 15.5).

> "Acolhei-vos uns aos outros, como também Cristo nos acolheu para a glória de Deus" (Rm 15.7).

"Aptos para admoestardes uns aos outros" (Rm 15.14).

"Sede... servos uns dos outros, pelo amor" (Gl 5.13).

"Suportando-vos uns aos outros em amor" (Ef 4.2).

"Sejam uns para com os outros benignos, compassivos perdoando-vos uns aos outros como também Deus, em Cristo, vos perdoou" (Ef 4.32).

"Sujeitando-vos uns aos outros, no temor de Cristo" (Ef 5.21).

"Considerando cada um os outros superiores a si mesmo" (Fl 2.3).

"Não mintais uns aos outros" (Cl 3.9).

"Suportai-vos uns aos outros, perdoai-vos mutuamente" (Cl 3.13).

"Consolai-vos, pois, uns aos outros e edificai-vos reciprocamente" (1 Ts 5.11).

"Confessai, pois, os vossos pecados uns aos outros e orai uns pelos outros" (Tg 5.16).

"Amai-vos, de coração, uns aos outros ardentemente" (1 Pe 1.22).

"Sede mutuamente hospitaleiros, sem murmuração" (1 Pe 4.9).

"Servi uns aos outros, cada um conforme o dom que recebeu" (1 Pe 4.10).

"No trato de uns para com os outros, cingi-vos todos de humildade" (1 Pe 5.5).

Essa lista, por si mesma é infinitamente mais valiosa do que todos os livros que já foram escritos a respeito de técnicas de *marketing* e "amigabilidade". Essas são as qualidades da igreja que Cristo está edificando. Como o próprio Construtor, a igreja que pratica esses "uns aos outros" será uma igreja que manifesta interesse, sensibilidade e amor. Acrescente-se a isso o exercício adequado dos dons espirituais (Rm 12.3-8; 1 Co 12.4-11 e 1 Pe 4.10, 11), e o resultado será uma comunidade conformada à própria imagem de Cristo e não-conformada ao mundo.

UM COMPROMISSO COM A FAMÍLIA

A sociedade moderna lançou um ataque sem precedentes contra a família. A maioria das questões controvertidas nos noticiários da atualidade — tais como homossexualismo, aborto, feminismo, divórcio, gangues de jovens, etc. — são ataques diretos à família. Os mais fortes laços de lealdade não se encontram mais na família. Poucas famílias funcionam como uma unidade. Essa fragmentação da família acabou por minar a moralidade e a estabilidade através de toda a sociedade.

A igreja não pode tolerar ou se acomodar a essa devastação. Ela precisa confrontar, corrigir e treinar suas famílias. Famílias fortes são a espinha dorsal da igreja. E famílias fortes produzem indivíduos fortes. Pagaremos um alto preço se não fizermos da família uma prioridade. Isto significa que temos de ajudar nosso povo a desenvolver relacionamentos conjugais sólidos e famílias consistentes, ensinando os maridos a amarem e liderarem suas esposas (Ef 5.25), as esposas a se submeterem a seus maridos (5.22), os filhos a obedecerem seus pais (6.1), e os pais a não irritarem seus filhos, mas sim a criá-los no Senhor (6.4).

PREGAÇÃO E ENSINO BÍBLICOS

Nenhuma igreja pode permanecer saudável por muito tempo se o seu púlpito não se mostrar forte. E púlpito algum é realmente forte se a Bíblia não for o alicerce de sua pregação. Isto, é claro, tem sido o cerne da mensagem deste livro. Porém, é digno de nova ênfase e o faremos com as palavras de D. Martyn Lloyd-Jones:

> No momento em que você começa a se voltar da pregação para estes outros expedientes, você se achará passando por uma série constante de mudanças. Uma das vantagens de se ser idoso é que você tem experiência, de forma que, quando algo novo surge e você percebe as pessoas ficando empolgadas, você se encontra em posição de poder se lembrar de entusiasmo semelhante acontecido há quarenta anos. Assim, vê-se as modas e vogas e golpes surgindo, uns após outros na igreja. Cada um deles gera grande entusiasmo e emoção e é anunciado em alto e bom som como a coisa que vai tomar conta das igrejas, a coisa que haverá de resolver o problema. Disseram isso acerca de cada uma dessas novidades. Mas daqui alguns anos eles terão esquecido tudo, e outra façanha virá, ou outra ideia nova; alguém que tocou num veio de necessidade humana ou que possui uma compreensão psicológica do homem moderno. Aqui está a novidade, e todos correm para ali; mas logo ela míngua e desaparece, e outra coisa nova toma seu lugar.
> Este é, com toda certeza, um estado triste e lamentável para a igreja cristã se encontrar, ou seja, ser como o mundo e exibir essas constantes mudanças de moda. Nesse estado, ela estará demonstrando que lhe faltam estabilidade, solidez e a mensagem contínua que sempre foram a glória da igreja cristã.[4]

A pregação bíblica não pode ser elaborada de modo a atender as necessidades sentidas, resolver problemas psicológicos, divertir o auditório, fazer as pessoas sentirem-se bem acerca de si mesmas e satisfazer qualquer outro tipo de moda futil que têm comandado os púlpitos desta era norteada por entretenimento. A pregação bíblica precisa exaltar a verdade de Deus e exigir que ela receba a devida atenção.

Existe muito campo para inovação e criatividade dentro desses parâmetros, mas a mensagem, em si mesma, não pode ser de maneira alguma alterada ou abreviada, sem prostituir a responsabilidade da igreja. A verdade proclamada com poder, fundamentada nas Escrituras, é o *sine qua non* da igreja. Qualquer outro tipo de pregação não é digna da igreja que Cristo está edificando.

UMA DISPOSIÇÃO PARA MUDAR

Igrejas sadias precisam estar dispostas a mudar.

Espere um momento!, alguém dirá. *Você não está advogando o tradicionalismo nas igrejas?* Não. Nada há de sagrado na tradição humana. Não apoio o formalismo inflexível ou os costumes antiquados. Concordo com os que alertam para o fato de que a estagnação pode ser fatal à igreja. Apenas não creio que a igreja precisa abandonar a centralidade da Palavra de Deus, a primazia da pregação e as questões fundamentais da verdade bíblica, para ser revigorante e criativa.

Alguém já disse que as sete palavras da igreja são: "Nós nunca fizemos isso dessa maneira antes!" Uma atitude inflexível é a desgraça de uma igreja saudável. Devemos estar dispostos a crescer, a adaptar-nos e a experimentar coisas novas, porém, jamais às custas da verdade bíblica e em detrimento da mensagem do evangelho.

ADORAÇÃO

Deixei a adoração por último, certamente não por ser menos crucial, mas porque resume todos os demais. Há vários anos atrás escrevi um livro acerca de adoração intitulado *Prioridade Última*.[5]

Realmente creio que a adoração é a maior prioridade da igreja e de cada cristão. A verdadeira adoração compreende e preenche todas essas características da igreja que Cristo edifica. A igreja que estabelece a Deus como seu foco descobre que todas as outras coisas se encaixarão naturalmente em seus devidos lugares.

É exatamente nisso que reside o problema da abordagem de ministério norteada por *marketing*, por pragmatismo e pela filosofia da igreja "amigável": tal abordagem é antropocêntrica e não teocêntrica. Sua preocupação centraliza-se no que as pessoas desejam, não no que Deus exige. Considera que a igreja existe por causa das pessoas e não por causa de Deus. Trabalha fundamentada em uma planta cheia de erros, em vez de cumprir o plano do Construtor Mestre.

É provável que igrejas "amigáveis", pragmáticas e orientadas por entretenimento e *marketing* continuarão a florescer por algum tempo. Infelizmente, porém, todo esse movimento se baseia em um modismo contemporâneo e, portanto, não pode durar muito. Quando, por fim, os ventos instáveis mudarem, uma dentre três coisas poderá acontecer. Ou estas igrejas sairão de moda e entrarão em declínio; ou optarão por mudar de acordo com o espírito reinante da época e, muito provavelmente, abandonarão qualquer aparência de cristianismo bíblico; ou perceberão a necessidade de se reconstruírem sobre um alicerce mais firme. Evidentemente, minha oração é que todas adotem o terceiro curso de ação e não esperem até que o mundanismo e o comprometimento tenham permeado tão profundamente suas comunidades, ao ponto de ser impossível mudarem de rumo.

Charles Spurgeon escreveu: "É difícil tirar da massa o fermento, mas é fácil colocá-lo... Oh, que os espiritualmente vivos, nas igrejas, preocupem-se com isto e que o próprio Senhor frustre o adversário!"[6]

10

Epílogo

No "Declínio", o trem viaja muito rapidamente: uma outra estação já ficou para trás. O que vem depois? E depois?

Charles Haddon Spurgeon[1]

Qual será o futuro do evangelicalismo? Em uma série de interessantes artigos sobre o movimento de crescimento de igreja, o Dr. Os Guinness salienta que o evangelicalismo tradicional não apenas resistiu as influências mundanas, mas também deu ênfase à "oposição cognitiva" do espírito do mundo. Os evangélicos têm compreendido, historicamente, que seu chamado é para estarem no mundo, e não para serem do mundo. Agora, entretanto, "no auge da modernidade, o mundo se tornou tão poderoso, persuasivo e apelador, que a postura tradicional de oposição cognitiva se tornou rara e quase inimaginável".[2]

Em algum ponto de sua jornada, os evangélicos decidiram fazer amizade com o mundo.

Dr. Guinness destaca que, embora sejamos chamados para estar no mundo e não sermos do mundo (Jo 17.14-18), muitos cristãos reverteram essa fórmula, tornando-se *do* mundo, ao mesmo tempo que, na realidade, não estão *no* mundo. Fizeram isso ao permitir que a televisão a cabo, os vídeo-cassetes, o rádio e outros meios de comunicação infundissem em suas mentes os valores mundanos, enquanto os isolaram de qualquer envolvimento pessoal com pessoas do mundo que desesperadamente necessitam do evangelho.

"Os evangélicos de hoje estão ultrapassando os liberais no fato de serem supremos modernizadores religiosos — e comprometedores", escreve o Dr. Guinness.[3] Ele considera que a filosofia da igreja norteada por *marketing*, que tanto se popularizou entre os evangélicos, nada mais é que "uma reincidência do erro do liberalismo clássico".[4]

Já notamos antes que o motivo pelo qual a maioria dos evangélicos foram apanhados inconscientemente pelo modernismo, há cem anos, é que os liberais surgiram dentre as fileiras evangélicas, usaram vocabulário evangélico e ganharam aceitação através de apelos implacáveis por paz e tolerância. O novo modernismo está seguindo, com precisão, o mesmo caminho, e essa tática parece estar conseguindo ganhar os evangélicos desapercebidamente mais uma vez.

A maioria das megaigrejas que segue a filosofia de *marketing* insiste que jamais comprometeriam a doutrina. São atraentes aos evangélicos exatamente por reivindicarem ser tão ortodoxas em sua doutrina quanto são inortodoxas em sua metodologia. Multidões são muito asseguradas por tais promessas e simplesmente abandonam suas faculdades críticas, aumentando, desta forma, sua própria vulnerabilidade. Infelizmente, o verdadeiro discernimento encontra-se em escassez entre os evangélicos de nossos dias.

A verdade é que não importa muito *que* tipo de posição doutrinária algumas dessas igrejas venham a assumir, pois a doutrina se tornou para elas um assunto irrelevante. Um amigo desejava saber como as igrejas "amigáveis" integravam a doutrina ao seu ministério. Escolheu uma das maiores e mais conhecidas igrejas do movimento e solicitou dela várias fitas cassete que focalizassem a doutrina bíblica. Uma pesquisa no catálogo revelou que os sermões pregados naquela igreja, numa proporção superior a trinta por um, geralmente tratavam de assuntos contemporâneos, questões psicológicas (depressão, disfunções alimentares, autoimagem), relacionamentos pessoais, temas motivacionais e outros assuntos da moda. Mensagens que versavam sobre doutrina e até mesmo mensagens baseadas em qualquer texto bíblico eram raras. Uma fita intitulada "O Preço do Compromisso" tratava não do compromisso com Cristo, mas do sacrifício pessoal necessário para se construir fortes relacionamentos pessoais com os outros. Depois de ouvir, por várias horas, as fitas de tal pastor, meu amigo concluiu ser impossível determinar a postura daquele homem quanto a assuntos doutrinários básicos. A maioria das mensagens era transferível a qualquer contexto — uma convenção sobre vendas, uma assembleia escolar ou um almoço de empresários e executivos. Elas simplesmente evitavam, por completo, questões bíblicas e doutrinárias, utilizando as Escrituras apenas com propósitos ilustrativos, frequentemente deixando para o final as escassas alusões à Bíblia.

Assim como os modernistas há um século atrás, as igrejas do movimento "amigável" decidiram que doutrina causa divisão e que a paz é mais importante do que a sã doutrina. Desejando ser atraente à era moderna, tais igrejas procuram transformar suas mensagens em um diálogo amigável, conveniente e relevante. Infelizmente, com frequência, é nos assuntos mais "relevantes" que a igreja mal pode concordar. As doutrinas favoritas da era contemporânea — radicalismo, aborto, feminismo, homossexualismo e outras questões morais altamente políticas — apresentam muitos problemas óbvios para a igreja "amigável". Sua teologia indefinida, bem como sua filosofia de mostrar-se sensível a quem está à procura de alguma coisa, não permite que assumam posições bíblicas firmes sobre tais assuntos, pois, no momento em que desafiarem o espírito reinante em nossos dias, perdem a força de seu apelo de *marketing*. Por esta razão são forçadas a manterem-se caladas ou a capitularem. Em ambas as atitudes, comprometem a verdade.

Se uma igreja não está disposta a assumir uma postura firme contra o aborto, como é que essa igreja combaterá a erosão de doutrinas fundamentais? Se uma igreja não possui discernimento suficiente para condenar erros evidentes como o homossexualismo ou o feminismo, de que maneira essa igreja enfrentará um ataque *sutil* contra sua integridade doutrinária?

O panorama do evangelicalismo está mudando rapidamente. O artigo de Robert Brow na revista *Christianity Today*, de 19 de fevereiro de 1990, intitulado "Megamudança Evangélica", referiu-se a uma onda recente de pensamento radical entre teólogos evangélicos. O evangelicalismo do "novo modelo" (foi assim que o artigo intitulou o movimento) acaba nada mais sendo do que o liberalismo do "velho modelo". Ao redefinir os termos chaves, essa teologia do novo modelo procura criar um cristianismo mais amável e gentil.

O evangelicalismo do novo modelo, por exemplo, redefine o *inferno*. Este novo ponto de vista reivindica o seguinte: "Ninguém que preferiria estar no céu poderia estar no inferno".[5] Desta forma, o inferno não é mais considerado um lugar de tormento eterno. Ao invés disso, trata-se de um esconderijo exclusivo longe da presença de Deus, aberto apenas àqueles que se propuserem a chegar ali. Há mais:

> Na teologia do novo modelo... *ira*, especificamente a ira de Deus, significa algo diferente do ponto de vista do velho modelo. Ira não denota uma punição indignada, e, sim, as más consequências que Deus determina, como faria qualquer pai ou mãe, ao mal e destrutivo comportamento. A palavra *ira,* tal como é usada no Antigo Testamento, argumenta-se, não é um termo usado primariamente em tribunal. Jamais significa enviar pessoas para o inferno. Aliás, pode ser traduzida apenas por "más consequências" — as más consequências da peste, da seca, da fome e as devastações de animais selvagens ou exércitos invasores, experimentadas aqui e agora.[6]

E isso não é tudo. "*Pecado* também muda de significado... Na teologia do velho modelo, qualquer pecado seria suficiente para nos condenar ao inferno. Os evangélicos da teologia do novo modelo, por outro lado, não conseguem pensar no pecado sem fazerem referência ao paterno cuidado de Deus. Pais que amam os seus filhos julgam que o pecado ou o mau comportamento exigem disciplina e correção, tendo em vista ajudar a criança a mudar. Mas o propósito jamais é excluir a criança do lar."[7] Ou seja, Deus nunca citaria o pecado como motivo para enviar alguém para o inferno.

Na teologia do novo modelo, o atributo primordial de Deus é a benevolência. Ela excede a santidade, a justiça, a ira e a soberania de Deus. O Deus da teologia do novo modelo é *juiz* apenas no sentido de ser um "defensor de seu povo". Sua única preocupação é "a libertação e a paz das pessoas".[8] Além disso, uma igreja do novo modelo é chamada não a confrontar o mundo, mas a "fazer conhecido o amor de Deus, ou seja, para dizer: 'perdoados são os teus pecados', conforme fez Jesus, e a oferecer os recursos do Espírito a todos quantos desejam aprender como amar e apreciar a Deus e a seu próximo".[9]

Se algum dia já existiu uma teologia "amigável", ei-la aqui. Mas não é bíblica, e não há nada de novo nesta teologia. Trata-se, simplesmente, de liberalismo com nova roupagem. São os mesmos argumentos e os mesmos ensinamentos que os liberais promovem há muitos anos, acontece que agora são chamados de "evangélicos". Não permita que esse rótulo lhe engane. Spurgeon escreveu: "É mera hipocrisia clamar: 'Somos evangélicos, somos todos evangélicos', e, ao mesmo tempo, se negar a dizer o que significa ser evangélico".[10] "Você pode crer em qualquer coisa, em tudo ou em nada e ainda assim estar arrolado ao exército 'evangélico' — *dizem eles*. Porventura, não surgirão, entre os dissidentes, alguns evangélicos honestos e francos, para expor e repudiar esse latitudinarianismo? Estão todas as sentinelas a dormir? Todas as igrejas estão indiferentes?"[11]

De acordo com a teologia do novo modelo, "a cruz não foi um pagamento judicial, mas a expressão visível da eterna natureza de Jesus como Filho, no tempo e no espaço".[12] Isto não passa de uma nova maneira de afirmar o dogma central da teologia liberal: a obra salvífica de Cristo não foi uma expiação vicária, mas um exemplo moral do próprio Cristo. Isso é um ataque à verdade fundamental da teologia evangélica. Prova antes de tudo que alguns que gostam de considerar-se evangélicos já ultrapassaram os sinais de advertência e estão correndo livre e desatentamente ladeira abaixo.

Às igrejas "amigáveis" faltam meios para se defenderem contra as tendências de teologias semelhantes a do novo modelo. Sua filosofia norteada por *marketing* não lhes permite que assumam posturas doutrinárias firmes contra tais ensinos. Sua perspectiva acerca de liderança conduzem-nas a contratar vendedores, em vez de pastores biblicamente qualificados para ensinar a Bíblia. A sua abordagem de ministério se apresenta de tal modo não-doutrinária, que elas não conseguem instruir seu povo contra erros sutis. Seu ódio à controvérsia deixa-as em uma situação em que não têm como se opor aos falsos ensinos, que se disfarçam de evangelicalismo. Na verdade, a teologia do novo modelo parece ser *perfeitamente conveniente* à filosofia da igreja "amigável". Por que então a igreja "amigável" haveria de se opor a tais doutrinas?

Entretanto, somos obrigados a nos opor a tais doutrinas, se quisermos permanecer fiéis à Palavra de Deus e manter nosso testemunho do evangelho. O pragmatismo não tem respostas para os problemas que confrontam o cristianismo bíblico. O pragmatismo é sabedoria carnal, é falência espiritual, contrário à Palavra de Deus. (Ver Apêndice 3, com relação a um contraste do século XVIII entre a sabedoria carnal e a espiritual, que se encaixa particularmente bem ao pragmatismo do século XX.)

Técnicas de *marketing* nada oferecem, senão a promessa de popularidade e de aprovação mundana. Certamente não oferecem qualquer salvaguarda contra os perigos do declínio.

A única esperança é um retorno às Escrituras e à sã doutrina. Nós, evangélicos, temos de recuperar nossa determinação de sermos bíblicos, nossa recusa de agir de acordo com o mundo, nossa disposição para defender aquilo que cremos e nossa coragem para resistir os falsos ensinos. A menos que acordemos coletivamente para os perigos modernos que ameaçam a nossa fé, o adversário nos atacará de dentro, e não resistiremos. A história se repetirá, e o mesmo desastre que devastou a igreja há cem anos voltará a assolar nossa geração.

> *Contudo, haverá alguns que lançarão fora o traiçoeiro amor pela paz e pregarão abertamente em nome de nosso Senhor e de sua verdade. Um espírito de covardia está sobre muitos, e suas línguas estão paralisadas. Oh! que tenhamos uma explosão de verdadeira fé e santo zelo!*

Charles Haddon Spurgeon[13]

Apêndice 1

Spurgeon e a Controvérsia do Declínio

[Ao final da era puritana] por um meio ou por outro, primeiramente os ministros, depois, as igrejas, entraram no "declínio"; em alguns casos, a descida foi rápida, e em todos, desastrosa. À proporção que os ministros abandonavam a antiga piedade de vida puritana e a antiga forma de doutrina calvinista, tomavam-se menos fervorosos e menos simples em sua pregação, mais especulativos e menos espirituais seus discursos e se detinham mais nos ensinos morais do Novo Testamento do que em outras verdades centrais da revelação. A teologia natural com frequência tomou o lugar das grandes verdades que o evangelho deveria ter ocupado, e os sermões se tomavam mais e mais destituídos de Cristo. Os resultados correspondentes no caráter e na vida, primeiro dos pregadores e, em seguida, do povo, eram nitidamente visíveis.

A Espada e a Colher de Pedreiro[1]

Em março de 1887, Charles Spurgeon publicou o primeiro de dois artigos intitulado "O Declínio", em sua revista mensal, *A Espada e a Colher de Pedreiro*. Os artigos foram publicados sob anonimato, mas o autor era Robert Shindler, um amigo íntimo de Spurgeon e, como este, pastor batista. Shindler escreveu os artigos com a ajuda de Spurgeon, que redigiu uma nota de rodapé para o primeiro artigo, endossando-o com as seguintes palavras: "Solicitamos cuidadosa atenção à leitura deste artigo. Estamos indo ladeira abaixo à velocidade de quebrar o pescoço".[2]

Descrevendo a situação do evangelicalismo, desde os Puritanos até sua própria época, Shindler constatou que todo avivamento da verdadeira fé evangélica fora seguido, dentro de uma geração ou duas, por um afastamento da sã doutrina, conduzindo, por fim, a apostasia. Ele comparou esse afastamento da verdade com uma ladeira em declive e, por isso, chamou-o de "O Declínio".

DECLÍNIO I

No primeiro artigo, Shindler relatou a história da maioria das denominações protestantes da Inglaterra desde o princípio do declínio do Puritanismo, em 1662. Ele observou que, na primeira geração após a era puritana, quase todas as denominações não conformistas (protestantes não anglicanos) da Inglaterra haviam se desviado da ortodoxia para seguirem uma antiga forma de liberalismo teológico chamada *socinianismo* (que nega o pecado original e a divindade de Cristo). Shindler relatou como centenas de igrejas do pós-Puritanismo haviam abandonado a sã doutrina em favor de um ceticismo racionalista, do unitarianismo e de outras crenças liberais. O deslize em direção ao declínio começou de modo lento e quase imperceptível. Shindler sugeriu que as denominações, em geral, "entraram no declínio" ao abandonarem o calvinismo (que enfatiza a soberania de Deus na salvação) em favor do arminianismo (que faz da vontade humana o fator decisivo). Outros grupos abraçaram o *arianismo* (que nega a plena divindade de Cristo). Outros ainda simplesmente se apaixonaram pela erudição e pela sabedoria mundana e, como resultado, perderam seu zelo pela verdade.

"Os presbiterianos foram os primeiros a chegar ao início da ladeira", Shindler escreveu. Tomaram o caminho da sabedoria humana: "Deram mais ouvidos aos conhecimentos clássicos e outros campos do saber... Foi, portanto, um passo fácil na direção errada, prestaram atenção redobrada aos conhecimentos acadêmicos dos seus ministros e pouca atenção às qualificações espirituais; colocaram mais valor na escolaridade e na oratória do que no zelo evangélico e na capacidade de manejar bem a palavra da verdade".[3]

Shindler afirmou também:

> Como é comum a pessoas em declínio, alguns chegam além do que tencionavam, demonstrando que é mais fácil entrar no erro do que sair dele e que, não havendo freios, torna-se difícil parar. Aqueles que abandonaram o calvinismo podem nem ter sonhado em negar a perfeita divindade do Filho de Deus ou em renunciar a fé em sua morte expiatória e em sua justiça justificadora; nem sonhado em rejeitar a doutrina da depravação humana, da necessidade de renovação divina e da obra graciosa do Espírito Santo, a fim de que os homens se tornassem novas criaturas; mas, tendo sonhado ou não, este resultado tornou-se realidade.[4]

Alguns que abandonaram a fé, disse Shindler, o fizeram abertamente. Porém, muitos, de forma proposital, ocultaram seu ceticismo e heresia, preferindo semear dúvidas, enquanto aparentavam ser crentes ortodoxos. "Estes, por meio da hipocrisia e do engano, aprofundaram sua própria condenação e promoveram a ruína eterna de grande parte dos seus seguidores (cf. Mt 23.15). Professando ser embaixadores de Cristo e arautos do evangelho glorioso, o alvo deles era ignorar as reivindicações de Jesus, negar-Lhe seus direitos, denegrir seu caráter, rasgar a sua gloriosa vestidura de salvação e pisotear a sua coroa no pó."[5]

No entanto, muitos daqueles que se mantiveram fiéis se mostraram relutantes em lutar pelo que criam. Com frequência, a pregação evangélica era fria e sem vida, e até mesmo os que se ativeram à sã doutrina não cuidaram em zelar por onde traçavam a linha demarcatória de suas amizades com os outros. "Aqueles que eram verdadeiramente ortodoxos em seus sentimentos foram mui frequentemente descuidados e infiéis em trazer a seus púlpitos ministros heréticos, quer como pastores assistentes, quer como pregadores ocasionais. Desta forma, as heresias arianas e socinianas foram introduzidas às congregações presbiterianas na cidade de Exeter."[6]

Dentro de poucas décadas, o fervor puritano que tanto capta a alma da Inglaterra deu lugar a um ensino vazio, negligente e apóstata.

As igrejas se tornaram descuidadas em estender os privilégios de membresia a pessoas não regeneradas. Pessoas que eram, nas palavras de Shindler, "estranhas à obra da graça regeneradora" alegavam ser cristãos e foram admitidos à membresia, até mesmo à liderança, nas igrejas. Tais pessoas "escolheram para si pastores conforme seus corações, homens que poderiam, fariam e, de fato, clamaram: 'Paz, paz', enquanto o único caminho para a paz era ignorado ou repudiado".[7]

Shindler concluiu seu primeiro artigo a respeito de "O Declínio" com as seguintes palavras: "Estes fatos oferecem uma lição para o tempo presente, quando, em alguns casos, é evidente que homens estão dispostos a privar-se do antigo, a favor do novo. Mas, em termos de teologia, é muito comum descobrirmos que o verdadeiro não é novo e que o novo não é verdadeiro".[8]

DECLÍNIO II

Em abril, *A Espada e a Colher de Pedreiro* trouxe o segundo artigo intitulado "O Declínio". Neste, Robert Shindler continuou seu relato sobre a história do declínio do Puritanismo. Atribuiu aos líderes da igreja a culpa pelo deslize em direção a ladeira abaixo. Embora fossem ortodoxos em seus ensinos, não estavam batalhando (Jd 3) e mostravam-se fracos na defesa de sua fé. Como exemplo, ele citou Philip Doddridge (1702-1751), hoje em dia mais conhecido como autor dos hinos *"Oh Happy Day"* e *"Grace, 'Tis a Charming Sound"*. Doddridge, de acordo com Shindler, "era tão sadio (na doutrina) quanto era afável; mas, talvez nem sempre era tão prudente; ou, ainda mais provavelmente, prudente demais e não suficientemente ousado e decidido".[9]

Doddridge havia sido o diretor da academia onde a maior parte dos ministros não conformistas havia estudado em meados do século XVIII. Shindler julgava que "a disposição afável de Doddrige lhe permitia fazer o que homens mais inflexíveis não teriam feito. Às vezes, se 'associava de forma fraterna, até trocando púlpitos', com homens cuja ortodoxia era questionável. Isto teve efeitos sobre muitos dos jovens ministros e também serviu para diminuir, na consciência das pessoas, a crescente divergência de opiniões".[10] Em outras palavras, Shindler percebeu que a tolerância de

Doddridge quanto aos professores não ortodoxos obscureceu na mente de seus alunos a terrível realidade de que tais professores eram culpados de sérios erros, deixando os alunos expostos aos efeitos mortais das heresias. Mas Shindler acrescentou que ninguém poderia "sequer insinuar qualquer suspeita de heresia" contra o próprio Doddridge.

Por causa da atitude de tolerância implantada por Doddridge, a academia sucumbiu ao socinianismo e fechou suas portas na geração seguinte à morte de Doddridge.[11]

Shindler parafraseou assim Oséias 4.9 ("como é o povo, assim é o sacerdote"): "Podemos esperar pouquíssimas cousas boas de tais ministros e dos ouvintes que aprovam os pontos de vista deles".[12] Shindler alertou contra tal tolerância, sugerindo que é preferível errar do lado da cautela:

> Em muitos casos, a ousadia cética parece ter ocupado o lugar do zelo evangélico, e as migalhas da especulação teológica são preferidas ao pão inteiro da verdade do evangelho. Em alguns, o empenho não parece ser quão ousada e fielmente eles podem caminhar na verdade, mas quão longe conseguem se distanciar dela. Para estes, a verdade divina é como um leão ou um tigre, e desta "se conservam à distância". Nosso conselho é: Não cheguem muito próximo ao precipício; vocês poderão escorregar e cair. Fiquem onde a terra é firme; não se aventurem no gelo fino.[13]

Shindler forneceu exemplos específicos de como a tolerância conduzira ao desastre, salientando que o "girino do darwinismo havia sido chocado... nos bancos da velha capela da High Street, em Shrewsbury", onde Charles Darwin fora apresentado ao ceticismo por um pastor que estava fascinado pelo socinianismo. Também a capela um dia pastoreada por Matthew Henry, autor do famoso comentário sobre toda a Bíblia, estivera por muitos anos ensinando "puro socinianismo".[14]

Os batistas, observou Shindler, também viram parte de suas igrejas entrar em declínio. Ele citou várias delas, no condado de Kent, que haviam abraçado o socinianismo, as localizadas em Dover, Deal, Wingham e Yalding.

Mas acrescentou que havia algumas exceções dignas de nota. Eram igrejas dispostas a lutar pela fé e defender as doutrinas da graça e da soberania de Deus; estas conseguiram evitar o mesmo destino das que estavam em declínio. Constituíram ilustrações singulares de quem estava subindo, mostrando o declínio das outras em alto relevo.

Como é que tantas igrejas que acreditavam na Bíblia se desviaram? E por que isto se repete constantemente na história humana? Shindler considerou essas questões:

> No caso de um desvio, existe sempre um primeiro passo errado. Se conseguirmos descobrir este primeiro passo, talvez possamos evitá-lo, assim como seus resultados. Onde, portanto, está o ponto de divergência da "autoestrada da verdade do Rei"? Qual é o primeiro passo em direção ao erro? Seria duvidar desta doutrina, ou o questionar aquele sentimento, ou o ser cético quanto àquele artigo de fé ortodoxa? Pensamos que não. Essas dúvidas e ceticismo resultam de algo que surgiu.[15]

O que era este "algo"? Qual o denominador comum entre aqueles que entraram no declínio?

> O primeiro passo em direção ao erro é a falta de uma fé adequada na inspiração divina das Escrituras. Enquanto um homem se curva à autoridade da Palavra de Deus, certamente não entreterá pensamentos contrários aos ensinos da Escritura. "À lei e ao testemunho" é o seu apelo concernente a cada doutrina. Ele considera verdadeiras todas as coisas do Livro santo e, portanto, odeia todo caminho falso. Mas, no momento em que alguém questiona ou alimenta pontos de vista inferiores quanto à inspiração e à autoridade da Bíblia, ficará sem um mapa para guiá-lo e sem uma âncora para firmá-lo.
> Ao examinar com cuidado a história e os movimentos da época a respeito da qual escrevemos de forma resumida, o seguinte fato se

torna evidente: jamais vaguearam seriamente longe do caminho correto os ministros e as igrejas cristãs que se apegaram à verdade de que as Escrituras Sagradas nos foram dadas por Deus como uma regra de fé e prática, definitiva e infalível. Mas, por outro lado, quando a razão foi exaltada acima da revelação e feita o intérprete da revelação, toda sorte de erros e danos têm sido o resultado.[16]

Shindler percebeu uma correlação entre a doutrina calvinista e uma perspectiva elevada das Escrituras, sugerindo que a grande maioria dos que se mantiveram comprometidos à autoridade das Escrituras eram "mais ou menos calvinistas na doutrina".[17] Na seção de "Notas" do mesmo exemplar *de A Espada e a Colher de Pedreiro*, Spurgeon acrescentou: "Preocupamo-nos mais com as verdades centrais do evangelho do que o fazemos pelo calvinismo como um sistema; porém, cremos que o calvinismo possui uma força conservadora que ajuda a segurar os homens na verdade vital".[18] A clara implicação, tanto aos olhos de Spurgeon quanto aos de Shindler, era que uma perspectiva elevada das Escrituras anda de mãos dadas com uma compreensão elevada da soberania de Deus. Além do mais, Shindler notou que as igrejas que se apegaram firmemente à sã doutrina permaneceram sadias em sua vida espiritual e floresceram, enquanto as que abraçaram o socinianismo começaram inevitavelmente a minguar e morrer. Shindler citou as seguintes palavras do Rev. Job Orton, um homem que aparentemente tinha inclinações socinianas, mas que, apesar disso, alertou os pastores que flertavam com a teologia liberal:

> Há muito tempo descobri e, a cada ano que passa, cresce a minha convicção de que, ao entreterem o povo com coisas animadas e belas, os ministros confinam-se a discursos generalizados, concentram-se principalmente nos deveres morais, sem compelir as pessoas, de modo afável, por meio de motivos evangélicos. Enquanto negligenciam as peculiaridades do evangelho, jamais ou raramente mostram a graça de Deus e o amor de Cristo em nossa redenção. Ao deixarem de ensinar sobre a necessidade de regeneração e de santificação, através de uma constante depen-

dência do Espírito Santo de Deus, para nos assistir e fortalecer nos deveres da vida cristã, suas congregações permanecem em um estado calamitoso. Algumas estão reduzindo-se a nada, como acontece com várias igrejas nesta vizinhança, onde agora não existem as centenas de pessoas que participavam de suas reuniões, há cinquenta anos atrás... Uma apatia mortal permanece espalhada por sobre a congregação. Tais igrejas seguem 'o curso deste mundo', acompanhando cada extravagância da moda; e a bondade pessoal e familiar parece ter desaparecido dentre eles. Qualquer aparência de vida e zelo é escassa.[19]

Shindler acrescentou: "Parece que Orton havia percebido a tolice do caminho que conduzia ao declínio e estava ansioso por testemunhar isso, a fim de deter outros".[20]

Ele concluiu o artigo com um apelo à centralidade e suficiência da Palavra de Deus:

Deixando os homens e suas opiniões de lado, a Palavra do Senhor permanece para sempre; e, para todo aquele que se compromete em ser mensageiro de Deus e a pregar a mensagem do Senhor ao povo, essa Palavra é: "Aquele em quem está a minha palavra fale a minha palavra com verdade. Que tem a palha com o trigo?
Diz o SENHOR".
Que o Senhor nos ajude a sermos "firmes, inabaláveis e sempre abundantes na obra do Senhor, sabendo que, no Senhor, o nosso trabalho não é vão".[21]

E, com isso, findou-se aquele artigo escrito em duas partes. Shindler acrescentou a este assunto um terceiro artigo impresso no exemplar de junho de *A Espada e a Colher de Pedreiro*. Esse artigo propunha-se a analisar o julgamento de uma heresia corrente nos Estados Unidos que envolveu alguns professores do Seminário Teológico de Andover, no Estado de Nova Iorque. O seminário de Andover havia sido fundado, na época, há menos de cem anos, em resposta ao socinianismo que grassava em Harvard. Os fundadores de Andover, escreveu Shindler, "eram calvinistas firmes, do tipo Cotton Mather, e a faculdade fora estabelecida com o propósito específico de instruir homens naquela fé".[22] Shindler acusou "os cinco cavalheiros que agora ocupam as cátedras" de haverem "se desviado seriamente da fé dos fundadores". Eles fizeram isso através do engano, disse Shindler. Havendo assinado a declaração de fé da instituição, agora estavam minando essa fé através de seus ensinos, que alguns chamavam de "Ortodoxia Progressiva". Shindler tinha a sua própria avaliação: "Sem dúvida, a *progressão* é tão grande que se perdeu de vista a *ortodoxia*". Ele prosseguiu relatando as heresias ensinadas por esses homens, que, embora consideradas sutis no final do século passado, na realidade eram sérias deserções da fé.

Shindler contemplou o desastre de Andover como uma lição objetiva dos perigos do declínio, e não hesitou em chegar ao ponto de usar os batistas americanos como ilustração de que a *União Batista* da Inglaterra estava caminhando na mesma direção.

Três meses depois, o próprio Charles Haddon Spurgeon escreveria acerca do "declínio". A controvérsia estava apenas começando a esquentar.

DECLÍNIO III

Em agosto, *A Espada e a Colher de Pedreiro* trouxe um artigo escrito por Spurgeon com o título de "Mais Uma Palavra Sobre o Declínio". O tom desse artigo foi de maior urgência do que haviam sido os de Shindler. Os artigos anteriores evidentemente haviam provocado duas respostas básicas: a insatisfação daqueles que consideravam a análise de Shindler muito pessimista e o apoio de muitos que também se preocupavam com as tendências do evangelicalismo britânico.

Os que concordaram com os alertas sonoros de Shindler responderam enviando mais provas de apostasia e de comprometimento por parte de igrejas que outrora eram sadias em sua doutrina. Spurgeon leu essas respostas e sentiu-se ultrajado. Um homem relatou que "dois ministros o haviam ridicularizado por ter orado pedindo chuva". Uma mulher contou a Spurgeon que "uma preciosa promessa de Isaías, que lhe trouxera conforto, tinha sido declarada não-inspirada por certo pastor".[24] A mesa do editor de *A Espada e a Colher de Pedreiro* ficou repleta de relatos semelhantes.

Desde o parágrafo de abertura, o artigo de Spurgeon foi mais combativo, mais intenso do que os de Shindler. Nas semanas que sucederam os primeiros artigos, Spurgeon veio a reconhecer que *Espada e a Colher de Pedreiro* haviam subestimado a gravidade de "O Declínio":

> Nossa solene convicção é que as coisas, em muitas igrejas, estão piores do que parecem, e a tendência é de uma descida ainda mais acentuada. Leia os jornais que representam a Escola Liberal da Discordância e pergunte-se: Quão mais longe poderão ir eles? Que doutrina ainda não foi abandonada? Que outra verdade será alvo de desprezo? Iniciou-se uma nova religião, que não é mais o cristianismo, assim como o giz não é queijo; e essa religião, destituída de honestidade moral, intitula-se a velha fé com pequenas melhorias e, baseada nessa alegação, usurpa púlpitos que foram erigidos para pregar o evangelho.[25]

Em lugar da pregação do evangelho, essa "nova e melhorada" variação de cristianismo não passava de divertimentos alternativos. Spurgeon alertou que muitos estavam transformando a igreja em "casas de diversão", permitindo que os valores e técnicas do teatro invadissem o santuário do Senhor.

Spurgeon notou que muitas igrejas já não tinham reuniões de oração. O fervor espiritual estava minguando, as congregações definhando, e o entusiasmo pelo evangelho estava rapidamente se extinguindo. "Ai de nós! Muitos estão se voltando aos cálices envenenados que drogaram aquela geração pós-Puritana em declínio... Muitos pastores estão brincando com a serpente mortífera chamada 'outro evangelho', sob a forma de 'pensamento moderno'".[26]

Quem devia ser culpado primordialmente por esse declínio? Spurgeon acreditava serem os pregadores: "O caso é triste. Alguns ministros estão se tornando infiéis. Ateus declarados não constituem um décimo do perigo representado por tais pregadores, que semeiam dúvidas e injuriam a fé... a Alemanha tornou-se incrédula por causa de seus pregadores, e a Inglaterra está seguindo os mesmos passos".[27]

Spurgeon não fez qualquer esforço para encobrir seu desprezo pelos modernistas: "Esses destruidores de nossas igrejas aparentam estar tão contentes com seu trabalho quanto os macacos com suas travessuras. Regozijam-se naquilo que haveria de trazer pesar aos seus pais; aceitam como um elogio o fato que os pobres e simples não se afiliam ao seu ministério e consideram a mágoa dos que são voltados à espiritualidade como evidência de seu poder".[28]

Àqueles que se ofendessem por tal franqueza, Spurgeon escreveu: "Um pouco de conversa sincera faria um bem enorme a nosso mundo, nestes dias. Esses cavalheiros não querem ser molestados. Não desejam que se levantem vozes contra eles. É claro que ladrões detestam cães de guarda e adoram a escuridão. Já é hora de alguém tocar sirene e chamar atenção para a forma em que Deus está sendo roubado de sua glória e os homens, de sua esperança".[29]

No final do artigo, Spurgeon disparou a seguinte crítica, que, pela primeira vez, suscitou a questão que se tornaria o foco da controvérsia subsequente:

> Até onde podem fraternizar aqueles que permanecem na fé que uma vez por todas foi entregue aos santos com os que se voltaram a outro evangelho? Esta é uma questão muito séria. O amor cristão tem suas reivindicações, e as divisões deveriam ser evitadas como um mal angustiante; mas quanto podemos nos justificar por estarmos em aliança com aqueles que estão se afastando da verdade? É uma pergunta difícil de responder,

quando desejamos manter o equilíbrio de nossos deveres. No presente, entretanto, cabe aos crentes serem cuidadosos, a fim de não darem apoio e aprovação aos traidores do Senhor. Uma coisa é a pessoa passar por cima de todas as fronteiras de restrições denominacionais por amor à verdade; e isto esperamos que homens piedosos façam cada vez mais. Mas outra política bem diferente é aquela que nos impele à subordinar a sustentação da verdade à prosperidade e à unidade denominacional. Muitas pessoas tolerantes fecham os olhos para o erro, se este for cometido por alguém inteligente ou por um irmão bem-intencionado, possuidor de várias qualidades. Que cada crente julgue por si mesmo; mas, quanto a nós, acabamos de colocar algumas trancas novas em nossas portas e demos ordens específicas para que seja colocada a corrente de segurança; pois, sob a alegação de solicitar a amizade do servo, estão aqueles que almejam roubar o Mestre.[30]

Spurgeon estava sugerindo que os verdadeiros crentes poderiam ter razões para cortar relações organizacionais com aqueles que estavam promulgando a nova teologia. Na estimativa dele, a verdade da Palavra havia sido tão gravemente comprometida, que os verdadeiros crentes precisavam levar em conta o mandamento de 2 Coríntios 6.17: "Retirai-vos do meio deles, separai-vos, diz o Senhor; não toqueis em cousas impuras".

Isto não era uma convocação para se estabelecer uma nova denominação. Spurgeon desconfiava abertamente de organizações humanas:

Consideramos impraticável tentar formar uma sociedade que mantenha longe de si pessoas bastante indignas que professam uma coisa e creem em outra; mas talvez seja possível estabelecermos uma aliança informal entre os que se atêm ao cristianismo de seus antepassados. Mesmo sem ter condições de fazer mais, poderiam pelo menos protestar e, na medida do possível, se libertarem da cumplicidade envolvida em uma conspiração de silêncio. Se, por um tempo, os evangélicos parecem fadados à derrota, que morram lutando, com plena certeza de que seu evangelho ressurgirá quando as invenções do "pensamento moderno" tiverem sido consumidas pelo fogo inextinguível.[31]

O artigo abalou o mundo evangélico. Spurgeon, que por décadas havia sido, de maneira geral, venerado pelos evangélicos, foi subitamente sitiado por críticos procedentes de sua própria casa. Aquilo que ele estava propondo era diametralmente oposto ao consenso do pensamento evangélico. Todas as tendências convergiam em direção à unificação, harmonia, amalgamação e fraternidade. De repente, ecoa uma voz solitária, porém a mais influente de todas, instando os verdadeiros crentes a se tornarem separatistas. A igreja não estava preparada, nem disposta a ouvir tal conselho, ainda que este viesse do príncipe dos pregadores.

DECLÍNIO IV

A despeito dos apelos de alguns irmãos, solicitando o abrandamento de sua retórica ou a amenização de suas queixas, Spurgeon aumentou a intensidade do assunto em um artigo da revista, publicada em setembro. A reação dos leitores ao seu artigo anterior ratificou sua posição, pensou Spurgeon. Chegavam cartas, às enxurradas, corroborando as alegações mais graves de Spurgeon. De fato, agora ele começava a pensar se o alarme não fora menor do que o necessário e viera tarde demais:

> De acordo com o melhor de nossa capacidade, soamos o alarme em Sião contra os crescentes males dos tempos e recebemos prova abundante de que não foi cedo demais. Cartas, vindas de todos os lugares, testemunham que o caso da igreja, nesta era presente, é pior do que imaginávamos. Parece que, em lugar de sermos culpados de exagero, ter-nos-iam justificado se houvéssemos pintado um quadro ainda mais terrível. Isso nos causa verdadeira tristeza. Se nos tivessem convencido de

que estávamos enganados, teríamos nos retratado com sinceras confissões de arrependimento e ficaríamos alegres por ver removidos os nossos temores. Não sentimos regozijo em fazer acusações; não traz prazer ao coração permanecermos em antagonismo contra tantos.[32]

Em vez de responder às acusações de Spurgeon, os críticos as consideraram vagas (embora Shindler e Spurgeon tivessem sido tudo, menos vagos). A esta altura, Spurgeon já se defrontava com insuficiência renal e, por esta razão, estivera ausente do púlpito. Alguém insinuou que os artigos sobre o *Declínio* eram avaliações de alguém que estava muitíssimo doente. Evidentemente, Spurgeon entristeceu-se por tal alegação:

> Nossos oponentes se propuseram a fazer alusões escarnecedoras à nossa doença. Todas as coisas solenes que escrevemos não passam de sugestões provenientes de nossa enfermidade, e nos aconselham a tirar um longo período de descanso. Mostrando compaixão aparente, mas com real insolência, eles depreciam a verdade apontando para a fraqueza de sua testemunha. A respeito dessa zombaria, temos o seguinte a dizer: primeiro, nosso artigo foi escrito quando desfrutávamos de plena saúde e foi publicado antes de ser descoberta qualquer indicação de que a enfermidade se aproximava. Segundo, estando em um debate com crentes, tínhamos a certeza de que, não importando quão escassos fossem seus argumentos, jamais recorreriam a um ataque pessoal.[33]

Os oponentes de Spurgeon haviam-no atacado de modo pessoal, embora tanto ele quanto Schindler tivessem evitado ao máximo fazer de pessoas o alvo de suas censuras. O pior é que os adversários de Spurgeon ignoraram totalmente o conteúdo de suas censuras. "Ninguém se propôs a refutar nossas alegações", escreveu Spurgeon.[34] Ninguém havia respondido a qualquer de suas acusações. Aliás, ninguém poderia. Ainda que poucos estivessem dispostos a admitir, o evangelicalismo inglês estava, de fato, em pleno declínio.

Utilizando a vívida imagem retórica, tão característica de sua pregação, Spurgeon escreveu: "A casa está sendo assaltada, suas paredes estão sendo escavadas, mas as pessoas que estão na cama gostam muito do aconchego, temem muito terem suas cabeças machucadas e não ousam descer para enfrentar os assaltantes; ficam até mesmo um tanto vexados quando um certo cidadão barulhento dispara seu alarme ou grita: Ladrões!"[35]

Spurgeon começava a pensar de maneira mais séria e a falar mais explicitamente a respeito de cessar a comunhão com os que, acreditava ele, se opunham ao evangelho. Durante várias décadas, Spurgeon foi o mais evidente e influente membro da *União Batista*. Contudo, parecia que ponderava com seriedade quanto ao propósito de se retirar da União, por questão de consciência.

> A divergência se torna cada dia mais evidente. Abre-se um abismo entre homens que creem nas Escrituras e homens que estão dispostos a atacá-las. Inspiração e especulação não podem coexistir pacificamente durante muito tempo. Não há lugar para o comprometimento. Não podemos defender a inspiração da Palavra de Deus e, ao mesmo tempo, rejeitá-la; crer em expiação e, ao mesmo tempo, negá-la; falar acerca da Queda e, ao mesmo tempo, argumentar sobre a evolução da vida espiritual, a partir da natureza humana. Não podemos reconhecer o castigo dos ímpios, enquanto, por outro lado, nos entregamos à esperança maior. Ou vamos por um caminho, ou por outro. A decisão é a virtude do momento.
>
> E também, após havermos escolhido o nosso caminho, não podemos continuar na companhia dos que seguem o outro caminho.[36]

Aparentemente, Spurgeon tinha esperança de que a liderança evangélica da União Batista compreenderia sua opinião e optaria por reformas. A União jamais requerera adesão a uma declaração de fé de qualquer espécie. Desde o início, ela pressupunha que seus membros eram todos evangélicos. O único ponto doutrinário necessário à membresia era, portanto, a forma de batismo. Spurgeon pensava que isto, em si mesmo, era insuficiente para preservá-la da erosão da verdade, então apelou à União Batista que assegurasse uma nova estrutura que garantisse a integridade doutrinária entre seus membros.

Diante da possibilidade de perder Spurgeon e da certeza de dividir a União, os líderes denominacionais começaram a procurar uma forma de conciliação.

Mas Spurgeon recusou o comprometimento:

> Permita-se que continuem no caminho estreito aqueles que o pretendem e que sofram por sua escolha; mas pensar em poder seguir, ao mesmo tempo, pelo caminho largo é um absurdo. Que comunhão existe entre Cristo e Belial?
>
> Chegamos até aqui e paramos para refletir. Nós, os que temos a mesma maneira de pensar, esperemos no Senhor, a fim de saber o que Israel deverá fazer. Com fé inabalável, tomemos nosso lugar; não com ira, não com espírito de suspeita ou divisão, mas em vigilância e resolução. Que não pretendamos ter uma comunhão que não sentimos existir nem escondamos as convicções que ardem em nossos corações. Os tempos são perigosos, e a responsabilidade de cada indivíduo é um fardo que precisamos carregar ou, então, nos mostramos traidores. O Senhor esclarecerá a cada homem qual o seu lugar e o curso que deverá seguir.[37]

Desta forma, Spurgeon encerrou seu artigo. Havia lançado o desafio. Sua mente e coração estavam resolutos. Ele não seria demovido.

Declínio V

Em outubro, o exemplar de *A Espada e a Colher de Pedreiro* trouxe o terceiro artigo de Spurgeon sobre o declínio. Esse artigo, intitulado "O Caso Comprovado", consistia basicamente de trechos de cartas e resenhas recebidos em resposta aos artigos anteriores. Dividiam-se em duas categorias. A primeira categoria de leitores viram a controvérsia fermentando e queriam amainar a tempestade. Spurgeon os caracterizou de "amigos estimados", que desejavam "correr e se entrepor aos combatentes, declarando que não havia motivo para a guerra e que nosso lema poderia continuar sendo 'Paz, paz!'"[38] Spurgeon acusou-os de serem "tão supremamente amáveis que enxergam tudo por meio de óculos de lentes coloridas".[39]

A segunda categoria incluía respostas de pessoas ratificando a avaliação de Spurgeon quanto ao triste estado das coisas. Muitos relataram exemplos específicos de comprometimento e de falsos ensinos entre aqueles que professavam ser evangélicos.

Novamente, Spurgeon levantou a questão: *"Estariam os irmãos que se mantêm ortodoxos prontos a endossar tais sentimentos, ao permanecerem em união com aqueles que sustentam e ensinam tais coisas ?"*[40] Crendo que a União Batista trataria destes assuntos em sua assembleia anual, em Sheffield, mais uma vez Spurgeon deixou clara sua posição:

> A atitude a ser tomada deixamos com aqueles que conseguem enxergar com mais clareza o que Israel deve fazer. Uma coisa é clara para nós: não esperem que participemos de qualquer União que englobe aqueles que estão ensinando, quanto aos pontos fundamentais, exatamente o contrário do que tanto amamos... Para nós, existem várias coisas sobre as quais é possível a harmonia, mas há outras nas quais seria um mero ato de traição aparentarmos ter comunhão. Com grande tristeza, nos abstemos de reunir com aqueles que amamos profundamente e respeitamos de coração, visto que isto implicaria em envolver-nos em uma aliança com quem não podemos ter comunhão no Senhor.[41]

Mas, na assembleia de Sheffield, a questão jamais foi levantada.

SAÍDA DA UNIÃO

No dia 28 de outubro de 1887, Spurgeon escreveu a Samuel Harris Booth, Secretário Geral da União Batista:

> Caro amigo, cumpre-me anunciar-lhe, como secretário da União Batista, que preciso sair desta entidade. Faço isto com o mais profundo pesar; mas não tenho outra escolha. As razões estão enunciadas em *A Espada e a Colher de Pedreiro*, exemplar de novembro; creio que terei sua compreensão em não repeti-las nesta carta. Peço-lhe não me enviar qualquer emissário solicitando a minha reconsideração. Receio já ter gasto tempo demasiado ponderando a questão; cada hora que passa traz-me a convicção mais profunda de que não estou agindo cedo demais. Desejo acrescentar que nada de pessoal ou qualquer má vontade exerceram alguma influência sobre mim. Pessoalmente, recebi mais respeito do que desejava. Motivado pela mais sublime das razões, tomei este passo, e você sabe que há muito o tenho adiado, na esperança de que as coisas melhorassem.
> Mui atenciosamente,
>
> C.H. Spurgeon[42]

Evidentemente, quando escreveu esta carta, Spurgeon já havia redigido seu artigo, de novembro, para *A Espada e a Colher de Pedreiro*. Com as seguintes palavras, ele começou o artigo "Um Fragmento sobre a Controvérsia do Declínio": "A esta altura, muitos de nossos leitores estarão exaustos quanto à controvérsia do Declínio; porém, não podem estar sentindo um décimo sequer de nosso cansaço ou de nossa provação por causa da controvérsia".[43] Enquanto Spurgeon cogitava a respeito de sair da União, a controvérsia consumia seus pensamentos e emoções. Mas ele percebeu que não tinha outra escolha. Cortar relações com os inimigos do evangelho não era uma questão de opção, conforme escreveu: *"Ter comunhão com o erro conhecido e fundamental é participar do pecado"*.[44] A força da retórica de Spurgeon revela o que se passava em seu coração: "Para ser bem claro, não podemos chamar essas coisas de Uniões Cristãs, pois começam a ter aparência de Confederações do Mal. Na presença de Deus, cremos que não são outra coisa. Para o nosso homem interior, esta é uma triste verdade da qual não podemos fugir".[45]

Spurgeon não encontrava qualquer razão para os crentes verdadeiros se acomodarem àqueles que duvidavam da autoridade e suficiência das Escrituras. "Se esses homens creem em tais coisas, que as ensinem, construam igrejas e estabeleçam uniões e fraternidades para si mesmos! Por que deveriam estar entre nós?"[46]

Ele sentiu que não tinha outra escolha, senão adotar o curso de ação que tomara: "Durante o mês passado, muitos colocaram diante de nós esta pergunta repleta de ansiedade: *"O que devemos fazer?"* Para esses, ainda não temos resposta a oferecer, a não ser que cada um deverá agir por si mesmo, após buscar a orientação do Senhor. Em nosso próprio caso, anunciamos nossa decisão na revista do mês passado. Afastamo-nos distinta e imediatamente da União Batista".[47]

Este anúncio deve ter vindo como um solavanco para muitos leitores. Poucos acreditavam que Spurgeon cumpriria suas ameaças. Paz e unidade eram reputadas, quase que universalmente, como as mais dignas virtudes cristãs. Era inconcebível que Charles H. Spurgeon, o pregador britânico mais conhecido e popular em seus dias, se tornasse um divisionista. No entanto, esta era a opinião popular a respeito do caminho que Spurgeon tomara.

SPURGEON E A UNIÃO BATISTA

Spurgeon, entretanto, não se retirara de forma caprichosa ou precipitada. No dia 23 de novembro, escreveu do sul da França para explicar sua decisão a um colega de ministério, o Sr. Mackey: "Era imperativo que me retirasse da União, uma vez que meus protestos aos dirigentes e meus reiterados apelos diretos a todo o corpo, não surtiram efeito. Meu ponto de vista havia se tornado tal que, como homem sério, não via outra saída senão me afastar".[48]

A carta particular a Mackey foi compartilhada com o conselho da União Batista, constituído de cem membros. Oitenta desses homens se reuniram, em 13 de dezembro, para discutir as acusações de Spurgeon. A maioria ficou indignada com as acusações e o subsequente afastamento de Spurgeon do grupo que representavam. Acusaram-no de ter feito acusações baseado em informações imprecisas, e os dirigentes da União negaram taxativamente que Spurgeon houvesse se dirigido a eles com reclamações particulares ou com preocupações de qualquer espécie acerca do estado doutrinário da União.

Um oficial em particular, o Secretário Geral Booth, sabia que isto não era verdade. Ele e Spurgeon haviam tido muitas conversas em particular e trocado correspondências acerca do estado deplorável da União. De fato, o próprio Booth havia instado que Spurgeon se pronunciasse contra o modernismo que grassava na União. Booth, aparentemente, tinha passado a Spurgeon detalhes sobre o comprometimento generalizado e nomes de homens cuja ortodoxia ele duvidava.[49] Mas Booth havia feito Spurgeon jurar que manteria segredo sobre a correspondência entre ambos. "Minhas cartas a você não eram oficiais, mas confidenciais", Booth escreveu no momento em que achou estar Spurgeon prestes a esclarecer tudo. "Por uma questão de honra, você não pode usá-las."[50]

As atas do Conselho demonstram que Booth agiu enganosamente quanto ao teor das conversas com Spurgeon. Booth declarou-lhes: "Novamente, digo aos irmãos que quaisquer das minhas conversas com o Sr. Spurgeon não foram do tipo que formula acusações contra os irmãos, a fim de que pudesse submetê-los a este conselho. Nunca imaginei que o Sr. Spurgeon tencionasse que as coisas mencionadas em nossas conversas devessem ser aqui trazidas e colocadas na forma de acusações".[51] Embora isso fosse verdade, não era a verdade completa. O diálogo entre ambos acerca daquelas questões era muito mais do que conversa passageira. Afinal de contas, fora Booth quem primeiro se dirigira a Spurgeon para compartilhar suas preocupações. Booth, mais do que ninguém, sabia quanto Spurgeon compartilhava da intensa preocupação acerca do desvio da União.

Porém, mesmo quando o Conselho da União Batista, incluindo o próprio Booth, acusou Spurgeon de deturpar a verdade, Spurgeon honrou o desejo de Booth, ao manter em sigilo a correspondência entre ambos. "Spurgeon poderia ter provado a extensão de suas consultas prévias com oficiais da União, se houvesse apresentado a todos a correspondência entre ele e Booth".⁵² Em vez disso, suportou a ofensa e as falsas acusações, até mesmo quando o próprio Booth se tornou um dos acusadores.

"O Dr. Booth dizer que nunca reclamei é algo surpreendente", Spurgeon escreveu à sua esposa. "Deus sabe de tudo e me fará justiça."⁵³

Mas, conforme salientou um biógrafo, "ele nunca foi justiçado. E, em muitos lugares, a impressão é que Spurgeon fez acusações que não poderia comprovar; e, ao ser devidamente convocado a apresentar as evidências, pediu demissão e fugiu. Nada poderia ser mais distante da verdade. Spurgeon poderia ter entregue as cartas do Dr. Booth. Acho que ele deveria ter feito isso".⁵⁴

O Conselho da União Batista acusou-o de haver transgredido as instruções de Jesus em Mateus 18, por deixar de primeiramente arguir, em separado, aqueles contra quem tinha queixas. Em outra carta à sua esposa, Spurgeon respondeu a esta acusação: "Que farsa essa coisa de eu ir ter com meus irmãos, em particular, de acordo com Mateus 18.15! Estive com o secretário e com o presidente reiteradas vezes; então redigi a minha queixa e saí da União, quando mais nada poderia ser feito".⁵⁵

Ao Dr. James Culross, presidente da União, Spurgeon escreveu:

> Segui as diretrizes de nosso Senhor, quanto a protestos em particular, ao me encontrar com o Presidente e o Secretário em ocasiões anteriores, e inutilmente escrevi meus protestos diversas vezes. Eu não tinha outro curso a seguir, senão retirar-me. Com certeza, nenhuma pessoa na posse de seu juízo esperaria que eu fizesse um "tour", a fim de lidar com cada um que estava no erro. Não tenho jurisdição sobre estes e, com justiça, acabaria sendo visto como ofensivamente intruso, se o tivesse feito; Minha contenda é com a União, e apenas com ela. É com a União que tenho lidado o tempo todo.⁵⁶

Ao levantar a questão sobre Mateus 18 e acusar Spurgeon de haver falhado em trazer suas preocupações adequadamente aos líderes da União, o Conselho estava claramente fugindo das questões verdadeiras. Propuseram-se a enviar uma delegação de quatro homens para confrontar Spurgeon e escreveram-lhe para marcar uma visita enquanto ainda se encontrava na França. Ele não aceitou, avisando que os receberia quando retornasse à Inglaterra.

Spurgeon encarou a atitude do Conselho como uma tentativa óbvia de *centralizar nele mesmo o problema,* a fim de afastar, deste modo, a controvérsia do desvio doutrinário existente na União. Além disso, ele cuidara em não atacar a ninguém pessoalmente e agora o Conselho estava usando até mesmo isso contra ele, alegando que a falta de nomes e detalhes específicos levava-os a encarar as acusações como vagas demais para serem tratadas. Em uma carta sem caráter defensivo, Spurgeon escreveu ao editor do principal veículo de publicação da União:

Ao Editor de "O Batista"

CARO SENHOR - Eu não ocuparia as colunas de seu jornal com assuntos particulares, se não fosse de real importância que eu assim o fizesse. Na carta dirigida ao Sr. Mackey, escrevi: "Era imperativo que eu me retirasse da União, uma vez que meus protestos aos dirigentes e meus reiterados apelos diretos a todo o corpo não surtiram efeito". Isso não é inverídico ou impreciso. Após o triste acontecido de Leicester (em 1883, no qual permitiu-se que um ministro unitariano pregasse em reuniões da União Batista), eu fiz sérias reclamações junto ao secretário, ao presidente (Sr. Chown) e a outros membros do Conselho. No orfanato, ao qual ele gentilmente veio, Mr. Chown fez-me um apelo patético solicitando que considerasse aquilo um incidente isolado, esperando que eu me enganara. Não levei este assunto adiante e disto, provavelmente, sou culpado.

Desde então, já conversei reiteradas vezes com o secretário [Booth] acerca do assunto, assim como ele prontamente confirmará. Penso que, a cada ano, ele ou o Sr. Baynes pediram que eu pregasse para a União ou nos cultos da missão ligados às reuniões da União. Em cada ocasião, um ou o outro tem ouvido minhas reclamações, ao ponto de, receio eu, ficarem cansados.

Quero acrescentar que não confundo a missão com a União; mas acontece que esses bons secretários me convocam enquanto fazem os preparativos para ambas as séries de reuniões, portanto, o que eu disse a um julgo como tendo dito a ambos. Permanece o fato de que tenho me recusado a participar publicamente das reuniões, pois não estou certo de que isso não signifique um comprometimento de minha parte. Esta postura certamente tem falado mais alto do que palavras. Troquei várias correspondências com o Sr. Williams e o Sr. Maclaren, o que, da parte deles, foi bastante admirável.

Meu amigo, o Sr. Williams, afirma que minhas cartas estão identificadas com a palavra "Privativa", e foi isto mesmo o que eu disse ao Sr. Mackey. O Sr. Booth não considerou minha correspondência a ele como *oficial*, tampouco eu jamais declarei que assim o fizesse. Entretanto, as minhas reclamações foram dirigidas a ele, enquanto procurei conciliar a questão com o meu juízo, ao associar-me ao *trabalho*, e não ao *falar*, da União; gostaria que pudesse ter havido um meio-termo. Não me aventuraria a dizer especificamente quantos do Conselho conheciam meu ponto de vista e sentimentos, por terem me ouvido expressá-los diversas vezes, mas, com certeza o suficiente para justificar minha afirmação ao Sr. Mackey. Observe, por favor, que, se a ênfase for dada à primeira cláusula da sentença, ela será tida como mais proeminente do que tencionei que fosse, deixando-se de fora o restante - "meus reiterados apelos diretos a todo o corpo". Minhas cartas acerca de "O Declínio" não tratam apenas da denominação batista, que a todo o tempo tenho admitido estar bem menos corrompida do que qualquer outra; mas, sendo que o alerta era de caráter geral, os artigos publicados foram submetidos a todo o ministério e enviados a todos. "O órgão informativo da denominação batista" julgou a questão como sendo um "grande equívoco" e afirmou que certos ministros no caminho para Sheffield enxergaram tudo como uma "grande piada". Nas reuniões, não houve reconhecimento público, exceto o ataque dirigido contra mim em uma reunião, sem que me fosse concedida a oportunidade de resposta. Não escreverei a respeito de outras expressões de caráter indelicado usadas na oportunidade por certos indivíduos; mas tudo isso deixou claro que ninguém julgou serem meus apelos dignos de consideração. Se algum dos irmãos tivesse julgado que tais apelos eram sérios, teria mencionado isso ao Conselho e poderia ter solicitado que afirmações feitas em particular se tornassem públicas; mas ninguém pensou assim. Não estou reclamando disso; mas não deve ser dito que eu não falei a verdade nas palavras citadas acima.

Parece que a questão não foi: "Seria verdadeira esta afirmação do Sr. Spurgeon?", mas que a verdadeira pergunta foi: *"Teria ele escrito de tal maneira que os dirigentes se sentiram obrigados a trazer o assunto perante o Conselho?"* Este é um outro assunto, que pode ser visto usando-se apenas um dos olhos. Portanto, perdoo os que questionam e replicam e quaisquer outros, fundamentado na suposição de que *eles* tencionavam dizer uma coisa enquanto *eu* afirmei outra; isto faço, de uma vez por todas.

Porém, esse é um triste começo para uma conferência entre irmãos. A acusação não foi de ter sido eu reconhecidamente inverídico, mas de ter dito o que não é verdade - suponho que por causa de falha em minhas capacidades mentais. Deve-se inferir com isso que é perda de tempo enviar uma delegação para conferenciar com uma pessoa tão imbecil. Recuso-me, entretanto, a deduzir tal inferência. Espero não ter chegado ao ponto de julgar pessoas; nem sequer julgo motivações; mas espero que possa escrever esta carta sem parecer desrespeitoso aos honrosos irmãos que buscam ter um encontro comigo.

Atenciosamente,

C.H. Spurgeon
Menton, 19 de dezembro.[57]

O periódico jamais publicou a carta de Spurgeon.

A CENSURA DA UNIÃO BATISTA

A relutância de Spurgeon em se reunir, na França, com a delegação da União brotou de seu receio de que eles estariam apenas procurando fazê-lo parecer mal-humorado e obstinado. Ele escreveu a Susannah: "Pense em quatro doutores em teologia percorrendo todo esse trajeto para me visitar! Eu estaria em grande perplexidade e não saberia o que responder. Não posso entender o que tudo isso significa. Permaneço acordado até 1h da madrugada... Não temo os quatro teólogos, mas creio ser uma hábil manobra da parte deles. Se isto significa que eles cederão, muito bem; mas se têm o objetivo de atribuir à minha pessoa a ignomínia de ser implacável, isto é algo completamente diferente".[58]

No dia 13 de janeiro de 1888, Spurgeon estava de volta a Londres e reuniu-se, no Tabernáculo, com a delegação da União. O grupo incluía Booth, o Secretário Geral, James Culross, o Presidente em exercício, e John Clifford, o presidente eleito. O quarto membro da comissão nomeada, Alexander Maclaren, o mais provável a simpatizar com Spurgeon, estava doente e acabou não indo.[59] Aqueles homens pediram a Spurgeon que reconsiderasse sua saída. Spurgeon propôs que a União adotasse uma declaração de fé evangélica. A delegação recusou a proposta. Nenhum dos lados sentiu que a reunião contribuíra para melhorar as coisas.

Cinco dias mais tarde, todo o Conselho da União Batista se reuniu. Nesta ocasião, votaram a aceitação da saída de Spurgeon. Também votaram censurá-lo editando uma resolução que condenava as ações dele.

Uma surpreendente maioria aprovou a censura contra o membro mais bem conhecido da União; apenas cinco, dos quase cem participantes, votaram a favor de Spurgeon. O Conselho editou a seguinte resolução:

> O Conselho reconhece a gravidade das acusações que o Sr. Spurgeon apresentou contra a União, antes e depois de sua saída. O Conselho julga que a maneira pública e genérica em que essas acusações foram feitas refletem sobre todo o corpo e colocam sob suspeita irmãos que, tanto quanto ele, amam a verdade. E

visto que o Sr. Spurgeon se recusa a citar os nomes daqueles à quem ele entende que suas acusações se aplicam e as evidências que as sustentariam, tais acusações, na estimativa deste conselho, não deveriam ter sido feitas.[60]

Um escritor da época, Richard Glover, avaliou com exatidão o acontecido no *Evangelical Nonconformist (O Não conformista Evangélico)*:

A política que eles adotaram foi a de tentar colocar nos ombros de Spurgeon a responsabilidade pela perturbação da paz da União. Assumiram a posição de que as acusações de Spurgeon eram demasiadamente vagas para merecerem investigação mais séria e que ele deixou de comprová-las não dando os nomes dos ministros que eram culpados. Não importa quão útil politicamente a postura tomada tenha sido, não merece ser vista senão como um gracejar desonesto com a questão.[61]

Como já vimos, o fato é que Spurgeon *poderia* ter citado nomes. Poderia ter apresentado as cartas de Booth e, com isso, tirado de seus ombros a responsabilidade única e também forçado Booth a assumir o papel de segunda testemunha contra os hereges. Além disso, Spurgeon poderia simplesmente ter citado as obras publicadas por alguns de seus colegas batistas. "Spurgeon possuia muitas evidências; existiam declarações de homens bem conhecidos que haviam sido publicadas nas páginas de *Christian World (Mundo Cristão)*, do *Independent (Independente)*, do *Freeman (Homem Livre)*, do *British Weekly (Semanário Britânico)* e do *Baptist (Batista)*. Ainda hoje, pode-se fazer uma pesquisa nos arquivos desses jornais, dos anos de 1887 e 1888, e isso suprirá amplas provas à veracidade das acusações feitas por Spurgeon."[62]

E por que Spurgeon não citou os nomes daqueles que estavam abandonando o evangelicalismo? Por um lado, não queria entrar em uma disputa com pessoas. Temia que o debate se degenerasse em guerra particular: "Se não estivéssemos extremamente ansiosos por evitar personificações, poderíamos apontar outras afirmações de alguns desses respeitados escritores que, se eles não contradisserem o que têm escrito recentemente, forneceriam um suplemento tal e toda a sua maneira de pensar seria melhor conhecida".⁶³ "A batalha se tomou muito pessoal; e certos incidentes, em cima dos quais não me deterei, tomaram-na muito dolorosa para que eu sinta qualquer prazer na ideia de ir em frente com a problemática."⁶⁴

Mas, acima de tudo, Spurgeon percebeu que o clamor por nomes não passava de uma tentativa de desviá-lo da verdadeira questão, ou seja, o posicionamento da União Batista. Como ele salientou, a União não tinha declaração de fé e, portanto, nenhuma autoridade para disciplinar qualquer ministro por ensinar heresias: "Ninguém pode ser heterodoxo sob este regimento interno, a menos que resolva renunciar seu batismo".⁶⁵ Portanto, ainda que Spurgeon tivesse citado nomes, nada poderia ter sido feito a respeito dos hereges, a não ser que a União estivesse disposta a adotar uma declaração de fé evangélica e exigisse que seus membros permanecessem nela. Isto era precisamente o que a União havia se recusado a fazer.

Com sinceridade, Spurgeon desejou que *A Controvérsia do Declínio* inflamasse as fileiras e a membresia arrolada à União, exigindo que o Conselho instituísse tal política.

O COMPROMETIMENTO FINAL

"Nenhum credo, senão Cristo" era o sentimento popular entre os evangélicos nos dias de Spurgeon. Havia muitos que reputavam os credos e as declarações de fé como algo, de alguma forma, sub-cristão. E existe uma legítima preocupação de que nos guardemos contra o elevar um credo acima das Escrituras. Quando isto acontece, o credo pode se tornar um ídolo, algo que realmente impede a verdadeira adoração.

Porém, Spurgeon destacou que, se o credo for *verdadeiro, ou seja*, estiver em harmonia e sujeito às Escrituras, tal perigo não existirá:

> Afirmar que um credo "se interpõe entre uma pessoa e seu Deus" é pressupor que tal credo não é verdadeiro; pois a verdade, não importando quão categoricamente asseverada, não separa o crente

do seu Senhor. No que concerne àquilo que creio, não me envergonho de afirmar na linguagem mais clara possível; e a verdade que eu creio, abraço-a, pois creio ser a mente de Deus revelada em sua Palavra infalível. Como é que ela poderá separar-me do Deus que a revelou? Um dos meios de minha comunhão com o Senhor é que eu receba a sua Palavra assim como a Ele mesmo e que submeta meu entendimento àquilo que percebo ser ensinado por Ele. O que Ele disser, aceito-o por que Ele o diz e, com isso, presto-Lhe a humilde adoração que procede do mais íntimo de meu ser.

Sou incapaz de simpatizar com um homem que afirma não ter credo, pois creio que este homem está errado pela sua própria admissão. Ele deveria ter um credo. É evidente que ele tem um credo - é imperativo que o tenha, ainda que repudie tal ideia. Sua própria incredulidade, em certo sentido, é um credo.

A objeção a um credo é uma forma muito agradável de se ocultar objeção à disciplina e um desejo por latitudinarianismo. O que se deseja é uma União que, à semelhança da Arca de Noé, forneça refugio tanto aos puros quanto aos impuros, para criaturas que rastejam assim como para aves.[66]

Na atmosfera teológica inglesa do final do século XIX, era impossível não se perceber que Spurgeon tinha certa razão. Após censurar Spurgeon, o Conselho da União sabia que teria de lidar com o assunto de um credo na Assembleia de 23 de abril.

Spurgeon havia alimentado esperanças quanto à Assembleia da União. Na seção de "Notas", do exemplar de abril, *de A Espada e a Colher de Pedreiro*, ele escreveu:

> Devemos constantemente oferecer orações a Deus, nestes dias, em favor do povo de Deus. A União Batista se reúne em Assembleia no dia 23 de abril, e a grande questão a ser debatida será: "Deveria a União ter um alicerce evangélico ou não?" Cremos que a questão será tratada com boa índole e que

a decisão será correta. Com certeza, assim como outros corpos de cristãos declaram sua fé, a União Batista deveria fazer o mesmo. Seja qual for sua crença, que se tome conhecida.[67]

Acima de tudo, Spurgeon rogou a favor da clareza. Ele enviou uma carta ao editor de *The Baptist,* que em certa parte dizia: "Qualquer que seja a decisão do Conselho, que, antes de tudo, evite linguagem que poderia legitimamente ter sentido duplo e contrário. Que sejamos claros e francos. *Existem sérias diferenças;* que sejam declaradas honestamente".[68]

Nas palavras de Iain Murray: "Esta foi quase precisamente a atitude que o conselho adotou".[69] Tendo se reunido antes da Asembléia Geral de abril, o Conselho preparou uma breve, e um tanto vaga, mas essencialmente evangélica declaração de fé. Entretanto, ao ser lida a declaração na assembleia, apresentava uma frase afirmando que a União não tinha qualquer autoridade para impor padrões doutrinários a seus membros. Pior ainda, uma nota de rodapé havia sido acrescentada, declarando que "alguns irmãos da União... não sustentavam uma interpretação comum" acerca de passagens bíblicas concernentes à ressurreição e ao juízo final.[70]

Contudo, muitos evangélicos presentes à assembleia, inclusive James, o irmão de Spurgeon, sentiram que a declaração lida era um compromisso aceitável. E estava claro que a União não estava disposta a ir além disso.

Um proponente da "Nova Teologia", Charles Williams (não o famoso romancista), propôs que a assembleia adotasse a comprometida declaração de fé. Ele aproveitou a oportunidade para fazer uma apaixonada defesa em favor de ideias liberais. James Spurgeon "apoiou a resolução mas não o discurso do Sr. Williams".[71] O periódico *The Baptist* noticiou: "A sinceridade, a coragem e a varonilidade do discurso do Sr. James Spurgeon impressionaram profundamente todo o auditório e fez muito no sentido de criar uma unanimidade substancial no voto subsequente".[72] A resolução foi aprovada com 2.000 votos a favor e 7 contra.

Um homem chamado Henry Oakley presenciou aquele evento e, anos mais tarde, recordou da balbúrdia no auditório:

Eu estava presente no City Temple quando a proposta foi apresentada, apoiada e votada. O City Temple estava completamente lotado. Cheguei ali bem cedo, mas encontrei apenas um lugar em pé em um corredor da galeria. Ouvi os pronunciamentos. O único que lembro nitidamente foi o do Sr. Charles Williams. Ele citou Tennyson em favor da teologia liberal e da justificação da dúvida. Chegou o momento da votação. Apenas os residentes naquela região estavam qualificados para votar como membros da assembleia. Quando a moção de censura foi apresentada para votação, uma imensidade de mãos se levantou. "Os contrários?", perguntou Dr. Clifford, o presidente. Não vi erguer-se uma mão sequer, mas a história nos relata que houve *sete*. Sem que houvesse qualquer anúncio dos números, a vasta assembleia irrompeu em um barulhento aplauso, em vivas e hurras. Alguns dos homens mais velhos deram vazão à sua hostilidade reprimida; muitos homens mais novos se libertaram da severa resistência a "quaisquer empecilhos obscurantistas", como eles mesmo disseram. Foi uma cena estranha. Quase cheguei às lágrimas. Eu estava próximo a um "homem do Colégio de Spurgeon", a quem eu conhecia bem. O Sr. Spurgeon o havia recebido de uma condição muito humilde. Ele quase ficou louco de prazer diante da censura àquele grande e generoso mestre. Digo que foi uma cena estranha, ver aquela enorme assembleia tão ultrajantemente encantada diante da condenação a seu maior, mais nobre e importante líder na fé.[73]

É quase certo, entretanto, que a maioria dos evangélicos ali presentes naquele dia não viu as coisas com a mesma clareza de Oakley. Não poderiam ter entendido aquele voto como uma nova censura a Spurgeon. E, com certeza, James Spurgeon não tencionara afrontar seu irmão ou apoiar aquela censura. Porém, assim como a maioria dos evangélicos ali presentes, James anelava tanto por uma reconciliação e acreditou erroneamente que uma declaração de fé, qualquer que fosse, era um sinônimo de vitória para o lado deles.

Charles Spurgeon sabia que era diferente. Ele escreveu a um amigo: "Meu irmão acha que conseguiu uma grande vitória, mas creio que estamos irremediavelmente vendidos. Sinto-me com o coração partido. Ele fez o contrário do que eu teria feito. No entanto, não pode ser culpado por isto, pois agiu de acordo com sua melhor opinião. Ore por mim, para que minha fé não desfaleça".[74]

CONSEQUÊNCIAS

G. Holden Pike escreveu: "Como a sequela provou, a paz obtida (pelo voto da assembleia) não foi a paz duradoura que muitos haviam antecipado. A ruptura dentro da União... jamais foi remediada".[75] Assim como Charles Spurgeon alertara, nada foi ganho através do comprometimento com os inimigos do evangelho. Na verdade, o declínio da União Batista foi acelerado. Os que abraçaram a "Nova Teologia" se tornaram mais ousados após a assembleia da União. Agora eles tinham as rédeas da União.

Spurgeon escreveu:

> A resolução, com sua nota de rodapé, com a interpretação de seu proponente e a reeleição do antigo conselho, representa claramente o máximo que poderia ser feito quando todos estavam bem-humorados. Tal resolução é satisfatória? Será que alguém a entende com o mesmo significado entendido por outra pessoa? Toda a sua virtude não estaria no fato de ser ela agradável a ambos os lados? E não seria isto a sua própria deficiência e condenação?[76]

Spurgeon compreendeu o que a maioria dos evangélicos que votaram naquela assembleia não entenderam, ou seja, que as modificações de última hora negaram completamente a razão da existência de uma declaração de fé:

> Os pontos mencionados eram suficientemente elementares e não nos admiramos de que um dos irmãos tenha exclamado: "Que Deus ajude os que *não* creem nestas coisas! Onde se encontram

eles?" Sem dúvida, houve pouca objeção às afirmativas relacionadas na declaração de fé, mas a objeção referia-se à crença de que essas afirmativas eram indispensáveis à membresia. Foi como se alguém houvesse dito: "Sim, cremos na divindade do Senhor Jesus; mas não impediríamos um homem de participar de nossa comunhão tão somente porque ele pensa ser Jesus um mero homem. Cremos na expiação; mas, se outro homem a rejeita, não deve, por isso, ser excluído de nosso meio".[77]

Spurgeon detestava cismas e não queria ser divisivo. Mas sua consciência não iria permitir que se alinhasse com os inimigos do evangelho. Por fim, concluiu que separar-se da União era a melhor maneira de fomentar a verdadeira unidade: "O rompimento com o falso mais do que qualquer outra coisa tem promovido amplamente a união do verdadeiro".[78]

Spurgeon considerou a separação como uma *necessidade* bíblica para si mesmo. "Quer outros façam o mesmo, quer não, senti o poder do texto 'Retirai-vos do meio deles, separai-vos' e me desliguei definitivamente da União e da Associação... Isto foi uma imposição a mim, não apenas por minhas convicções, mas também pela experiência da completa inutilidade de tentar lidar com o mal, exceto através do sair pessoalmente do meio dele."[79]

Spurgeon não se esforçou ativamente por tirar outros da União, mas não pôde compreender por que homens que se propunham a permanecer fiéis às Escrituras continuavam pertencendo a uma organização que estava, de forma tão óbvia, descendo ladeira abaixo em alta velocidade. Ele afirmou:

> Vários bons irmãos permanecem, de formas variadas, em comunhão com aqueles que estão minando o evangelho; e falam de sua própria conduta como se fora o caminho amável que o Senhor aprovará na sua volta. Não conseguimos entendê-los. Para com homens que professam ser cristãos e, ao mesmo tempo, negam a Palavra do Senhor, rejeitando as coisas fundamentais do evangelho,

o dever obrigatório de um verdadeiro crente é sair do meio deles. Se for dito que esforços precisam ser feitos a fim de produzir reformas, concordamos com a observação; mas, quando sabemos que os mesmos serão inúteis, para que servem? Quando a base da associação permite o erro, chegando quase a atraí-los, e existe uma evidente determinação em não alterar essa base, nada resta que possa ser feito ali dentro de qualquer préstimo vital. O funcionamento de um partido evangélico no seio de uma organização como esta poderá somente reprimir e, talvez, ocultar o mal por algum tempo; mas, enquanto isso, o pecado é cometido através do próprio ato de comprometimento, e nenhum bem permanente resultará disso. Permanecer em uma comunidade que agrega todas as crenças, na esperança de acertar as coisas, é correspondente a Abraão ter permanecido em Ur, ou em Arã, na esperança de converter a família, para fora da qual tinha sido chamado.

Cumplicidade com o erro extrairá do melhor homem o poder de levantar qualquer protesto eficiente contra o erro... Nosso vigente e pesaroso protesto não é uma questão que se refere a este ou àquele homem, a este ou àquele erro; é uma questão de princípio.[80]

A *Controvérsia do Declínio* se constituiu em um desgosto perpétuo para Spurgeon, até sua morte no dia 31 de janeiro de 1892. Amigos íntimos, e até mesmo alguns dos alunos do seu Colégio de Pastores, voltaram-se contra ele. Mas, até o fim, Spurgeon deixou claro que não se arrependeu da posição que assumira.

É certo que foi muito difícil para o próprio Spurgeon, e até mesmo para seus primeiros biógrafos, avaliar o valor de *A Controvérsia do Declínio*. Nos últimos anos da vida de Spurgeon, a questão alcançou tamanha proeminência, que obscureceu, para a maioria dos observadores, a verdadeira importância da posição que Spurgeon havia tomado. Ele foi o primeiro evangélico, com influência internacional, a declarar guerra ao modernismo. A União Batista jamais foi a mesma. Mas a Aliança Evangélica, uma associação interdenominacional, posicionou-se ao lado de

Spurgeon e fortaleceu-se. As atitudes de Spurgeon ajudaram a alertar os evangélicos do mundo todo quanto aos perigos do modernismo e do declínio.

Robert Shindler, o autor dos primeiros artigos chamados "O Declínio", na revista *A Espada e a Colher de Pedreiro,* redigiu uma biografia de Spurgeon que foi publicada no ano da morte do grande pregador. Recordando certo acontecimento naqueles anos finais e tumultuados, quando Spurgeon foi convidado a falar à Aliança Evangélica, Shindler escreveu:

> A atenção dada pelo auditório ao Sr. Spurgeon, ao ter ele se levantado para falar, foi quase esmagadora em seu fervor e vigor. Ocupamos um lugar na plataforma, perto o suficiente para testemunharmos as poderosas emoções que agitaram a alma de Spurgeon e as lágrimas que desceram por sua face, enquanto ele ouvia os oradores que o precederam; e, embora apenas alguns poucos de seus amigos batistas estivessem presentes, não houve falta de demonstrações de cordial simpatia que deve ter trazido ânimo ao seu coração e conforto à sua alma. Desde então, os tempos têm revelado muita coisa; os meses e os anos vindouros, sem dúvida, deixarão mais e mais evidente quão necessário foi o protesto que a fidelidade a Deus e ao evangelho não permitiram que ele retivesse.
>
> Que o Senhor graciosamente purifique sua igreja de toda doutrina falsa, de todos os falsos mestres e de todos os que são traidores no arraial de Israel! E que, do alto, o Espírito seja derramado sobre toda carne, de forma que os confins da terra vejam, e possuam, e se regozijem na salvação de nosso Deus![81]

Apêndice 2

Charles Finney e o Pragmatismo Evangélico Norte-americano

Charles Finney nasceu em 1792, em Connecticut, mas viveu a maior parte de sua infância no condado de Oneida, no Estado de Nova Iorque. Seus pais não eram cristãos, e Finney cresceu sem qualquer conhecimento da doutrina cristã. Ele não se recordava de nenhuma pregação ou testemunho do evangelho naquela parte do Estado (que ele chamou de "um deserto") — embora os anais históricos relatem que havia pelo menos uma igreja fortemente evangélica naquela comunidade.[1]

A religião da qual Finney tinha lembrança, conforme ele reconheceu mais tarde, era "de um tipo que não se destinava a captar minha atenção".² Finney descreveu assim o único pregador de quem se lembrava em sua juventude:

> Assentei-me na galeria e observei que ele colocou as anotações no meio de sua Bíblia e inseriu os dedos nos lugares onde se encontravam os textos bíblicos que citaria na leitura do sermão. Isto fez com que ele tivesse de segurar sua Bíblia com as duas mãos, tornando impossível qualquer espécie de gesticulação. Enquanto prosseguia, o pastor lia as passagens das Escrituras indicadas por seus dedos e, desta forma, liberava-os um após outro, até que as duas mãos estivessem completamente desimpedidas. Quando todos os dedos ficavam livres, ele já estava próximo do final do sermão. Toda a sua leitura era desapaixonada e monótona; e, ainda que as pessoas prestassem bastante atenção e fossem reverentes à leitura, para mim, aquilo não parecia muito com pregação.³

Finney caracterizou a mensagem daquele pastor como sendo "um insípido discurso de doutrina", acrescentando: "E esta era a melhor pregação que eu já ouvira em qualquer lugar. Mas qualquer um pode julgar se tal pregação fora planejada a fim de produzir interesse em um jovem como eu, que não conhecia, nem se importava com religião".⁴

Finney resolveu estudar advocacia e buscou um aprendizado em Adams, Nova Iorque, onde pela primeira vez se envolveu ativamente em uma igreja. O pastor presbiteriano local, George W. Gale, aproximadamente dois anos mais velho do que Finney, interessou-se no jovem estudante de Direito. Gale tornou-o regente do coral da igreja e começou a visitá-lo no escritório de advocacia, com o propósito de conversar acerca de coisas espirituais.

Então, Finney começou a perceber referências bíblicas em seus livros de Direito; adquiriu uma Bíblia e passou a estudá-la. Porém, novamente Finney declara que a pregação lhe era uma pedra de tropeço: "[Gale] parecia supor que seus ouvintes eram teólogos e, por essa razão, talvez pensasse que todos conheciam as grandes e fundamentais doutrinas do evangelho. Mas preciso dizer que a pregação dele me deixava mais perplexo do que edificado".⁵

Finney pressionava o jovem pastor com perguntas doutrinárias durante as conversas que mantinham em seu escritório: "O que significa arrependimento? Um mero sentimento de pesar pelo pecado? Trata-se totalmente de um estado mental passivo ou inclui um elemento voluntário? Se envolve uma mudança na maneira de pensar, que tipo de mudança é esta?"⁶, e muitas outras indagações. A partir da natureza de suas perguntas, tem-se a ideia de que a pregação de Gale não poderia ter sido tão completamente entediante quanto Finney a retratou mais tarde. A evidência sugere que o ministério do Pr. Gale estava produzindo o efeito desejado no jovem estudante de Direito.

A DRAMÁTICA CONVERSÃO DE FINNEY

De fato, enquanto estava em Adams, Finney converteu-se de forma espetacular. Ironicamente, embora a sua conversão tenha sido dramática, irresistível e revolucionária, Finney jamais veio a compreender que a conversão é uma obra totalmente de Deus. Em seu próprio relato, torna-se evidente ter ele acreditado que sua própria vontade foi o fator determinante que causou-lhe a salvação: "Em um domingo à noite, no outono de 1821, *decidi que, de uma vez por todas, resolveria a questão da salvação de minha alma* e que, se possível, *eu faria as pazes com Deus*".¹ Sob intensa convicção, dirigiu-se à floresta, onde fez a seguinte promessa: "Entregarei meu coração a Deus ou morrerei na tentativa".⁸

Assim, ele foi convertido em plena floresta. À primeira vista pareceu uma conversão normal. O próprio Finney estava inseguro sobre o que havia ocorrido, exceto que se entregara ao Senhor. Sua mente estava "maravilhosamente tranquila e cheia de paz". A esmagadora convicção de pecado que ele sentira agora havia desaparecido. Finney chegou a perguntar a si mesmo se, de alguma forma, "havia entristecido o Espírito

Santo, a ponto de ter Ele ido embora".⁹ Mas, no escritório de advocacia, à noite do mesmo dia, Finney teve uma experiência que descreveu como "um poderoso batismo do Espírito Santo... O Espírito Santo desceu sobre mim de uma maneira que parecia fluir através de mim, meu corpo e minha alma. Pude sentir a impressão, como uma onda de eletricidade, passando e repassando através de mim".¹⁰

Apesar de tudo isto, o estado mental de Finney, naquela noite, foi tão confuso que anos mais tarde ele escreveu: "Apesar do batismo que eu recebera... fui dormir sem ter certeza de ter feito as pazes com Deus".¹¹

As suas dúvidas apagaram-se súbita e misticamente na manhã seguinte. Entretanto, mais tarde, no mesmo dia, Finney decidiu que Deus desejava que ele pregasse e que isto deveria começar imediatamente. "Após receber estes batismos do Espírito, eu estava disposto a pregar o evangelho. Eu não estava disposto a fazer qualquer outra coisa. Não desejei mais lidar com a advocacia... Toda a minha mente estava tomada por Jesus e por sua salvação; e o mundo tinha pouca importância para mim."¹²

CHAMADO PARA PREGAR?

Foi uma decisão extremamente infeliz, creio eu, ter Finney decidido seguir o ministério de pregação logo após sua conversão. Sem qualquer influência cristã em sua vida anterior, ele era quase totalmente ignorante a respeito das Escrituras e da teologia. Finney, entretanto, tinha uma mente brilhante e sempre fora capaz de se dar bem em um debate teológico — até mesmo com um homem experiente como Gale. Seus estudos em Direito haviam-no condicionado a pensar de forma lógica, mas também o haviam sobrecarregado com uma porção de suposições errôneas. As suas noções de justiça, culpa, transgressão, perdão, responsabilidade, soberania e uma série de outros termos teológicos foram extraídos de seus estudos em advocacia, e não das Escrituras.

Sempre que Finney pregava, as pessoas reagiam com entusiasmo. Evidências imediatas de avivamento pareciam acompanhar o rastro de Finney. A sua influência aumentava, à medida que sua reputação se espalhava. Finney desafiava com ousadia a doutrina convencional e, de forma persuasiva, defendia seu recente conjunto de doutrinas. Começou a pregar em qualquer lugar que conseguisse reunir um auditório e, em pouco tempo, começou a impactar as igrejas existentes. "Ali estava um jovem, com apenas dois anos de ministério e quatro de conversão, sem qualquer tradição a apoiá-lo e nenhuma experiência de pregação, exceto como missionário do interior, tomando, de repente, as igrejas de assalto. Ele era naturalmente extravagante em suas afirmações, arrogante e ríspido em suas colocações, dependendo mais do atormentar os sentimentos das pessoas do que comovê-los com um terno apelo."[13]

Quando Finney entrou em cena, devemos notar, muitas igrejas haviam se desviado da verdadeira ortodoxia para um frio hipercalvinismo. *Hipercalvinismo* é a crença de que o convite do evangelho é apenas para os eleitos. Os hipercalvinistas não creem que o evangelho deve ser pregado indiscriminadamente ou que a salvação deve ser oferecida a todos. Em essência, opõem-se ao próprio conceito de evangelismo. Muitas igrejas, nos dias de Finney, estavam obstruídas por tendências hipercalvinistas. O próprio pastor de Finney, George Gale, talvez possuía tendências hipercalvinistas. Finney descreveu a pregação de Gale: "Parece que ele nunca esperava ou sequer almejava converter alguma pessoa, através dos sermões que o ouvi pregar".[14]

Finney concluiu que a crença de seu pastor na depravação humana e na soberania divina eram incompatíveis com o evangelismo. Ele disse: "O fato é que esses dogmas funcionavam como uma perfeita camisa de força para Gale. Se pregasse sobre o arrependimento, antes de acabar a prédica, assegurava-se de deixar nas pessoas a impressão de que não podiam se arrepender. Se as convidava a crer, assegurava-se de informar-lhes que, enquanto a sua natureza não fosse transformada pelo Espírito Santo, a fé lhes era algo impossível. Assim, sua ortodoxia era uma perfeita armadilha, tanto para ele como para seus ouvintes. Eu não podia aceitar aquilo".[15]

A AVERSÃO DE FINNEY À ORTODOXIA

Finney não estabeleceu qualquer distinção entre ortodoxia calvinista e hipercalvinismo.[16] A consequência disso é que ele desconfiou da doutrina ortodoxa e rejeitou completamente o calvinismo. Estudou doutrina apenas de modo superficial e inventou um sistema teológico que satisfez seu próprio senso de lógica. Aplicou os parâmetros legais norte-americanos do século XIX a todas as doutrinas bíblicas. "Eu não havia lido nada sobre o assunto da expiação, exceto minha própria Bíblia", ele escreveu. "E o que encontrei sobre o assunto, interpretei como o teria feito com passagens semelhantes ou iguais em um livro a respeito de leis."[17] Finney concluiu que a justiça de Deus exigia que Ele estendesse sua graça igualmente a todos. Raciocinou que Deus não poderia, de forma justa, ter a humanidade como culpada pela desobediência de Adão. Em sua opinião, um Deus justo jamais condenaria as pessoas por serem pecadores por natureza: "A Bíblia define o pecado como sendo a transgressão da lei. Que lei violamos ao herdarmos esta natureza [pecaminosa]? Que lei exige que tenhamos uma natureza diferente da que possuímos? A razão confirma o fato de que somos merecedores de ira e da maldição de Deus, para sempre, por termos herdado de Adão uma natureza pecaminosa?"[18] Assim Finney descartou o ensino das Escrituras (Rm 5.16-19), em favor da razão humana.

Pior ainda, Finney negou que um Deus santo imputaria os pecados das pessoas a Cristo ou a justiça de Cristo aos que creem. Concluiu que essas doutrinas, claramente ensinadas em Romanos 3, 4 e 5, eram "ficção teológica".[19] Em essência, ele rejeitou o cerne da teologia evangélica.

Infelizmente, o sucesso inicial de Finney na pregação obscureceu as imperfeições de sua teologia. O próprio Finney admitiu que, ao ser examinado por sua igreja, a fim de receber licença para pregar, o presbitério "evitou fazer perguntas que fariam meus pontos de vista colidirem com os deles".[20] Estavam aparentemente intimidados pela crescente popularidade de Finney como avivalista. Porém, um dos examinadores perguntou-lhe se aceitava a Confissão de Fé de Westminster. Mais tarde Finney admitiu que jamais lera a Confissão. Contudo, respondeu ao presbitério de uma maneira que indicou-lhes anuência com seus padrões doutrinários. "Respondi que a havia recebido como essência de doutrina, até onde podia compreendê-la."[21] Algum tempo depois, Finney leu a Confissão e ficou chocado ao descobrir que esta contradizia muitas de suas crenças. Ele escreveu: "Tão logo descobri quais eram os inequívocos ensinamentos da confissão de fé... não hesitei, em todas as ocasiões apropriadas, em declarar que discordava deles".[22]

Ao rejeitar as tendências hipercalvinistas, Finney pendeu desenfreadamente ao outro extremo. "Não há nada na religião além das capacidades naturais", escreveu ele.[23] "Um avivamento não é um milagre nem depende, em qualquer aspecto, de um milagre. É um resultado puramente filosófico do uso adequado de meios constituídos, assim como qualquer outro efeito é produzido pela utilização de meios... Um avivamento é um resultado tão natural do uso de meios quanto uma colheita resulta da aplicação dos meios apropriados."[24]

O FIM JUSTIFICA OS MEIOS?

Finney revelou-se como o primeiro evangelista influente a sugerir que o fim justifica os meios: "O sucesso de qualquer medida destinada a promover um avivamento da religião demonstra a sabedoria... Quando a bênção acompanha a introdução de certa medida, é irrefutável a prova de que certa medida é sábia. É profano afirmar que esta medida causará mais prejuízo do que bem. Deus sabe disso. O seu objetivo é fazer *a maior quantidade* possível de bem".[25]

A influência de Finney no movimento evangélico norte-americano foi profunda. Ele foi o primeiro a solicitar que os convertidos "viessem à frente", em reuniões evangelísticas, como indicativo de sua aceitação de Cristo. Foi o primeiro a aplicar o termo "avivamento" a campanhas evangelísticas. Finney popularizou a reunião, após a pregação, para pessoas que estavam buscando a salvação. Também deixou sua marca no estilo norte-americano de pregar, encorajando os jovens pregadores a serem improvisadores, anedóticos, mais conversacionais e menos doutrinários do que tradicionalmente os outros pregadores haviam sido. Todos esses conceitos, bastante comuns no evangelicalismo de hoje, fizeram parte das "novas medidas" que Finney introduziu.

Nem todas as inovações de Finney erram incorretas. Ele persuadiu os pregadores a serem objetivos, claros, convincentes, fervorosos e confrontadores em suas mensagens. Aconselhou-os a não se referirem aos pecadores utilizando a terceira pessoa, mas a tratá-los como "você", a fim de tornar a consciência deles um alvo mais direto. Finney enfatizou a necessidade de conversão imediata, em contraste com a noção que prevalecia naqueles dias, na qual os pecadores eram frequentemente aconselhados a esperar em Deus que lhes concedesse arrependimento e fé. Repetindo as Escrituras e os ensinos de Jesus, Finney convocava os pecadores ao arrependimento e à fé e a não continuarem passivos, esperando que Deus os convertesse.

O ministério de Finney concentrou-se no Estado de Nova Iorque. Ainda enquanto Finney era vivo, aquela região se tornou conhecida como "o distrito queimado"[26], por causa das repetidas ondas de fervor religioso que pareciam haver apagado qualquer interesse pelo evangelho. Mas, nos dias de sua juventude, Finney sempre pareceu ser capaz de atiçar as chamas pelo menos mais uma vez.

Entretanto, em pouco tempo depois, o entusiasmo e o fervor do suposto "avivamento" cederam lugar à incredulidade e ao agnosticismo generalizado. O "distrito queimado" foi chamuscado outra vez e se tornou mais empedernido do que antes. Aliás, desde a época de Finney, aquela região do país *jamais* experimentou outro avivamento.

Em 1834, um dos obreiros que trabalhou ao lado de Finney nos avivamentos escreveu-lhe:

> Passemos nossos olhos pelos campos onde você, outros irmãos e eu labutamos como ministros de avivamento e perguntemos qual é o estado moral desses locais hoje? Qual era a situação dessas regiões três meses após sairmos dali? Visitei vários desses campos e voltei gemendo em meu espírito, ao

contemplar o estado triste, frígido, carnal e contencioso em que as igrejas caíram e mergulharam logo após nossa primeira saída do meio deles.²⁷

B.B. Warfield comentou:

> Não há testemunho mais contundente... do que o de Asa Mahan (por muitos anos, amigo de Finney e colaborador de ministério), o qual nos conta, de modo sucinto, que todos os interessados nesses avivamentos sofreram de um triste e subsequente lapso: as pessoas foram deixadas como carvão morto, que não pode ser reacendido; os pastores perderam todo o seu poder espiritual; e os evangelistas — "entre todos", diz ele, "e eu conhecia quase todos — não consigo recordar ninguém, exceto o irmão Finney e o pai Nash, que não tenha perdido sua unção após alguns anos, tornando-se desqualificado tanto para o ofício de evangelista como o de pastor".
> Assim, os grandes "Avivamentos do Oeste" acabaram em desastre... Diversas vezes, quando Finney se propunha a revisitar as igrejas, delegações eram enviadas a seu encontro, ou quaisquer meios eram utilizados, a fim de evitarem o que era considerado aflição.²⁸

"Até mesmo depois de uma geração inteira ter passado", destaca Warfield, "aquelas crianças queimadas ainda não tinham qualquer apreciação pelo fogo".²⁹

UM FIM DECEPCIONANTE

Ao fracassarem os seus métodos, Finney ficou desanimado. Aceitou o pastorado da Broadway Tabernacle Congregational Church, na cidade de Nova Iorque, e posteriormente a presidência do Oberlin College, em Ohio. Então, dirigiu os seus esforços no desenvolvimento de suas doutrinas perfecionistas e na obra do colégio.

Ao avaliar sua carreira como evangelista, anos mais tarde, Finney relatou: "Com frequência, fui instrumento para trazer os cristãos a uma profunda convicção e a um estado temporário de arrependimento e fé... [mas] deixei de instar-lhes a se tornarem tão familiarizados com Cristo, que permaneceriam nEle; por isso, logo recaíam ao seu estado anterior".[30] Reconhecendo que sua metodologia evangelística havia fracassado, Finney, o eterno pragmático, concluiu que seus ensinos perfeccionistas eram a *verdadeira* chave para um ministério eficiente. Em retrospectiva, ele percebeu que teria sido bem-sucedido se houvesse pregado uma forte mensagem perfeccionista, baseada no medo. Porém, se tivesse vivido mais tempo, descobriria que o perfeccionismo plantou as sementes de um desastre espiritual pior do que o evangelismo superficial.

Um contemporâneo de Finney declarou:

> Durante dez anos, centenas ou, talvez, milhares de pessoas, a cada ano, eram consideradas como convertidas, em todos os lugares, porém, admite-se que os verdadeiros convertidos [de Finney] foram relativamente poucos. Foi dito, por ele mesmo, que "um grande contingente deles é uma desgraça para a religião"; como resultado destas deserções, terríveis, inumeráveis e grandes males práticos estão invadindo a igreja, em todos os lugares.[31]

Portanto, a influência mais duradoura e extensiva de Finney, infelizmente, não se avalia pelas multidões de almas salvas ou de pecadores alcançados com o evangelho. Esses resultados, ao que parece, eram na maior parte superficiais e com frequência desapareciam logo que Finney deixava a cidade. O verdadeiro legado de Finney é o impacto desastroso que ele teve sobre a teologia evangélica e sua metodologia evangelística contemporânea. A igreja de nossa geração ainda está fervilhando com o fermento colocado por Finney; e o pragmatismo moderno é uma constatação disso.

Apêndice 3

Sabedoria Carnal versus Sabedoria Espiritual

Este apêndice é um trecho, adaptado à linguagem moderna, de "A Soliloquy on the Art of Man-Fishing" (Um Solilóquio sobre a Arte de Pescar Homens), escrito por Thomas Boston. Boston foi um pastor evangélico em Etrick, Escócia, nos primórdios do século XVIII. Ele era um prolífico autor dentro da tradição puritana, conhecido por várias obras importantes, incluindo Human Nature and Its Fourfold State (A Natureza Humana e seu Estado Quádruplo) e The Crook in the Lot (O Trapaceiro no Bando), também conhecida como The Sovereignty and Wisdom of God Displayed in the Afflictions of Men (A Soberania e a Sabedoria de Deus Demonstradas nas Aflições dos Homens) — dois livros que ainda estão sendo impressos. A durabilidade das obras de Boston é um amplo testemunho da natureza eterna das verdades acerca das quais ele tratou, e isso é especialmente evidente neste trecho. Embora a palavra pragmatismo não tivesse sido inventada há duzentos anos, nesta obra Boston profere um ataque poderoso contra a abordagem pragmática de ministério.

O mandamento de nosso Senhor: *"Vinde após mim, e eu vos farei pescadores de homens"* (Mt 4.19), implica em uma renúncia de nossa própria sabedoria. A sabedoria humana não pode ser nosso guia (Mt 16.24); precisamos negar a nós mesmos. Paulo recusou-se a pregar com sabedoria de palavras (1 Co 1.17), tampouco se deixou guiar pelas regras da sabedoria carnal. Portanto, ó minha alma, renuncie a sua própria sabedoria. Busque a sabedoria do alto; procure pregar as palavras do Deus vivo, e não as suas próprias. Quando você determinar seguir nessa direção, orando para que não pregue de acordo com sua sabedoria e conforme sua própria ótica, receberá a bênção de Deus.

Não siga o caminho da razão natural nem os ditames da sabedoria carnal. Esta sempre dirá: "Poupe-se. Proteja sua honra e reputação entre os outros. Se você falar abertamente, será chamado de encrenqueiro e categorizarão sua pregação como reacionária. Todas as igrejas o temerão, como se fosse um monstro tentando 'pregá-las rumo ao inferno'; por isso, você nunca poderá estar sereno. Este ou aquele homem que exercem grande influência na igreja jamais o apreciarão. Afinal de contas, a pregação direta não é a forma de ganhar as pessoas; intimida-as desde o princípio. Em vez disso, você deverá conquistá-las aos poucos, sendo brando, pelo menos a princípio. Pois esta geração não é capaz de aguentar tal doutrina, como você a prega".

Ouça e siga as diretrizes da sabedoria que vem do alto: "A sabedoria deste mundo é loucura diante de Deus" (1 Co 3.19). O que é de alta estima para os homens é nada aos olhos de Deus. A sabedoria do alto mostra-nos que devemos negar a nós mesmos (Mt 16.24; Lc 14.26). Não podemos buscar honra, reputação, aplausos ou qualquer outra espécie de sedução mundana. A sabedoria celeste nos diz que as pessoas nos chamarão daquilo que desejarem, todavia é preciso agir desta maneira: "Clama a plenos pulmões, não te detenhas, ergue a voz como a trombeta e anuncia ao meu povo a sua transgressão e à casa de Jacó, os seus pecados" (Is 58.1). A sabedoria divina nos diz: "Não foram chamados muitos sábios segundo a carne, nem muitos poderosos, nem muitos de nobre nascimento" (1 Co 1.26); "Deus escolheu as cousas loucas do mundo para envergonhar os sábios e escolheu as cousas fracas do mundo para envergonhar as fortes; e Deus escolhe as cousas humildes do mundo, e as desprezadas, e aquelas que não são, para reduzir a nada as que são" (vv. 27,28). "Mas tu lhes dirás as minhas palavras, quer ouçam quer deixem de ouvir, pois são rebeldes" (Ez 2.7). A sabedoria de Deus lhe mostrará normas bastante contrárias às da sabedoria carnal. Considere, pois, o contraste entre as afirmações destas duas sabedorias:

SABEDORIA CARNAL	SABEDORIA ESPIRITUAL
Seu corpo é frágil; não o fatigue. Ele não suportará o trabalho árduo, o esforço e o stress. Portanto, poupe a si mesmo.	Seu corpo, assim como seu espírito, pertence a Deus; não o impeça de glorificá-Lo: "Porque fostes comprados por preço. Agora, pois, glorificai a Deus no vosso corpo" (1 Co 6.20). Paulo disse: Estive "em trabalhos e fadigas, em vigílias, muitas vezes; em fome e sede, em jejuns, muitas vezes; em frio e nudez" (2 Co 11.27). Mas Deus "faz forte ao cansado e multiplica as forças ao que não tem nenhum vigor" (Is 40.29). Isto você já experimentou.
Trabalhe diligentemente visando possuir um discurso fluente e eloquente; o estilo aprimorado é um grande apelo às pessoas cultas. Sem isto, elas menosprezarão a sua pregação.	Cristo o enviou a "pregar o evangelho, não com sabedoria de palavra" (1 Co 1.17). Não pregue "com ostentação de linguagem ou de sabedoria" (1 Co 2.1). Sua mensagem e pregação não devem ser "em linguagem persuasiva de sabedoria" (v. 4).
Procure ser um tanto brando e calmo em sua pregação. Não ataque os pecados específicos de seu país ou das pessoas que ouvem a sua pregação.	"Clama a plenos pulmões, não te detenhas, ergue a tua voz como a trombeta e anuncia ao meu povo a sua transgressão e à casa de Jacó, os seus pecados" (Is 58.1). "Melhor é a repreensão franca do que o amor encoberto" (Pv 27.5). "Procura apresentar-te a Deus aprovado, como obreiro que maneja bem a palavra da verdade" (2 Tm 2.15).

SABEDORIA CARNAL	SABEDORIA ESPIRITUAL
Se você não for delicado, seus ouvintes ficarão irritados e talvez lhe criarão problemas. Que tolice da sua parte seria falar ousadamente a uma geração como esta, cujos olhares são desagradáveis!	"O que repreende ao homem achará depois mais favor do que aquele que lisonjeia com a língua" (Pv 28.23). Eu tenho experiência disto. "Eis que fiz duro o teu rosto contra o rosto deles, e dura a tua fronte, contra a sua fronte... não os temas, pois, nem te assustes com os seus rostos, porque são casa rebelde" (Ez 3.8,9). A experiência também confirma isto.
É perigoso falar com franqueza e lidar com coisas específicas; em uma atitude assim, pode haver mais riscos do que você é capaz de imaginar.	"Quem anda em integridade anda seguro" (Pv 10.9). "O que anda em integridade será salvo" (Pv 28.18).
Você será considerado um tolo, um monstro; será chamado de vituperador e, desta forma, perderá sua boa reputação e prestígio. É necessário preservá-los. As pessoas o odiarão e abominarão; por que expor-se a tais coisas?	"Se alguém dentre vós se tem por sábio... faça-se estulto para se tornar sábio" (1 Co 3.18). "Porque nos tornamos espetáculo ao mundo... somos loucos por causa de Cristo" (1 Co 4.9, 10). "Não é o servo maior do que seu senhor. Se me perseguiram a mim, também perseguirão a vós outros, se guardaram a minha palavra, também guardarão a vossa" (Jo 15.20). Quem se importa com o que as pessoas dizem a seu respeito? Afinal de contas, muitos falaram a respeito de Jesus: "Ele tem demônio e enlouqueceu" (Jo 10.20). Ele disse: "Se alguém quer vir após mim, a si mesmo se negue, tome a sua cruz e siga-me" (Mt 16.24); "Se o mundo vos odeia, sabei que, primeiro do que a vós outros, me odiou a mim" (Jo 15.18).

SABEDORIA CARNAL	SABEDORIA ESPIRITUAL
Pessoas importantes ficarão ofendidas, a menos que você fale de modo atraente, a fim de cortejá-las e ganhá-las. E, se os grandes, que são os sábios e poderosos, olharem para você com desprezo, como ficará seu respeito próprio?	"Não farei acepção de pessoas, nem usarei de lisonjas com o homem. Porque não sei lisonjear; em caso contrário, em breve me levaria o meu Criador" (Jó 32.21,22). "Porventura, creu nele alguém dentre as autoridades ou algum dos fariseus?" (Jo 7.48). "Não foram chamados muitos sábios segundo a carne, nem muitos poderosos, nem muitos de nobre nascimento" (1 Co 1.26). "Também falarei dos teus testemunhos na presença dos reis e não me envergonharei" (Sl 119.46). "Se, todavia, fazeis acepção de pessoas, cometeis pecado" (Tg 2.9).
Nosso povo acaba de sair de uma opressora hierarquia de uma religião do Estado. Eles não gostariam de ver certos pecados desvendados ou velhas feridas sendo novamente abertas. Não suportam certas doutrinas. Doutrina mais agradável será melhor para eles. Retenha as doutrinas negativas; estas poderão causar-lhes dano e certamente não lhes farão bem.	"Mas tu lhes dirás as minhas palavras, quer ouçam quer deixem de ouvir, pois são rebeldes (Ez 2.7). Filho do homem; eu te dei por atalaia sobre a casa de Israel; da minha boca ouvirás a palavra e os avisarás da minha parte. Quando eu disser ao perverso: Certamente morrerás; e tu não o avisares e nada disseres para o advertir do seu mau caminho, para lhe salvar a vida, esse perverso morrerá na sua iniquidade, mas o seu sangue da tua mão o requererei" (Ez 3.18). "O que o SENHOR me disser, isso falarei" (1 Re 22.14).

SABEDORIA CARNAL	SABEDORIA ESPIRITUAL
E, se pregar sobre essas coisas, a prudência requer que você seja bastante cauteloso. Se a consciência disser que você precisa falar, faça-o de forma sutil, de modo a não ofender muito as pessoas. Isso é especialmente importante em relação aos novos convertidos. Gaste tempo expondo-lhes as verdades difíceis, amenizando-as tanto quanto possível; você não deseja que seus novos crentes voltem para trás.	"Clama a plenos pulmões, não te detenhas" (Is 58.1). "Maldito aquele que fizer a obra do SENHOR relaxadamente!" (Jr 48.10). "Renunciamos aos procedimentos secretos e vergonhosos; não usamos de engano nem torcemos a palavra de Deus. Pelo contrário, mediante a clara exposição da verdade, recomendamo-nos à consciência de todos os homens diante de Deus" (2 Co 4.2 — NVI). Pregando aos incrédulos, no primeiro sermão da era cristã, Pedro disse aos inquiridores judeus: "Vós o matastes, crucificando-o por mãos de iníquos" (At 2.23). "É necessário que façamos as obras daquele que me enviou, enquanto é dia; a noite vem, quando ninguém pode trabalhar" (Jo 9.4).
Seja especialmente agradável aos que têm maior influência na igreja, pelo menos até você se encontrar estabilizado e seguro, com um bom salário. Caso contrário, poderá estar sempre procurando trabalho, pois as igrejas ficarão amedrontadas com você e não o convidarão. Então, como é que você subsistirá? Pregação franca, portanto, talvez seja prejudicial à sua sobrevivência. Uma abordagem mais sutil pode também lhe garantir um ministério mais amplo.	"Parcialidade não é bom, porque até por um bocado de pão o homem prevaricará" (Pv 28.21). "Faça-se a vontade do Senhor!" (At 21.14). Deus fixou "os tempos previamente estabelecidos e os limites da sua habitação" (At 17.26). "O meu conselho permanecerá de pé, farei toda a minha vontade" (Is 46.10). "Deus faz que o solitário more em família... só os rebeldes habitam em terra estéril" (Sl 68.6). "O homem fiel será cumulado de bênçãos, mas o que se apressa a enriquecer não passará sem castigo" (Pv 28.20). "Quem teme ao homem arma ciladas, mas o que confia no SENHOR estará seguro" (Pv 29. 25).

Portanto, como você percebe, a sabedoria carnal, embora falando de forma convincente e com uma boa dose de aparente razão, é contrária à sabedoria do alto (cf. Tg 3.15-18). A sabedoria carnal promete grandes vantagens aos que a seguem, mas suas promessas nem sempre se cumprem. Faz ameaça de calamidade aos que lhe afrontam, mas tampouco as suas ameaças acontecem. Atribui importância a coisas insignificantes e insignificância a coisas importantes. Rejeite, portanto, a sabedoria do mundo, pois é loucura diante de Deus.

A política da carne é fazer-nos temer aqueles que podem apenas matar o corpo; estes nem sequer podem fazer tanto nos dias de hoje. A sabedoria mundana faria com que jogássemos fora o verdadeiro temor de Deus. Mas lembre-se do seguinte e utilize-o para se fortalecer: *"Quem teme ao homem arma ciladas, mas o que confia no Senhor está seguro"* (Pv 29.25). Jamais busque proveito temporal, colocando em perigo a sua alma, mas *"espera no Senhor, segue o seu caminho, e ele te exaltará para possuíres a terra; presenciarás isso quando os ímpios forem exterminados"* (Sl 37.34).

O caminho de Deus é o mais seguro, embora a sabedoria carnal fale de outro modo e chame de "mera tolice" aquele caminho. Acima de tudo, lembre-se que *"a loucura de Deus é mais sábia do que os homens; e a fraqueza de Deus é mais forte do que os homens"* (1 Co 1.25).

"Deus escolheu as cousas loucas do mundo para envergonhar os sábios e escolheu as cousas fracas do mundo para envergonhar as fortes" (1 Co 1.27), *"para que a vossa fé não se apoiasse em sabedoria humana, e, sim, no poder de Deus"* (1 Co 2.5).

"Certamente a palavra da cruz é loucura para os que se perdem, mas para nós, que somos salvos, poder de Deus. Pois está escrito: Destruirei a sabedoria dos sábios e aniquilarei a inteligência dos entendidos. Onde está o sábio? Onde, o escriba? Onde, o inquiridor deste século? Porventura, não tornou Deus louca a sabedoria do mundo? Visto como, na sabedoria de Deus, o mundo não o conheceu por sua própria sabedoria, *aprouve a Deus salvar os que creem pela loucura da pregação*" (1 Co 1.18-23).

"Não temas, porque eu sou contigo; não te assombres, porque eu sou o teu Deus; eu te fortaleço, e te ajudo, e te sustento com a minha destra fiel. Eis que envergonhados e confundidos serão todos os que estão indignados contra ti; serão reduzidos a nada, e os que contendem contigo perecerão" (Is 41.10, 11).

Notas

PREFÁCIO
1. "Preface", The Sword and the Trowel (1888, volume completo), p. iii.
2. Jamie Buckingham, "Wasted Time", Charisma (dezembro, 1988), p. 98.
3. Elmer L.Towns, An Inside Look at 10 of Today's Most Innovative Churches (Ventura, Califórnia, Regal, 1990), p. 249.
4. D. Martyn Lloyd-Jones, Pregação e Pregadores (Editora Fiel, São Paulo, 1991), p. 23.
5. "The Sanctity of the Moral Law", Collected Writings of John Murray, 4 vols. (Edimburgo, Banner of Truth, 1976), 1:193.
6. D. Martyn Lloyd-Jones, Pregação e Pregadores (Editora Fiel, São Paulo, 1991), p. 101.
7. Iain Murray, The Forgotten Spurgeon (Edimburgo, Banner of Truth, 1966), p. 163.

CAPÍTULO 1
1. "Holding Fast the Faith", The Metropolitan Tabernacle Pulpit, vol. 34 (Londres, Passmore and Alabaster, 1888), p. 78. Este sermão foi pregado em 5 de fevereiro de 1888, no auge de A Controvérsia do Declínio, exatamente após a censura a Spurgeon, proferida pela União Batista (Ver Apêndice 1).
2. The Autobiography of Charles H. Spurgeon, 4 vols. (Londres, Passmore and Alabaster, 1897), 4:255.
3. Ibid., 4:257.
4. George Barna, Marketing the Church (Colorado Springs, Colorado, NavPress, 1988), p. 41.
5. Ibid., p. 13.
6. Idid., p. 23.
7. Um contraste proveitoso entre os conceitos de sucesso e excelência pode ser achado na obra de Jon Johnston, Christian Excellence: Alter-native to Success (Grand

Rapids, Michigan, Baker, 1985).
8. D. Martyn Lloyd-Jones, Pregação e Pregadores (Editora Fiel, São Paulo, 1991), p. 25.
9. Ibid., p. 30.
10. Marvin R. Vincent, Word Studies in the New Testament, 4 vols. (Nova Iorque, Scribner's, 1900), 4:321.
11. "Holding Fast the Faith", pp. 78, 83.
12. Ibid., pp. 83-84.
13. Ibid., p. 81.

CAPÍTULO 2
1. "Another Word Concerning the Down-Grade", The Sword and the Trowel (agosto, 1887), pp. 397-398.
2. Citado em John Dart, "Protestant Churches Join the Fold, Fill Pews with Saturday Services", Los Angeles Times (15 de setembro, 1991), B3.
3. (Ventura, Califórnia, Regal, 1991), pp. 1,15-16.
4. George Barna, Marketing the Church (Colorado Springs, Colorado, NavPress, 1988), p. 51.
5. Ibid., p. 33.
6. Ibid., p. 45.
7. Russel Chandler (11 de dezembro, 1989), Al.
8. Mike McIntyre, The San Diego Union (6 de novembro, 1988), D8.
9. "Designed by the Holy Spirit to Forever Change Christian Televison" (advertisement), Religious Broadcasting (outubro, 1992), pp. 4-5.
10. "In Spirit and in Truth", Religious Broadcasting (dezembro, 1992), p. 12.
11. Esta passagem é uma das provas da divindade e da personalidade do Espírito Santo. No verso 3, Pedro declara a Ananias que ele havia mentido ao Espírito Santo. No verso 4, ele diz a Ananias: "Não mentiste aos homens, mas a Deus". O Espírito Santo é Deus. Portanto, ao mentir aos apóstolos sobre aquilo que estava fazendo, Ananias cometeu uma grande ofensa contra o Espírito Santo.
12. A "imortalidade condicional" ensina que a alma humana não é ineren-temente imortal. Desta forma, aqueles que são condenados, no Julgamento, experimentam o aniquilamento; enquanto os justos recebem a imortalidade. A Doutrina do Aniquilamento ensina que todas as almas são imortais, mas os ímpios perdem sua imortalidade no Julgamento.
13. "Progressive Theology", The Sword and the Trowel (1888), p. 158.
14. James Davison Hunter, Evangelicalism: The Coming Generation (Universidade de Chicago, 1987), p. 40.
15. George Barna, The Barna Report (Ventura, Califórnia, Regal, 1992), p. 52.

CAPÍTULO 3

1. "Another Word Concerning the Down-Grade", The Sword and the Trowel (agosto, 1887), p. 398.
2. Neil Postman, Amusing Ourselves to Death (Nova Iorque, Penguin, 1985), p. 63.
3. The Root of the Righteous (Harrisburg, Pensilvânia, Christian Publi¬cations, 1955), pp. 32-33.
4. R. Gustav Niebuhr, "Mighty Fortresses: Megachurches Strive to Be All Things to All Parishioners", The Wall Street Journal (13 de maio, 1991), A6.
5. Robert Johnson, "Heavenly Gifts: Preaching a Gospel of Acquisitive¬ness, a Showy Sect Prospers", The Wall Street Journal (11 de dezembro, 1990), Al-8.
6. Ibid., A8.
7. A Theology of Church Growth (Grand Rapids, Michigan, Zondervan, 1981), pp. 23-24.
8. Cf. C. Peter Wagner e Donald A. McGavran, Understanding Church Growth, terceira edição (Grand Rapids, Michigan, Eerdmans, 1990), pp. 265-281. Wagner e McGavran argumentam que estabelecer alvo numérico é uma parte essencial na abordagem bíblica de crescimento de igreja: "Estabelecer alvo quanto ao número de membros da igreja está de acordo com o eterno propósito de Deus... A Escritura é consistente em apoiar a ideia de planejarmos cuidadosamente o crescimento da igreja" (p. 270). Contudo, Atos 18.4, 5, 9 é a única passagem bíblica que eles citam a fim de sustentar o seu argumento; esta passagem nada afirma a respeito de estabelecer alvos numéricos ou quaisquer outros alvos.
9. "For Such a Time as This" (publicador desconhecido, 1970), citado por C. Peter Wagner, "Pragmatic Strategy for Tomorrow's Mission", em A. R. Tippet, God, Man and Church Growth (Grand Rapids, Michigan, Eerdmans, 1973), p. 147.
10. Understanding Church Growth, viii-ix.
11. Ibid., ix.
12. Ibid.
13. Leading Your Church to Growth (Ventura, Califórnia, Regal, 1984), p. 201.
14. Your Church Can Grow (Ventura, Califórnia, Regal, 1976), pp. 160-161.
15. Ibid., p. 161 (ênfase no original).
16. Barna, Marketing the Church, p. 145 (ênfase adicionada).
17. Ibid., pp. 31-32.
18. Tim Stafford, "Testing the Wine from John Wimber's Vineyard", Christianity Today (8 de agosto, 1986), p. 18.
19. The Third Wave of the Holy Spirit (Ann Arbor, Michigan, Vine, 1988), p. 87.
20. Church Growth: State of the Art (Wheaton, Illinois, Tyndale, 1986), p. 33.
21. Ibid.
22. Leading Your Church to Growth, p. 201.
23. God Tells the Man Who Cares (Harrisburg, Pensilvania, Christian Publications, 1970), p. 71.
24. Ibid., p. 70.
25. "What Is the Matter with Preaching?", Harpers Magazine (julho, 1928), p. 135.

26. Ibid.
27. Ibid.
28. Ibid., p. 136.
29. George Barna, The Frog in the Kettle (Ventura, California, Regal, 1990), pp. 94-95.
30. "A Dirge for the Down-Grade, and A Song for Faith", The Metro¬politan Tabernacle Pulpit, Vol. 35 (Londres, Passmore and Alabaster, 1889), pp. 267-268.

CAPÍTULO 4
1. "Restoration of Truth and Revival", The Sword and the Trowel (dezembro, 1887), p. 606.
2. People (16 de março, 1992), p. 68.
3. Ibid.
4. George Barna, Marketing the Church (Colorado Springs, Colorado, NavPress, 1988), p. 33.
5. Citado em Mike McIntyre, "Marketing the Maker", The San Diego Union (6 de novembro, 1988), D8.
6. John W. Frase, The First Epistle of Paul to the Corinthians (Grand Rapids, Michigan, Eerdmans, 1960), p. 196 (ênfase acrescentada).
7. Evangelicalism: The Coming Generation (Universidade de Chigaco, 1987), p. 63.
8. "Soul Saving Our One Business", The Metropolitan Tabernacle Pulpit, Vol. 25 (Londres, Passmore and Alabaster, 1897), pp. 674-676.

CAPITULO 5
1. "Restoration of Truth and Revival", The Sword and the Trowel (dezembro, 1887), p. 607.
2. Grand Rapids, Michigan, Eerdmans, 1987.
3. "The Fourfold Treasure", The Metropolitan Tabernacle Pulpit, Vol. 17 (Londres, Passmore and Alabaster, 1871), p. 281.

CAPÍTULO 6
1. "Another Word Concerning the Down-Grade", The Sword and The Trowel (agosto, 1887), pp. 398-399.
2. Doug Murren, The Baby Boomerang (Ventura, Califórnia, Regal, 1990), pp. 217-218.
3. Ibid., pp. 102-103.
4. Selling Jesus: What's Wrong with Marketing the Church (Downers Grove, Illinois, InterVarsity, 1992), pp. 83-84.
5. Romans 1-8 (Chicago, Moody Press, 1991).
6. Marketing The Church (Colorado Springs, Colorado, NavPress, 1988), pp. 42-43.
7. "Paul the Ready", The Metropolitan Tabernacle Pulpit, Vol. 38 (Londres, Passmore and Alabaster, 1892), p. 578.
8. O Evangelho Segundo Jesus (Editora Fiel, São Paulo, 1994), Faith Works: The Gospel According to the Apostles (Dallas, Texas, Word, 1993).

9. Table Talk, Theodore G. Tappert, editado por Helmut T. Lehmann, emLuther's Works, 55 vols. (Filadélfia, Fortress, 1967), 54:308-309.
10. Murren, pp. 215-217.
11. Ibid.
12. "Attempts at the Impossible", The Sword and the Trowel (dezembro, 1888), p. 619.
13. "Progressive Teology", The Sword and the Trowel (abril, 1888), pp. 157-158.
14. Citado na seção de "Notas", The Sword and Trowel (agosto, 1888), p. 445. Poucos anos antes, Varley, um açougueiro que se tomara evangelista, havia sido o responsável por encorajar D.L. Moody a fazer sua primeira visita a Inglaterra. Varley e Spurgeon eram de tradições denominacionais amplamente diferentes; Varley era dos Irmãos de Plymouth. Através dos anos, Spurgeon havia se mostrado franco em seu criticismo aos Irmãos de Plymouth e suas tendências exclusivistas. Mas a defesa de Varley a favor de Spurgeon, nesta forte e eloquente carta ao editor de Word and Work, foi um dos mais sublimes destaques de A Controvérsia do Declínio.

CAPÍTULO 7

1. "Another Word Concerning the Down-Grade", The Sword and the Trowel (agosto, 1887), p. 398.
2. F.C. Conybeare, "Areopagus", A Dictionary of the Bible, editado por James Hastings (Nova Iorque, Scribner's, 1898), 1:144.
3. "By All Means Save Some", The Metropolitan Tabernacle Pulpit, Vol. 20 (Londres, Passmore and Alabaster, 1874), p. 248.
4. Ibid.
5. The Great Evangelical Disaster (Westchester, Illinois, Crossway, 1984), p.142. Schaeffer acrescentou: "Infelizmente, podemos dizer que, em geral, o evangelicalismo moderno tem se acomodado às formas do espírito mundano nas diversas maneiras em que este se expressa na atualidade. Afirmo isto com pesar e não desistirei de permanecer firme e orar. Manifestando tristeza, precisamos recordar que muitos daqueles com os quais temos alguma discordância a respeito dessa questão de acomodar-se são nossos irmãos e irmãs em Cristo. Mas, no sentido mais elementar, o evangelicalismo tem se tornado profundamente mundano" (ibid).

CAPÍTULO 8

1. "A Sermon for the Time Present", The Metropolitan Tabernacle Pulpit, Vol. 33 (Londres, Passmore and Alabaster, 1887), pp. 605-606. Este sermão foi pregado em 30 de outubro de 1887.
2. Evangelização e Soberania de Deus (Edições Vida Nova, São Paulo).
3. Charles G. Finney, Systematic Theology (Whittier, Califórnia, Colpolter Kemp, reimpresso em 1944), p. 489.
4. Finney realizou em extensa campanha em Londres, nos anos de 1849 a 1851, retornando, depois, a ministrar nas ilhas britânicas entre 1859-60. Ele deixou uma marca

duradoura em alguns segmentos do evangelicalismo inglês. O seu livro, Systematic Theology, foi publicado na Inglaterra em 1851. Edições do livro continuaram a ser impressas até 1878, dez anos antes de iniciar-se A Controvérsia do Declínio.
5. Citado em Iain Murray, The Forgotten Spurgeon (Edimburgo, Banner of Truth, 1966), p. 176.
6. Citado por Spurgeon em "The Case Proved", The Sword and the Trowel (outubro, 1887), p. 512.
7. C.H. Spurgeon's Autobiography, 4 vols. (Londres, Passmore and Alabaster, 1897), 1:167.
8. Ibid., 1:172.
9. Ibid.
10. Ibid., 1:168-169.
11. J. I. Packer, Evangelização e Soberania de Deus (Edições Vida Nova, São Paulo).
12. Ibid.

CAPÍTULO 9
1. "Our Reply to Sundry Critics and Enquirers", The Sword and the Trowel (setembro, 1887), p. 463.
2. The Master's Plan for the Church (Chigaco, Moody Press, 1991).
3. "This Must Be a Soldier's Battle", The Sword and the Trowel (dezembro, 1889), p. 634.
4. D. Martyn Lloyd-Jones, Pregação e Pregadores (Editora Fiel, São Paulo, 1991), p. 25.
5. (Chigaco, Moody Press, 1983).
6. "Notes", The Sword and the Trowel (outubro, 1888). Reimpresso em The "Down Grade" Controversy (Pasadena, Texas, Pilgrim), p. 67.

CAPÍTULO 10
1. "Notes", The Sword and the Trowel (maio, 1889). Reimpresso em The "Down Grade" Controversy (Pasadena, Texas, Pilgrim), p. 76.
2. "Recycling the Compromise os Liberalism", Tabletalk (maio, 1992), p. 51.
3. Ibid.
4. Ibid., p. 51.
5. "Evangelical Megashift", p. 13.
6. Ibid.
7. Ibid.
8. Ibid.
9. Ibid., p. 14.
10. "Notes", The Sword and the Trowel (outubro, 1888). Reimpresso em The "Down Grade" Controversy, p. 66.
11. "Notes", The Sword and the Trowel (Janeiro, 1889), p. 40.
12. "Evangelical Megashift", p. 14.
13. "Notes", The Sword and the Trowel (maio, 1889). Reimpresso em The "Down Grade" Controversy, p. 76.

APÊNDICE 1

1. Robert Shindler, "The Down Grade", The Sword and the Trowel (março, 1887), p. 122.
2. Ibid.
3. Ibid., p. 123.
4. Ibid., p. 124.
5. Ibid., p. 125.
6. Ibid.
7. Ibid., p. 126.
8. Ibid.
9. "The Down Grade" (segundo artigo), The Sword and the Trowel (abril, 1887), p. 166.
10. Ibid., p. 167.
11. Ibid.
12. Ibid., p. 168.
13. Ibid.
14. Ibid.
15. Ibid., p. 170.
16. Ibid.
17. Ibid.
18. Ibid., p. 195.
19. Ibid., pp. 171-172.
20. Ibid., p. 172.
21. Ibid.
22. Robert Shindler, "Andover Theology", The Sword and the Trowel, Vol. 23 (junho, 1887), p. 274.
23. Ibid.
24. "Another Word Concerning the Down-Grade", The Sword and the Trowel (agosto, 1887), p. 399.
25. Ibid., p. 397.
26. Ibid., p. 398.
27. Ibid., p. 399.
28. Ibid., pp. 399-400.
29. Ibid., p. 400.
30. Ibid.
31. Ibid.
32. "Our Reply to Sundry Critics and Enquirers", The Sword and the Trowel (setembro, 1887), p. 461.
33. Ibid., p. 462.
34. Ibid., p. 461.
35. Ibid., p. 465.
36. Ibid.

37. Ibid.
38. The Sword and the Trowel (outubro, 1887), p. 509.
39. Ibid., p. 510.
40. Ibid., p. 513.
41. Ibid., p. 515.
42. Citado em G. Holden Pike, The Life and Work of Charles Haddon Spurgeon, 6 vols. (Londres, Cassei and Company), 6:287.
43. The Sword and the Trowel (novembro, 1887), p. 557.
44. Ibid., p. 559.
45. Ibid., p. 558.
46. Ibid., pp. 559-560.
47. Ibid., p. 560.
48. Letters of Charles Haddon Spurgeon (Edimburgo, Banner of Truth, 1992), p. 183.
49. Lewis Drummond, Spurgeon: Prince of Preachers (Grand Rapids, Michigan, Baker, 1992). p. 671.
50. Ibid., p. 697.
51. Ibid.
52. Iain Murray, The Forgotten Spurgeon (Edimburgo, Banner of Truth, 1966), p. 145.
53. Susannah Spurgeon e J. W. Harrald, C.H. Spurgeon's Autobiography, 4 vols. (Londres, Passmore and Alabaster, 1897), 4:257.
54. J.C. Carlisle, C.H. Spurgeon — An Interpretive Biography (Londres, Religious Tract Society, 1933), p. 247.
55. Autobiography, 4:256.
56. Ibid., 4:263.
57. Citado em Pike, 6:292-293.
58. Autobiography, 4:257.
59. "Brief Notes", The Baptist (fevereiro, 1888), p. 84.
60. Ibid., p. 85.
61. Citado em Drummond, pp. 700-701.
62. Carlisle, p. 248.
63. "The Case Proved", p. 27.
64. "The Baptist Union Censure", The Sword and the Trowel (fevereiro, 1888), p. 83.
65. Ibid., p. 81.
66. Ibid., p. 82.
67. Ibid., pp. 197-198.
68. "Notes", The Sword and the Trowel (março, 1888), p. 148.
69. The Forgotten Spurgeon, p. 147.
70. Citado em Drummond, p. 704.
71. "A Welcome Conclusion", The Baptist (maio, 1888), p. 230.
72. Ibid., p. 231.
73. Citado em Murray, pp. 149-150.
74. Ibid., p. 148.

75. Pike, p. 302.
76. "Notes", The Sword and the Trowel (junho, 1888). Reimpresso em The "Down Grade" Controversy (Pasadena, Texas, Pilgrim), p. 56.
77. "Attempts at the Impossible", The Sword and the Trowel (dezembro, 1887), p. 618.
78. "Notes", The Sword and the Trowel (maio, 1888). Reimpresso em The "Down Grade" Controversy, p. 55.
79. "Notes", The Sword and the Trowel (junho, 1888), p.56.
80. "Notes", The Sword and the Trowel (outubro, 1888). Reimpresso em The "Down Grade" Controversy, p. 66.
81. From the Usher's Desk to the Tabernacle Pulpit: The Life and Labors of Charles Haddon Spurgeon (Nova Iorque, A.C. Armstrong and Son, 1892), p. 274.

APÊNDICE 2

1. B.B. Warfield, Perfectionism, 2 vols. (Nova Iorque, Oxford, 1932), 2:10.
2. Charles G. Finney: An Autobiography (Old Tappan, New Jersey, Revell), p. 78.
3. Ibid., p. 6.
4. Ibid., pp. 6-7.
5. Ibid., p. 7.
6. Ibid., p. 8.
7. Ibid, p. 12.
8. Ibid., p. 16.
9. Ibid., p. 17.
10. Ibid., p. 20.
11. Ibid., p. 22.
12. Ibid., pp. 25-26.
13. Warfield, 2:21.
14. Autobiography, p. 59.
15. Ibid, pp. 59-60.
16. Finney escreveu: "Em todos os lugares, tenho percebido que as peculiaridades do hipercalvinismo se mostraram como uma grande pedra de tropeço, tanto para a igreja como para o mundo. Uma natureza pecaminosa em si mesma, uma total incapacidade de aceitar a Cristo e obedecer a Deus, condenação à morte eterna por causa do pecado de Adão e da natureza pecaminosa e todos os demais dogmas semelhantes a estes e resultantes daquela teologia têm sido uma pedra de tropeço para os crentes e uma ruína para os pecadores" (ibid., pp. 368-369). Mas as doutrinas que Finney enumera não são peculiares ao hipercalvinismo; compõem a ortodoxia calvinista — e, em muitos casos, são o evidente ensino das Escrituras. Finney deixou de lado todas estas doutrinas e, desta forma, repudiou o âmago da teologia bíblica. A teologia peculiar que Finney inventou estava repleta de problemas, especialmente com relação à santificação. Ele desenvolveu uma forma radical de perfeccionismo, que, por sua vez, resultou em muitas outras ideias fanáticas entre seus seguidores. Em sua obra Perfectionism (2:1- 215),

B.B. Warfield redigiu uma ampla e devastadora crítica a respeito da teologia de Finney. Finney deixou de considerar, com bastante critério, que os mais vigorosos avivamentos ocorridos na América, no século XVIII (inclusive o Grande Despertamento), originaram-se com o ensino calvinista. Jonathan Edwards, George Whitefield, David Brainerd e os antigos batistas todos eram fortemente calvinistas, ainda que comprometidos e zelosos no evangelismo agressivo. Infelizmente, Finney mostrou-se disposto a abondonar aquela herança e a inventar seu próprio corpo de teologia. A abordagem pragmática que fazia parte do sistema teológico de Finney tem permanecido até os nossos dias, até mesmo entre muitos cristãos que abominariam as inovações doutrinárias inventadas por Finney.

17. Autobiography, p. 42.
18. Ibid., p. 339.
19. Ibid., pp. 56-58.
20. Ibid., p. 51.
21. Ibid., p. 51.
22. Ibid., p. 59.
23. Revivals of Religion (Old Tappan, New Jersey, Revell), p. 4.
24. Ibid., p. 5.
25. Ibid., p. 211 (ênfase no original).
26. Parece estranho, mas o próprio Finney pode ter ajudado a cunhar esta expressão. Em suas memórias, se refere àquela região chamando-a de "um distrito queimado", por causa da resistência que ali encontrou ao seu avivalismo (Autobiography, p. 78). Uma notável avaliação secular daquela região e sua história de avivalismo foi escrita por Whitney R. Cross, The Burned-Over District: The Social and Intellectual History of Enthusiastic Religion in Western New York, 1800-1850 (Nova Iorque, Harper Torchbooks, 1950).
27. Citado em Warfield, 2:26.
28. Ibid., 2:26-27.
29. Ibid., 2:28.
30. Citado em Warfield, p. 24.
31. Ibid., p. 23.

FIEL
MINISTÉRIO

O Ministério Fiel tem como propósito servir a Deus através do serviço ao povo de Deus, a Igreja.

Em nosso site, na internet, disponibilizamos centenas de recursos gratuitos, como vídeos de pregações e conferências, artigos, e-books, livros em áudio, blog e muito mais.

Oferecemos ao nosso leitor materiais que, cremos, serão de grande proveito para sua edificação, instrução e crescimento espiritual.

Assine também nosso informativo e faça parte da comunidade Fiel. Através do informativo, você terá acesso a vários materiais gratuitos e promoções especiais exclusivos para quem faz parte de nossa comunidade.

Visite nosso website

www.ministeriofiel.com.br

e faça parte da comunidade Fiel

Esta obra foi composta em Chaparral Pro Regular 11,15, e impressa
na Promove Artes Gráficas sobre o papel Pólen 70g/m²,
para Editora Fiel, em Setembro de 2024